Excel 및 R 활용
경제데이터 분석

강기춘

제주대학교출판부
JEJU NATIONAL UNIVERSITY PRESS

서문

Praise the Lord.

2014년 12월 1일 제주연구원장으로 취임하게 되어 학교를 휴직하고 3년을 가르치는 일에서 떠나게 되었는데 마지막 강의 시간에 학생들에게 다음과 같은 약속을 하였다.

1993년 제주대학교에 부임하여 경제정보처리를 강의하면서 Dos, Windows, Quattro Pro, dBase IV, Html, 한글, Excel, Powerpoint, Access 등 다양한 프로그램을 가르쳐 왔는데 지금은 빅데이터의 시대이고 빅데이터 처리에 최적화되어 있는 R 언어를 공부해야 할 때이다. 따라서 본인이 3년의 임기를 마치고 학교로 복귀하여 경제정보처리를 다시 가르치게 되는 2018년 이후에는 R 언어로 실습을 하겠다고 하였다. 이 약속은 시대의 변화에 따른 것이기도 했지만 나를 채찍질하기 위한 나와의 약속이기도 하였다.

'눈에 보이지 않으면 곧 잊힌다(out of sight and out of mind)'는 말이 있듯이 3년 동안 연구원 업무에 집중하다 보니 항상 R 언어를 공부해야 한다는 생각은 있었지만 우선순위에서 밀려 공부를 하지 못했다.

2017년 12월 1일 학교로 다시 돌아와 보니 3년 전에 학생들과 했던 약속이 떠올랐고 3월 초에 개강을 앞두고 마음이 급해졌다. 2018년 새해 들어 R 언어를 집중적으로 공부하고 2019년 1학기 강의안을 마련하였고, 그 결과물이 『Excel 및 R 활용 경제데이터분석』으로 발간되게 되었다.

본 교재에 사용된 Excel은 Excel 2013 버전을 사용하였고, R은 최신 버전을 사용하였다. 본 교재에서 사용된 데이터 및 코드는 본인의 개인 홈페이지인 (http://kanggc.iptime.org/data/) 및 (http://kanggc.iptime.org/code/)에서 다운받을 수 있다. R 언어의 유용한 점 중의 하나는 다양한 packages를 활용할 수 있다는 것인데 본 교재에서 활용된 packages들을 모아 놓은 은 install-packages.R을 본 교재로 실습하기 전에 실행하기를 바란다.

지난 네 학기 동안 R 언어를 가르치면서 강조했던 단어가 R 언어의 열성적인 지지

자를 뜻하는 R Enthusiast이었다. 학생들에게 그들의 열정을 쏟아 부어도 아깝지 않은 그 무엇을 소개하고 싶었는데 그것이 바로 R 언어라고 강조하였다.

   본 교재가 나오기까지 많은 도움이 있었다. 처음 대하는 R 언어를 포기하지 않고 따라와 준 학생들에게 감사를 드린다. 그리고 항상 기도로 격려를 해 주는 사랑하는 아내와 두 딸 셀라와 셀리에게도 감사의 말을 전한다.

2019년 12월
아라캠퍼스에서 저자

목차

서문 / 3

제1장 Excel 및 R : 초급사용 ·········· 7
제1절 Excel 초급사용 ·········· 9
제2절 R 초급사용 ·········· 19
제3절 데이터 파일 만들기 ·········· 31
제4절 데이터 관리 ·········· 38

제2장 Excel 및 R : 중급사용 ·········· 43
제1절 데이터 정렬 ·········· 45
제2절 데이터베이스 ·········· 48
제3절 부분합 계산 ·········· 53
제4절 피벗 테이블 및 피벗 차트 ·········· 58

제3장 Excel 및 R : 고급사용 ·········· 65
제1절 행렬 연산 ·········· 67
제2절 재무함수 ·········· 74
제3절 수학 및 통계함수 ·········· 82
제4절 이론적 확률분포 ·········· 92

제4장 Excel 및 R : 기본분석 ·········· 105
제1절 그림 그리기 ·········· 107

제2절 도수분포표 ·· 122
   제3절 기술통계량 ·· 126
   제4절 증가율 및 기여율 ·· 131
   제5절 입지계수 및 지역전문화지수 ·· 152
   제6절 변화할당분석 및 지역성장률시차분석 ······························· 169

제5장 Excel 및 R : 상관 및 회귀분석 ··································· 179

   제1절 상관분석 ·· 181
   제2절 회귀분석 ·· 185

제6장 Excel 및 R : 거시경제모형 ··· 201

   제1절 거시경제모형의 개요 ·· 203
   제2절 단순모형 ·· 206
   제3절 IS-LM모형 ·· 214
   제4절 다국간 모형 ·· 222

제7장 Excel 및 R : 산업연관분석 ··· 227

   제1절 산업연관분석개요 ·· 229
   제2절 각종 계수 ·· 231

참고문헌 / 241

[부록1] R 코드 / 243
[부록2] 주요통계표 / 279

제1장

Excel 및 R : 초급사용

제1절 Excel 초급사용
제2절 R 초급사용
제3절 데이터 파일 만들기
제4절 데이터 관리

제1절
Excel 초급사용

1. 한글 Excel 시작하기

(1) 한글 Excel의 초기화면

한글 Excel은 Microsoft사가 개발한 윈도우즈용 Spreadsheet 프로그램이다. Spreadsheet란 수치계산, 차트작성, 자료의 검색 등을 일괄 처리하는 작업표를 말한다.

윈도우의 바탕화면에서 한글 Excel 아이콘을 마우스를 이용하여 두 번 누르면 한글 Excel 로고화면이 잠시 나왔다가 사라지고 〈그림 1-1〉과 같은 초기화면이 나타난다.

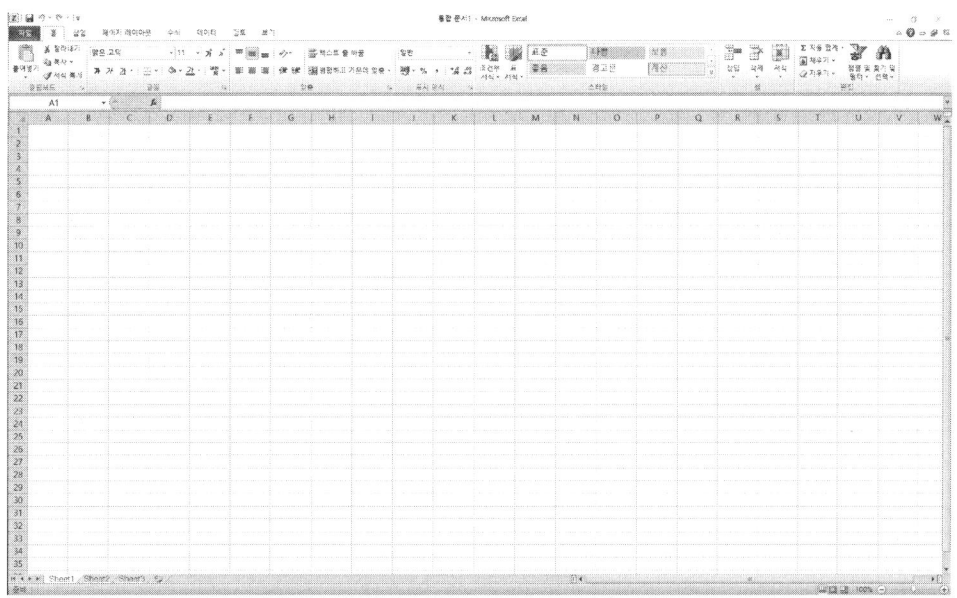

〈그림 1-1〉 한글 Excel의 초기화면

한글 Excel의 초기화면은 빠른 실행 도구 모음, 리본메뉴, 수식입력줄, 탭이동버튼, 상태표시줄 및 행과 열번호로 구성되어 있다.

빠른 실행 도구 모음은 기본적으로 저장, 실행취소, 다시 실행 아이콘이 제공되며, 그 외 빠른 실행 도구 모음에 추가하여 사용할 수 있다.

리본메뉴는 원하는 기능을 쉽고 빠르게 찾는데 유용한데 탭을 선택하면 그 탭의 기능이 그룹으로 묶여 나열되며, 각 그룹에서 원하는 아이콘을 클릭하여 명령을 실행하면 된다. 탭으로는 파일, 홈, 삽입, 페이지 레이아웃, 수식, 데이터, 검토, 보기 등이 있다. 각 탭의 명령은 다시 기능별 그룹으로 묶여 있다.

수식입력줄은 셀에 데이터나 수식을 입력하고, 입력되어 있는 데이터나 수식을 보여준다.

상태표시줄은 현재의 작업 상태나 명령수행 상태를 나타낸다.

워크시트 영역은 사용자가 입력한 시트의 내용이 들어가는 영역으로 입력한 내용에 따라 워크시트, 차트시트 등으로 구분된다.

확대/축소는 화면을 확대하거나 축소해서 보여준다.

(2) 시트

각 시트는 1,048,576개의 행과 16,384개의 열(=1.717987+E10개, 즉 171억 개의 셀)이 있다.

셀은 데이터를 담을 수 있는 하나의 상자로 각각 고유의 주소를 가지고 있다

전체선택버튼은 사용 중인 페이지에 있는 모든 셀을 선택한다.

시트 탭은 하나의 통합문서에 있는 여러 개의 시트 중 각각의 시트로 이동하는 경우에 이용한다.

수직/수평이동버튼은 사용 중인 페이지의 주위를 빠르게 이동하게 해 준다.

(3) 시트영역의 사용

셀 선택은 마우스와 키보드를 이용할 수 있는데 마우스를 이용할 경우 마우스포인터가 원하는 셀에 놓이도록 이동한 후 왼쪽 마우스 버튼을 누른다. 한편, 다음과 같이

키보드를 이용하여 셀 포인터를 이동시킬 수 있다.

- ↔↕ : 좌우상하로 이동
- PgDn : 한 화면씩 아래로 이동
- PgUp : 한 화면씩 위로 이동
- Ctrl + ↔↕ : 노트북 페이지에서 행렬의 끝으로 이동
- Ctrl + Home : A1로 이동
- F5 : 특정 셀로 이동

영역선택 및 이동은 마우스를 사용하면 되는데 셀의 영역을 선택하려면 마우스로 선택할 영역을 끌어당긴다. 선택된 영역의 한 변에 마우스를 끌면 마우스 포인터가 나타나는데 이 때 마우스 왼쪽 단추를 눌러 원하는 곳으로 이동한다.

시트 선택은 현재 문서의 다른 시트를 선택하는 것인데 원하는 시트 탭을 누르면 된다.

(4) 리본메뉴의 탭 둘러보기

파일 탭은 저장, 다른 이름으로 저장, 열기, 닫기, 정보, 최근에 사용한 항목, 새로 만들기, 인쇄, 저장/보내기, 도움말, 옵션, 끝내기 등의 작업을 할 수 있다.

홈 탭은 클립보드, 글꼴, 맞춤, 표시형식, 스타일, 셀, 편집 등의 그룹이 있다.

삽입 탭은 표, 일러스트레이션, 차트, 링크, 텍스트 등의 그룹이 있다.

페이지 레이아웃 탭은 테마, 페이지 설정, 크기 조정, 시트 옵션, 정렬 등의 그룹이 있다.

수식 탭은 함수 라이브러리, 정의된 이름, 수식 분석, 계산 등의 그룹이 있다.

데이터 탭은 외부 데이터 가져오기, 연결, 정렬 및 필터, 데이터 도구, 윤곽선 등의 그룹이 있다.

검토 탭은 언어 교정, 메모, 변경 내용 등의 그룹이 있다.

보기 탭은 통합 문서 보기, 표시/숨기기, 확대/축소, 창, 매크로 등의 그룹이 있다.

2. 데이터 다루기

(1) 자료의 입력 및 수정

한글 Excel에서 입력 가능한 자료는 문자, 숫자, 수식, 함수, 날짜/시간 등이 있다. 문자(Label)는 한글, 영문, 한자 및 특수문자 등이 가능하고, 숫자(Number)는 0-9까지의 숫자 및 +, -, .(소수점) 등이 가능하다.

수식(Expression)은 =를 이용하여 입력하는데 수식에는 산술수식(+, -, *, /, ^), 문자열수식, 관계수식 및 논리수식이 있다.

셀 주소를 이용하여 수식을 쓸 때는 수식의 처음에 =를 사용한다. 셀 주소에는 상대주소, 절대주소 및 혼합주소가 있는데 상대주소는 A1과 같은 방식으로 셀을 표시하고, 절대주소는 $A$1로 표시하며 혼합 주소는 $A1 또는 A$1로 표시한다.

수식에 다음과 같은 함수를 이용할 때는 함수 사용규칙을 지켜야 한다.

- =SUM(인수1, 인수2,...)
- =AVERAGE(인수1, 인수2,...)
- =MAX(인수1, 인수2,...)
- =MIN(인수1, 인수2,...)
- =IF(조건, 참, 거짓)
- =RANK(숫자, 범위, 정렬방법) (단, 범위는 절대주소로 할 것)

(2) 셀의 복사 및 이동

셀을 복사하기 위해서는 먼저 복사하기를 원하는 셀 범위를 선택하고, 선택한 범위를 마우스 오른쪽 단추를 클릭한 후 바로가기 메뉴에서 복사를 선택한다. 다음으로 복사하려는 곳의 셀을 마우스 오른쪽 단추로 클릭한 후 붙여넣기를 선택하면 복사가 된다. 이때 선택하여 붙여넣기에서 행/열 바꿈을 선택하면 행/열이 전환되어 복사된다.

셀의 이동하기 위해서는 먼저 이동하기를 원하는 셀 범위를 선택하고, 선택한 범위를 마우스 오른쪽 단추를 클릭한 후 바로가기 메뉴에서 잘라내기를 선택한다. 다음으로 이동하려는 곳의 셀을 마우스 오른쪽 단추로 클릭한 후 붙여넣기를 선택하면 이동이 된다.

(3) 셀의 자동 채우기

자동 채우기는 복잡한 유형의 데이터를 쉽고 빠르게 입력해 주는 기능이다. 셀 포인터 오른쪽 하단의 작은 사각 점을 채우기 핸들이라고 하는데 이 채우기 핸들로 마우스 포인터를 가져가면 가는 십자모양(+)으로 변경되고 이를 드래그하여 데이터를 입력하는 것이 자동 채우기이다.

특정 셀에 있는 숫자나 문자를 선택하고 십자모양을 마우스 오른쪽으로 클릭하여 복사하기 원하는 셀까지 드래그한 후 셀 복사를 선택하면 된다.

연속적인 데이터를 채우기 위해서는 특정 셀에 있는 숫자나 문자를 선택하고 십자모양을 마우스 오른쪽으로 클릭하여 복사하기 원하는 셀까지 드래그한 후 연속 데이터 채우기를 선택하면 된다. 이때 채우기 핸들을 아래쪽이나 오른쪽으로 드래그하여 연속 데이터를 입력하면 증가 데이터가, 위쪽이나 왼쪽으로 드래그하여 연속 데이터를 입력하면 감소 데이터가 입력된다.

채우기 버튼의 기준 값과 연속 값의 예를 살펴보면 다음의 〈표 1-1〉과 같다.

〈표 1-1〉 연속 데이터 채우기

기준 값	연속 값
월요일	화요일, 수요일, ……
Jan	Feb, Mar, ……
1월	2월, 3월, ……
Mon	Tue, Wed, ……

(4) 행과 열의 삽입 및 삭제

행(열)의 삽입은 현재의 워크시트에 행(열)을 삽입하는 기능이다. 행(열)을 삽입하기 위해서는 삽입하려는 위치의 바로 아래에 있는 행(열인 경우에는 오른쪽 열)을 선택하고, 마우스 오른쪽 단추를 클릭한 후 바로가기 메뉴에서 삽입을 선택하면 행(열)이 삽입된다.

행(열)의 삭제는 현재의 워크시트에 행(열)을 삭제하는 기능이다. 행(열)을 삭제하기 위해서는 삭제하려는 행(열)을 선택하고, 마우스 오른쪽 단추를 클릭한 후 바로가기 메뉴에서 삭제를 선택하면 행(열)이 삭제된다.

(5) 행과 열의 고정(틀 고정)

행/열의 제목(레이블)이 포함된 경우 틀 고정 기능을 이용하여 화면을 이동하더라도 특정 행이나 열을 항상 화면에 고정되도록 한다. 보기/창 그룹에서 틀 고정/첫 행 고정 또는 첫 열 고정을 선택하면 틀 고정이 되고, 틀 고정을 취소하려면 보기/창 그룹에서 틀 고정/틀 고정 취소를 선택하면 특 고정이 해제된다.

예를 들어, 1행과 A열을 모두 고정하기 위해서는 B2 셀을 선택하고 보기/창 그룹에서 틀 고정/틀 고정을 선택한다.

(6) 저장하기와 불러오기

파일 탭의 저장에서 적당한 파일 형식(예를 들어, Excel 2013형식으로 저장하고자 할 경우 Excel 통합문서 선택)을 선택하면 나타나는 파일저장 대화상자에서 원하는 디렉터리와 파일이름을 넣고 확인을 누른다.

Excel 2013의 확장자는 보통 xlsx이며 확장자를 주지 않으면 자동적으로 xlsx라는 확장자가 붙는다. 한편, Excel 2003 등 낮은 버전으로 저장하고자 할 경우 Excel 97-2003 통합문서를 선택하면 되는데 이 때 확장자는 xls이다.

현재 파일과 내용상 동일한 파일을 다른 이름으로 하나 더 만들고 그 파일을 편집하고 싶으면 파일 탭의 다른 이름으로 저장에서 새로운 파일명과 확장자를 붙이면 된다. 파일을 저장한 후에는 그 파일을 포함하는 창을 닫는 것이 좋은데 파일 탭의 닫기를 실행하면 된다.

파일 탭의 열기를 실행한 후 파일열기 대화상자가 나오면 파일이름을 직접 입력하거나 파일목록에서 원하는 파일을 선택한 후 확인을 누른다.

3. 워크시트 다루기

(1) 워크시트의 삽입 및 삭제

현재의 통합문서에 워크시트를 추가하고자 할 때는 워크시트 삽입단추([Shift]+[F11])를 클릭하면 된다.

현재의 통합문서에서 특정 워크시트를 삭제하고자 할 때는 그 워크시트 탭을 마우스 오른쪽 단추로 클릭한 후 바로가기 메뉴에서 삭제를 실행하면 된다.

(2) 워크시트의 복사 및 이동

현재의 통합문서에 워크시트를 복사하고자 할 때는 복사하고자 하는 워크시트 탭을 마우스 오른쪽 단추로 클릭한 후 바로가기 메뉴에서 이동/복사를 실행한다.

이동/복사 대화상자에서 원하는 워크시트의 앞으로 이동하기를 원하면 그 워크시트를 선택한 후 복사본 만들기를 체크하고(☑) 확인을 누르면 복사본이 만들어 진다

현재의 통합문서에서 워크시트를 이동하고자 할 때는 이동하고자 하는 워크시트 탭을 마우스 오른쪽 단추로 클릭한 후 바로가기 메뉴에서 이동/복사를 실행한다.

이동/복사 대화상자에서 원하는 워크시트의 앞으로 이동하기를 원하면 그 워크시트를 선택한 후 확인을 누르면 그 워크시트 앞으로 이동된다.

(3) 워크시트의 이름 변경

이름을 변경하기를 원하는 워크시트 탭을 마우스 오른쪽 단추로 클릭한 후 바로가기 메뉴에서 이름 바꾸기를 실행한다.

워크시트 탭의 이름이 반전되면 원하는 이름을 입력하고 [Enter↵]를 누르면 된다.

(4) 워크시트 묶음의 사용

워크시트 여러 페이지에 같은 데이터를 한 번에 입력할 경우 또는 한 번에 여러 페이지의 형식을 지정할 경우 여러 시트를 묶어서 사용하면 된다.

예를 들어, sheet1에서 sheet4까지 묶기 위해서는 sheet1에서 Shift 를 누른 채 sheet4를 누르면 선택된 시트 탭이 하얀 면으로 바뀐다.

원하는 셀에 자료를 입력한 후 Enter↵ 를 치면 묶여진 페이지에 동시에 데이터가 입력된다. 아무 시트 탭을 다시 클릭하면 묶음이 해제된다.

4. 수식

(1) 산술수식의 작성

엑셀에서 산술수식을 입력하기 위해서는 등호(=)를 입력하여 셀에 일반 데이터가 아니라 수식을 작성한다는 것을 알려주어야 한다.

엑셀에서 작성할 수 있는 수식의 예는 다음과 같다.

- =3+5:상수만을 이용하여 작성한 수식
- =B5*0.5:상수와 셀 주소를 혼합하여 작성한 수식
- =B5+B6:셀 주소만을 참조하여 작성한 수식
- =SUM(B5:B10):함수와 셀 범위를 참조하여 작성한 수식
- =B5−'1사분기'!B5:다른 시트의 셀 주소를 참조하여 작성한 수식

(2) 논리수식의 작성

논리내장함수 중 =IF(cond,x,y)는 cond가 사실이면 x, 거짓이면 y를 나타내는데 예를 들면 다음과 같다.

- =IF(F5)=60, "PASS","FAIL") (F5셀에 있는 값이 60 이상이면 "PASS"이고, 그렇지 않으면 "FAIL"이다.)
- =IF(F5)=90,"A",IF(F5)=80,"B",IF(F5)=70,"C",IF(F5)=60,"D","F")))) (F5셀에 있는 값이 90 이상이면 "A", 80 이상이면 "B", 70 이상이면 "C", 60 이상이면 "D", 그렇지 않으면 "F"이다.)

(3) 수식의 수정

셀에 기록된 산술수식이나 논리수식을 수정할 때는 수정하고자 하는 셀로 이동시킨 후 F2 키(Edit key)를 누른 후 수정할 내용을 입력한다.

연습1   제품별 원가를 다음의 〈그림 1-2〉와 같이 입력하고 제품의 가격이 모두 11원으로 동일하다고 할 때 각 제품의 이익을 구하라.

〈그림 1-2〉 (연습 1)의 입력

▶실행

- B4를 선택하여 복사를 누르고, C4부터 D4를 선택한 후 붙여넣기를 클릭하면 닭고기 및 생선의 가격이 11원이 입력된다.
- 이익은 가격에서 원가를 차감하면 되므로 B5에 이익을 구하는 식 =B4-B3을 입력하여 Enter↵ 를 치면 이익이 계산된다.
- 닭고기 및 생선에 동일한 작업을 하기 위해서는 밥에서 했던 작업을 복사하면 되는데 먼저 B5를 선택한다. 선택된 B5의 오른쪽 맨 아래로 마우스 포인터를 이동하면 포인터의 모양이 + 모양으로 바뀌는데 C5부터 D5까지 마우스를 끌어서 클릭하면

복사가 되면서 〈그림 1-3〉과 같은 (연습 1)의 실행 결과를 확인할 수 있다.

	A	B	C	D	E	F
1						
2		밥	닭고기	생선		
3	원가	₩7.0	₩9.0	₩10.5		
4	가격	₩11.0	₩11.0	₩11.0		
5	이익	₩4.0	₩2.0	₩0.5		
6						

〈그림 1-3〉 (연습 1)의 실행 결과

제2절

R 초급사용

1. R 개요

(1) R이란?

컴퓨터로 통계 및 계량분석이 가능하도록 계산 과정을 정리해 놓은 프로그램을 통계 패키지(또는 소프트웨어)라고 하는데 현재 시중에는 SAS(Statistical Analysis System), SPSS(Statistical Package for the Social Sciences), Stata(Statistics Data), WinRats-32(Regression Analysis for Time Series), EViews(Econometric Views), Limdep(Limited Dependent Model) 등 다양한 종류의 통계 소프트웨어가 출시되어 활용되고 있다.

한편, 컴퓨터에 명령을 내리는 데 필요한 '컴퓨터의 언어'를 프로그래밍 언어(programming language)라고 하는데 전통적으로 Basic, Cobol, Fortran, C, C++ 등이 활용되어 왔으나 최근에는 GAUSS(Matrix programming language), Matlab, S-plus, R 등의 사용자가 증가하고 있다.

R은 프로그래밍 언어로 구성된 통계분석 도구로 다양한 분석 기능을 가지고 있음에도 불구하고 무료로 제공되고 있어 세계적으로 많은 데이터 분석가들이 사용하고 있다.

R은 오클랜드대학교의 Robert Gentleman과 Ross Ihaka에 의해 1995년에 처음으로 개발되었고 현재는 R core team이 R 프로젝트를 운영하고 있다. R은 데이터의 조작(manipulation)과 연산(calculation), 그리고 그래픽 표현(graphical display)을 통합하는 통합 패키지로 경제학, 금융공학, 생명공학, 행정학, 의학, 자연과학 등 여러 전문분야에서 활용도가 높아지고 있는데 그 이유는 R이 다음과 같은 장점을 가지

고 있기 때문이다.

첫째, R은 간단한 명령어만으로 복잡한 계산을 수행할 수 있는 프로그램이기 때문에 분석을 빠르게 수행할 수 있다.

둘째, R은 Linux, UNIX, MAC OS X, Windows 등 모든 운영체제에서 실행 가능하고, 각종 DBMS(Database Management System) 데이터에 접근이 가능하고, 별도의 패키지를 사용하면 R의 소스를 Java, Python, C, C++ 등의 언어와 호환하여 사용할 수 있다.

셋째, R은 공개 소프트웨어로 모든 소스가 공개되므로 자유로운 수정 및 변경이 가능하여 다양하고 정밀한 분석을 할 수 있다.

넷째, 경제학, 행정학, 의학, 생물학 등 다양한 학문 분야에서 사용되는 수많은 통계분석 방법이 패키지 형태로 공개되므로 사용자가 복잡한 계산식을 일일이 입력하여 분석해야 하는 수고를 들 수 있다.

모든 일에 혜택과 비용이 동시에 발생하듯이 R은 이러한 장점을 가지고 있지만 R을 사용하기 위해서는 R 언어를 배워야 하며, 새로운 기능이 빠르게 추가되고 있기 때문에 지속적으로 새로운 기능을 습득해야 하는 어려움이 있다.

(2) RStudio란

소프트웨어 개발 과정에서 필요한 코딩(coding), 디버깅(debugging), 컴파일(compile)의 과정을 하나로 패키지화한 소프트웨어를 통합개발환경(Integrated Development Environment; IDE)이라고 하는데 RStudio는 R의 통합개발환경 소프트웨어로 RStudio를 사용하기 위해서는 반드시 R이 설치되어 있어야 한다.

- 코딩 : 프로그래밍 언어를 이용하여 구체적인 컴퓨터 프로그램을 만드는 기술
- 디버깅 : 코드상의 오류를 찾아내어 수정하는 과정
- 컴파일 : 컴퓨터가 처리한 언어를 사람이 읽을 수 있는 언어나 그림으로 변환하는 프로그램

RStudio는 기존의 R 개발환경에 새로운 기능들이 추가되어 사용자 효용을 높인 유

틸리티 소프트웨어로 다음과 같은 장점을 가지고 있다.

첫째, RStudio 역시 모든 운영체제에서 실행이 가능하며, 모든 R 버전과 호환이 가능하다.

둘째, 코딩작업에 필요한 콘솔(console), 디버깅 작업에 필요한 소스 에디터(source editor), 그리고 데이터 뷰어(data viewer) 및 도표 이력(plot history) 등 통합개발환경의 주요 요소들이 잘 통합되어 편리하고 신속한 작업이 가능하다.

셋째, 표시되는 구문을 종류별로 구분하고(예를 들어 입력문과 출력문, 함수 등) 여러 가지 다른 색으로 강조하여 표시하는 구문 강조(syntax highlight) 기능, 기능과 함수의 첫 글자로 함수를 자동으로 검색하거나 함수에 포함될 요소들을 표시해 주는 코드 완성(code completion), 코드 입력 시 괄호나 따옴표가 자동으로 입력되는 기능 등이 추가되어 수식 입력 과정에서 사용자의 편의를 기하고 있다.

(3) R 및 RStudio 설치

R의 설치파일을 다운로드하기 위해서는 R의 웹페이지(www.r-project.org)에 접속하여 다음과 같은 순서로 진행된다.

첫째, 웹페이지 초기 화면(〈그림 1-4〉)의 좌측 상단에 있는 CRAN을 클릭한다.

〈그림 1-4〉 R 웹페이지 초기 화면

둘째, CRAN 페이지의 국가별 목록에서 대한민국(〈그림 1-5〉)의 웹페이지 주소 중 하나를 클릭한다.

Korea	
http://cran.nexr.com/	NexR Corporation, Seoul
http://healthstat.smu.ac.kr/CRAN/	Graduate School of Public Health, Seoul National University, Seoul
http://cran.biodisk.org/	The Genome Institute of UNIST (Ulsan National Institute of Science and Technology)

〈그림 1-5〉 CRAN 페이지 목록(대한민국)

셋째, 운영체제 선택 메뉴(〈그림 1-6〉)에서 본인의 운영체제에 해당되는 다운로드를 클릭한다.

The Comprehensive R Archive Network

Download and Install R

Precompiled binary distributions of the base system and contributed packages, **Windows and Mac** users most likely want one of these versions of R:

- Download R for Linux
- Download R for (Mac) OS X
- Download R for Windows

R is part of many Linux distributions, you should check with your Linux package management system in addition to the link above.

〈그림 1-6〉 운영체제 선택 메뉴

넷째, Download R for Windows를 선택하면 세 가지 메뉴(〈그림 1-7〉)가 나타나는데 base 메뉴를 선택한다.

R for Windows

Subdirectories:

base	Binaries for base distribution. This is what you want to install R for the first time.
contrib	Binaries of contributed CRAN packages (for R >= 2.13.x; managed by Uwe Ligges). There is also information on third party software available for CRAN Windows services and corresponding environment and make variables.
old contrib	Binaries of contributed CRAN packages for outdated versions of R (for R < 2.13.x; managed by Uwe Ligges).
Rtools	Tools to build R and R packages. This is what you want to build your own packages on Windows, or to build R itself.

〈그림 1-7〉 운영 체제별 메뉴

다섯째, Download R 3.4.3 for Windows(〈그림 1-8〉)를 클릭하여 설치파일을 다운로드하고 설치한다. 단, 설치 시 설치언어 선택은 영문을 권장한다.

R-3.4.3 for Windows (32/64 bit)

Download R 3.4.3 for Windows (62 megabytes, 32/64 bit)
Installation and other instructions
New features in this version

〈그림 1-8〉 R 설치프로그램 다운로드

RStudio 설치파일을 다운로드하기 위해서는 RStudio의 웹페이지(www.rstudio.org)에 접속하여 다음과 같은 순서로 진행한다.

첫째, 웹페이시 초기 화면(〈그림 1-9〉)의 우측 상단에 있는 Download RStudio를 클릭한다.

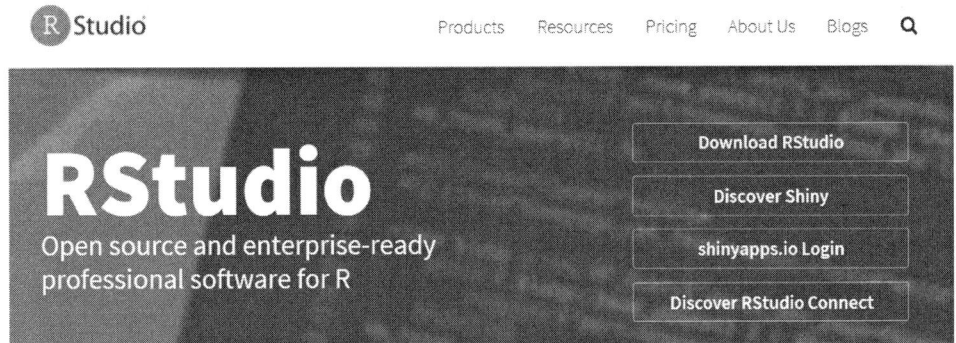

〈그림 1-9〉 RStudio 웹페이지 초기 화면

둘째, RStudio의 다양한 버전(〈그림 1-10〉) 중 무료인 RStudio Desktop Open Source License의 Download를 클릭한다.

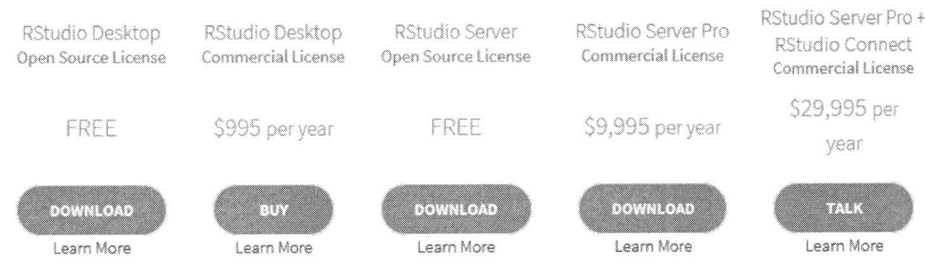

〈그림 1-10〉 RStudio 의 다양한 버전

셋째, 운영체제별로 분류된 RStudio의 설치파일 목록에서 RStudio 1.1.423 - Windows Vista/7/8/10 버전(〈그림 1-11〉)을 클릭하여 설치파일을 다운로드하고 설치한다.

RStudio Desktop 1.1.423 — Release Notes

RStudio requires R 3.0.1+. If you don't already have R, download it here.

Installers for Supported Platforms

Installers	Size	Date	MD5
RStudio 1.1.423 - Windows Vista/7/8/10	85.8 MB	2018-02-07	a2411be84794b61fd8e79e70e7c0f0b0
RStudio 1.1.423 - Mac OS X 10.6+ (64-bit)	74.5 MB	2018-02-07	3e3e3db076b44f3c5276eb008614b4cf
RStudio 1.1.423 - Ubuntu 12.04-15.10/Debian 8 (32-bit)	89.3 MB	2018-02-07	8515d8f5c78ac15b331bd9be0c1ea412
RStudio 1.1.423 - Ubuntu 12.04-15.10/Debian 8 (64-bit)	97.4 MB	2018-02-07	f6e385c13ff7a1218891937f016e9383
RStudio 1.1.423 - Ubuntu 16.04+/Debian 9+ (64-bit)	65 MB	2018-02-07	1b5599d9f19c0971e87a5bcbf77aa8bc
RStudio 1.1.423 - Fedora 19+/RedHat 7+/openSUSE 13.1+ (32-bit)	88.1 MB	2018-02-07	27664d49e08deee206879d259fd10512
RStudio 1.1.423 - Fedora 19+/RedHat 7+/openSUSE 13.1+ (64-bit)	90.6 MB	2018-02-07	8d3d8c49260539a590d8eeea555eab08

〈그림 1-11〉 RStudio Desktop버전의 OS용 설치파일

2. RStudio 시작하기

RStudio아이콘을 클릭하면 〈그림 1-12〉와 같이 Sources 창, Console 창, Environment/History 창, Files, Packages/Plots, Help, Viewer 창 등 4개의 창이 나타난다.

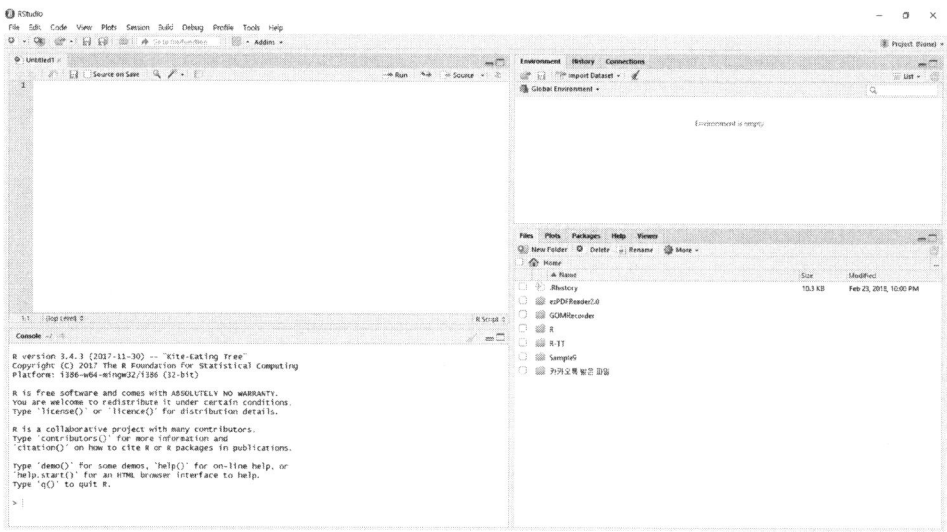

〈그림 1-12〉 RStudio 4개의 창

- Source 창
  - 프로그램 Source를 편집
  - 프로그램 내의 R 명령어에 커서를 두고 Ctrl+R로 실행
- Console 창
  - 명령어를 입력하고 결과를 확인
  - 상하 화살표를 이용하여 이전 명령어를 편집 및 실행
- Environment/History 창
  - Environment 창 : 변수 또는 객체의 목록과 값 확인
  - History 창 : 명령어 History를 확인 및 검색하고 더블클릭하여 Console 창으로 보냄
- Files, Packages/Plots, Help, Viewer 창
  - Files, Packages 창 : 파일과 폴더 및 패키지 목록
  - Plots, Help, Viewer 창 : 그래프, 도움말, HTML 등 명령어 실행 결과

3. 명령어 실행방법

R에서 명령어를 실행시키는 방법에는 직접 명령문과 할당 명령문이 있다.

(1) 직접 명령문

Console 창에서 명령어를 직접 입력하여 엔터를 쳐서 실행하거나 print() 함수를 사용하여 실행할 수도 있는데 R을 마치 계산기처럼 사용할 수 있다.

콘솔의 환영 메시지는 Edit>Clear Console(또는 Ctrl+L)을 선택하여 지운 후 (예제 1-1)과 같이 명령어를 입력하여 엔터를 치면 (예제 1-1)의 실행 결과를 보여준다.

(예제 1-1) 직접 명령문 1
> 2^3   > 2*3   > 3/3   > 3+3   > 3-3   > q()

(예제 1-1)의 실행결과
> 2^3   # 2의 3승을 계산 [1] 8 > 2*3   # 2×3을 계산 [1] 6 > 3/3   # 3÷3을 계산 [1] 1 > 3+3   # 3+3을 계산 [1] 6 > 3-3   # 3-3을 계산 [1] 0 > q()

또는 Ctrl+L을 실행하여 console 창의 내용을 지운 후 (예제 1-2)와 같이 명령어를 입력하여 엔터를 치면 (예제 1-2)의 실행 결과를 보여준다.

(예제 1-2) 직접 명령문 2
> print(2^.5, digits=5) > print(2*3, digits=5) > print(2/3, digits=5) > print(3+3, digits=5) > print(3-3, digits=5) > q()

(예제 1-2)의 실행결과
> print(2^.5, digits=5)   # 2의 제곱근을 계산하여 0이 아닌 숫자 5개 인쇄 [1] 1.4142 > print(2*3, digits=5)   # 2의 3승을 계산하여 0이 아닌 숫자 5개 인쇄 [1] 6 > print(2/3, digits=5)   # 2÷3을 계산하여 0이 아닌 숫자 5개 인쇄 [1] 0.66667 > print(3+3, digits=5)   # 3+3을 계산하여 0이 아닌 숫자 5개 인쇄 [1] 6 > print(3-3, digits=5)   # 3-3을 계산하여 0이 아닌 숫자 5개 인쇄 [1] 0

(2) 할당 명령문

특정한 데이터 또는 연산 결과를 새로운 문자열에 할당하여 하나의 객체를 정의하는 명령문으로 작업 결과의 반환을 요구하지 않는다.

할당 명령문의 형태는 할당 연산자인 <-(또는 ->)를 사용하는 형태와 할당 함수인 assign()을 사용하는 형태가 있는데 모두 동일한 기능을 수행한다.

할당 명령문에 의해 생성된 객체를 제거하려면 rm() 함수를 이용하면 된다.

(예제 1-3)과 같이 명령어를 입력하여 엔터를 치면 (예제 1-3)의 실행 결과를 보여준다.

여기서 x<-c(1,2,3,4,5)는 1부터 5까지 5개의 수치형(numeric) 원소를 결합함수인 c()로 묶어 길이 5인 벡터를 생성한 후 식별문자 'x'에 할당하는 명령문이다.

(예제 1-3) 할당 명령문 1
> x<-c(1,2,3,4,5)
> y<-c(1:10)
> z<-x+y
> x
> y
> z
>rm(z)
>z

(예제 1-3)의 실행결과
> x<-c(1,2,3,4,5)   # c는 여러 개의 값(1,2,3,4,5)을 x로 저장하는 명령문
> y<-c(1:10)   # 1부터 10까지 숫자를 y로 저장
> z<-x+y   # x와 y의 합 z를 계산
> x
[1] 1 2 3 4 5
> y
[1] 1 2 3 4 5 6 7 8 9 10
> z
[1] 2 4 6 8 10 7 9 11 13 15
> rm(z)   # z를 제거
> z
Error: object 'z' not found

한편, (예제 1-4)와 같이 명령어를 입력하여 엔터를 치면 실행 결과를 보여준다.

(예제 1-4) 할당 명령문 2
〉 assign("x", c(1,2,3,4,5)) 〉 assign("y", c(1:10)) 〉 assign("z", x+y) 〉 x 〉 y 〉 z 〉 rm(z) 〉 z

(예제 1-4)의 실행결과
〉 assign("x", c(1,2,3,4,5))   # 여러 개의 값(1,2,3,4,5)을 x에 저장 〉 assign("y", c(1:10))   # 1부터 10까지 숫자를 y로 저장 〉 assign("z",x+y)   # x와 y의 합을 z로 저장 〉 x [1] 1 2 3 4 5 〉 y [1] 1 2 3 4 5 6 7 8 9 10 〉 z [1] 2 4 6 8 10 7 9 11 13 15 〉 rm(z) 〉 z Error: object 'z' not found

(3) 코드 입력 및 실행

Source 창에서 프로그램 Source를 작성, 편집, 저장, 실행, 불러오기 등을 할 수 있다.

작성된 프로그램을 한 줄씩 실행하는 방법은 Run을 클릭(또는 Ctrl+Enter)하고, 여러 줄 또는 모든 줄을 동시에 실행하는 방법은 여러 줄 또는 모든 줄을 선택하고 Run을 클릭하면 된다.

b3-ch1-1.R과 같이 명령어를 입력하여 모두 선택하고 Run을 클릭하면 다음과 같은 실행 결과를 보여준다.

```
                    b3-ch1-1.R의 실행결과
> x<-c(1:10)   # 1부터 10까지 숫자를 x로 저장

> x
 [1]  1  2  3  4  5  6  7  8  9 10

> sort(x)   # x를 오름차순으로 정렬
 [1]  1  2  3  4  5  6  7  8  9 10

> sort(x, decreasing=T)   # x를 내림차순으로 정렬
 [1] 10  9  8  7  6  5  4  3  2  1

> mean(x)4   # x의 산술평균을 계산
[1] 5.5

> median(x)   # x의 중위수를 계산
[1] 5.5

> quantile(x)   # x의 분위수를 계산
   0%   25%   50%   75%  100%
 1.00  3.25  5.50  7.75 10.00

> diff(range(x))   # x의 범위를 계산
[1] 9

> var(x)   # x의 분산을 계산
[1] 9.166667

> sd(x)    # x의 표준편차를 계산
[1] 3.02765
```

작성된 프로그램 Source를 저장하기 위해서는 File/Save As를 선택한 후 〈그림 1-13〉과 같이 본인이 원하는 디렉터리에 파일이름(예, b3-ch1-1)을 입력하면 되는데 프로그램의 확장자는 R로 지정이 된다.

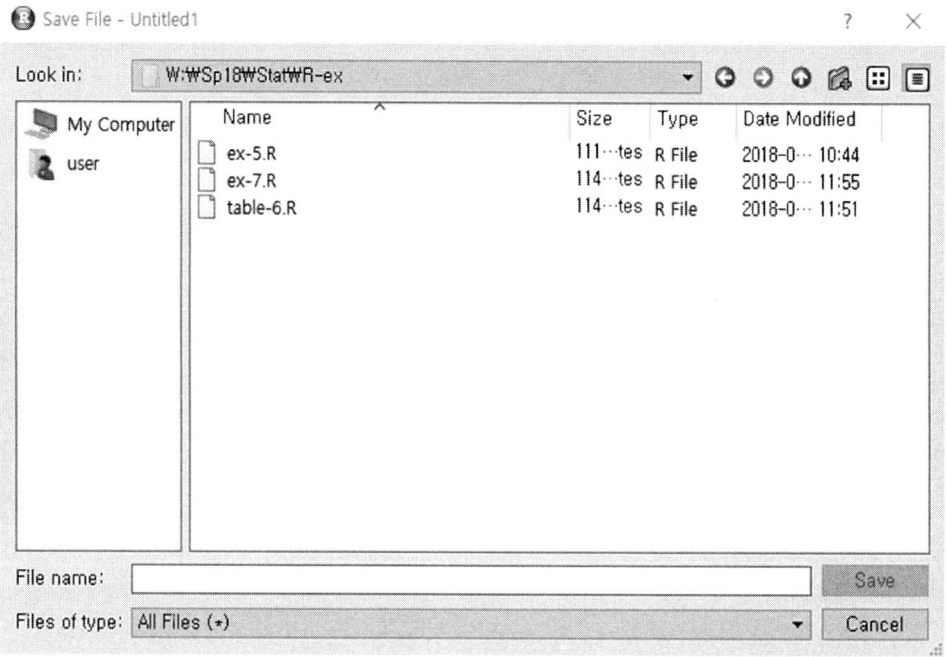

〈그림 1-13〉 프로그램의 저장

저장된 파일을 불러오기 위해서는 File/Open File을 선택한 후 불러 올 파일이 위치한 디렉터리에서 해당 파일을 불러오면 된다.

── 제3절 ──
데이터 파일 만들기

1. 데이터 직접 입력

(1) Excel에서 직접 입력

Excel 워크시트에 데이터를 입력하는 방법은 〈그림 1-14〉에서 보여주고 있는 것처럼 숫자나 문자 등을 입력하면 된다.

연습 2 학생 10명의 경제원론, 미시경제, 거시경제 성적을 다음의 〈그림 1-14〉와 같이 입력하고 score.xlsx파일로 저장하라.

	A	B	C	D
1	이름	경제원론	미시경제	거시경제
2	김기훈	98	82	95
3	박수동	100	90	80
4	원선희	50	45	75
5	위계영	50	100	100
6	최동팔	80	95	95
7	최종열	90	60	60
8	최종수	30	30	30
9	김기팔	80	25	25
10	이상수	65	70	70
11	강창수	95	90	90

〈그림 1-14〉 score.xlsx의 내용

(2) R에서 직접 입력

R에서 숫자나 문자를 직접 입력하여 데이터 파일을 만드는 방법에는 Data Editor 창을 이용하는 방법과 명령어를 이용하는 방법이 있다.

R Source 창에서 다음과 같이 입력하면 데이터 편집기(Data Editor) 창이 뜬다.

```
mydata<-data.frame(이름=character(), 경제원론=numeric(), 미시경제=numeric())
mydata<-edit(mydata)
```

데이터 편집기 창에 〈그림 1-15〉와 같이 엑셀에서 데이터를 입력하는 방법과 유사하게 데이터를 입력하면 된다.

■ 데이터 편집기

파일 편집 도움말

	이름	경제원론	미시경제	거시경제
1	김기훈	98	82	95
2	박수동	100	90	80
3	원선희	50	45	75
4	위계영	50	100	100
5	최동말	80	95	95
6	최종열	90	60	60
7	최동수	30	30	30
8	김기말	80	25	25
9	이상수	65	70	70
10	강창수	95	90	90
11				
12				

〈그림 1-15〉 Data Editor 창 및 데이터 입력

한편, 프로그래밍을 할 경우에는 Data Editor 창을 이용한 데이터 입력방식을 사용하기가 불편하므로 이 경우 명령어를 활용할 수 있다. 변수명은 한글이나 영문 모두

사용이 가능한데 한글로 변수명을 입력하면 프로그래밍할 때 불편하므로 변수명을 영어로 입력하면 편리하다.

예를 들어 이름(name), 경제원론(prin), 미시경제(micro), 거시경제(macro)를 보여주는 데이터는 프로그램 작성 시 다음과 같이 명령어를 입력하면 된다.

```
name<-c("김기훈","박수동","원선희","위계영","최동팔","최종열","최종수","김기팔","이상수","강창수")
prin<-c(98,100,50,50,80,90,30,80,65,95)
micro<-c(82,92,45,100,95,60,30,25,70,90)
macro<-c(95,80,75,100,95,60,30,25,70,90)
df<-data.frame(name,prin,micro,macro)
df
```

이를 실행하면 다음과 같이 데이터 파일을 만들어 준다.

	name	prin	micro	macro
1	김기훈	98	82	95
2	박수동	100	92	80
3	원선희	50	45	75
4	위계영	50	100	100
5	최동팔	80	95	95
6	최종열	90	60	60
7	최종수	30	30	30
8	김기팔	80	25	25
9	이상수	65	70	70
10	강창수	95	90	90

2. 데이터 불러 오기

(1) R에서 Excel파일 불러 오기

Excel 데이터 파일을 R에서 불러오는 방법은 다양한데 웹상에 있는 xlsx 파일을 불러올 수 있는 방법을 설명하고자 한다.

이를 위해서는 먼저 openxlxs 패키지를 install해야 하는데 패키지를 install하는 방법은 RStudio의 Console 창에서 install.packages("openxlsx")를 입력하고 [Enter↵]를 치면 패키지가 install이 된다.

install된 패키지는 프로그램 내에서 library로 불러 와야 사용할 수 있는데 b3-ch1-2.R을 실행하면 (연습 2)에서 작성한 Excel 파일을 불러온다. 만약에 xls 파일을 위와 같은 방법으로 불러오기 위해서는 xls 파일을 xlsx 파일로 변환시켜 주면 된다.

```
                          b3-ch1-2.R의 실행결과
> library(openxlsx)   # 설치된 openxlsx 패키지를 불러옴
> sample1<-read.xlsx("http://kanggc.iptime.org/book/data/score.xlsx")
  # 패키지에 있는 read.xlsx 명령어로 엑셀파일을 불러와 sample1로 저장
> sample1   # sample1을 인쇄
    이름  경제원론  미시경제  거시경제
1   김기훈     98       82       95
2   박수동    100       90       80
3   원선희     50       45       75
4   위계영     50      100      100
5   최동팔     80       95       95
6   최종열     90       60       60
7   최종수     30       30       30
8   김기팔     80       25       25
9   이상수     65       70       70
10  강창수     95       90       90
```

(2) R에서 Excel파일 만들기

R에서 데이터로 작업한 후 그 데이터를 Excel 데이터 파일로 저장하면 Excel에서 그 파일을 불러올 수 있다.

예를 들어 b3-ch1-3.R을 실행하면 학생 10명의 경제원론, 미시경제, 거시경제 성적을 입력하여 데이터를 만든 후 합계(sum), 평균(mean), 합격/불합격(PF) 판단, 등급(grade) 부여 등의 작업을 하고 그 내용을 Excel 데이터 파일로 저장할 수 있다.

b3-ch1-3.R의 실행결과

```
> name<-c("김기훈","박수동","원선희","위계영","최동팔","최종열","최종수","김기팔","이상수","강창수")

> prin<-c(98,100,50,50,80,90,30,80,65,95)

> micro<-c(82,92,45,100,95,60,30,25,70,90)

> macro<-c(95,80,75,100,95,60,30,25,70,90)

> df<-data.frame(name,prin,micro,macro)  # 길이가 동일한 name, prin, micro, macro 네 개의 변수 벡터로 데이터 프레임을 만들고 df로 저장

> df$sum<-df$prin+df$micro+df$macro # df$prin은 데이터 프레임 df에 있는 prin 변수를 말함

> df$mean<-df$sum/3

> df$PF<-ifelse(df$mean >= 60, "pass","fail")

> df$grade<-ifelse(df$mean >= 90, "A", ifelse(df$mean >= 80, "B", ifelse(df$mean >= 70, "C", ifelse(df$mean >= 60, "D", "F"))))

> df
    name prin micro macro sum     mean     PF grade
1   김기훈   98    82    95 275 91.66667 pass    A
2   박수동  100    92    80 272 90.66667 pass    A
3   원선희   50    45    75 170 56.66667 fail    F
4   위계영   50   100   100 250 83.33333 pass    B
5   최동팔   80    95    95 270 90.00000 pass    A
6   최종열   90    60    60 210 70.00000 pass    C
7   최종수   30    30    30  90 30.00000 fail    F
8   김기팔   80    25    25 130 43.33333 fail    F
9   이상수   65    70    70 205 68.33333 pass    D
10  강창수   95    90    90 275 91.66667 pass    A

> write.xlsx(df, "K:/BOOK/RBasics/Excel및R활용경제분석/code/b3-ch1-3.xlsx", colNames=T, asTable=F) # write.xlsx 명령어로 지정된 디렉터리에 지정된 이름의 엑셀파일로 저장
```

한편, 이렇게 만들어진 Excel 데이터 파일은 Excel을 실행하여 〈그림 1-16〉과 같이 불러와서 사용하면 된다.

	A	B	C	D	E	F	G	H
1	name	prin	micro	macro	sum	mean	PF	grade
2	김기훈	98	82	95	275	91.66667	pass	A
3	박수동	100	92	80	272	90.66667	pass	A
4	원선희	50	45	75	170	56.66667	fail	F
5	위계영	50	100	100	250	83.33333	pass	B
6	최동팔	80	95	95	270	90	pass	A
7	최종열	90	60	60	210	70	pass	C
8	최종수	30	30	30	90	30	fail	F
9	김기팔	80	25	25	130	43.33333	fail	F
10	이상수	65	70	70	205	68.33333	pass	D
11	강창수	95	90	90	275	91.66667	pass	A
12								

〈그림 1-16〉 R에서 만든 Excel 데이터 파일 불러 오기

한편, R에서 했던 위의 작업을 (연습 2)에서 작성한 Excel에서 한다면 다음과 같다. 먼저 김기훈에 대해 다음과 같은 작업을 한다.

- E1에 총점, F1에 평균, G1에 P/F, F1에 등급을 입력한다.
- E2에 세 과목의 총점을 구하는 식 =B2+C2+D2를 입력하여 Enter⏎를 치면 총점이 계산된다.
- F2에 평균을 구하는 식 =E2/3을 입력하여 Enter⏎를 치면 평균이 계산된다.
- G2에 합격/불합격을 판정하기 위해서 논리수식인

=IF(F5)=60, "PASS", "FAIL")을 입력하고 Enter⏎를 치면 PASS 또는 FAIL을 나타낸다.

- H2에 등급을 부여하기 위해 논리수식인

=IF(F5)=90,"A",IF(F5)=80,"B",IF(F5)=70,"C",IF(F5)=60,"D","F"))))를 입력하고 Enter⏎를 치면 A에서 F까지 학점을 나타낸다.

다음으로 나머지 학생들에 대해서 동일한 작업을 하기 위해서는 김기훈에게 했던 작업을 복사하면 된다.

- E2부터 H2까지를 블록으로 선택하고, 블록으로 선택된 영역의 오른쪽 맨 아래로 마우스 포인터를 이동하면 포인터의 모양이 + 모양으로 바뀐다.
- E11부터 H11까지 마우스를 끌어서 클릭하면 복사가 되면서 〈그림 1-17〉과 같은 작업 결과를 나타내 준다.

	A	B	C	D	E	F	G	H
1	이름	경제원론	미시경제	거시경제	총점	평균	P/F	등급
2	김기훈	98	82	95	275	91.666667	PASS	B
3	박수동	100	90	80	270	90	PASS	A
4	원선희	50	45	75	170	56.666667	PASS	C
5	위계영	50	100	100	250	83.333333	FAIL	F
6	최동팔	80	95	95	270	90	FAIL	F
7	최종열	90	60	60	210	70	PASS	D
8	최종수	30	30	30	90	30	PASS	A
9	김기팔	80	25	25	130	43.333333	FAIL	F
10	이상수	65	70	70	205	68.333333	FAIL	F
11	강창수	95	90	90	275	91.666667	FAIL	F
12								

〈그림 1-17〉 Excel 작업 결과

제4절

데이터 관리

1. 변수의 변환 및 변수명의 변경

R에서는 기존의 변수를 이용하여 새로운 변수를 만들어 사용할 수 있는데 예를 들어 gdp 및 consumption에 자연로그를 취하여 lgdp 및 lconsumption 변수를 만들 수 있다.

변수명을 변경할 수 있는데 하나의 변수명을 변경하거나(예를 들어, consumption을 cons로) 전체 변수명을 변경할 수 있다.

b3-ch1-4.R을 실행하면 변수명이 바뀐 것을 확인할 수 있다.

b3-ch1-4.R의 실행결과
> library(openxlsx)
> sample1<-read.xlsx("http://kanggc.iptime.org/book/data/sample1-n.xlsx")
> sample1_dat<- data.matrix(sample1) # sample1을 행렬 데이터로 저장
> year<-sample1_dat[,1] # 첫째 열을 데이터를 year로 저장
> gdp<-sample1_dat[,2] # 둘째 열을 데이터를 gdp로 저장
> consumption<-sample1_dat[,3] # 셋째 열을 데이터를 consumption으로 저장
> lgdp<-log(gdp) # gdp의 자연로그 값을 lgdp로 저장
> lconsumption<-log(consumption) # consumption의 자연로그 값을 lconsumption으로

저장

```
> lgdp
        1        2        3        4        5        6        7        8        9
       10
13.36167 13.44178 13.54362 13.60592 13.68316 13.73191 13.78098 13.85786 13.91490
13.95676
       11       12       13       14       15       16       17
14.05083 14.10270 14.13575 14.17280 14.21165 14.26284 14.30863

> lconsumption
        1        2        3        4        5        6        7        8        9
       10
12.93232 13.04043 13.15312 13.19183 13.23929 13.30859 13.37453 13.44697 13.51549
13.55361
       11       12       13       14       15       16       17
13.61684 13.68029 13.72333 13.75604 13.78806 13.82150 13.86190

> names(sample1)   # sample1의 변수명을 보여줌
[1] "year"       "gdp"        "consumption"

> sample1
   year      gdp consumption
1  2000  635184.6    413461.2
2  2001  688164.9    460668.2
3  2002  761938.9    515616.0
4  2003  810915.3    535967.4
5  2004  876033.1    562020.2
6  2005  919797.3    602345.4
7  2006  966054.6    643408.0
8  2007 1043257.8    691740.4
9  2008 1104492.2    740804.6
10 2009 1151707.8    769588.6
11 2010 1265308.0    819821.2
12 2011 1332681.0    873522.7
13 2012 1377456.7    911938.2
14 2013 1429445.4    942267.2
15 2014 1486079.3    972925.0
16 2015 1564123.9   1006005.6
```

```
17 2016 1637420.8    1047482.4

> names(sample1)[3]<-"cons"   # 3번째 변수명을 cons로 변경

> sample1
   year      gdp      cons
1  2000   635184.6   413461.2
2  2001   688164.9   460668.2
3  2002   761938.9   515616.0

〈중략〉

15 2014 1486079.3   972925.0
16 2015 1564123.9  1006005.6
17 2016 1637420.8  1047482.4

> names(sample1)<-c("T","Y","C") # 세변수명을 모두 T, Y, C로 변경

> sample1
      T       Y         C
1  2000   635184.6   413461.2
2  2001   688164.9   460668.2
3  2002   761938.9   515616.0

〈중략〉

15 2014 1486079.3   972925.0
16 2015 1564123.9  1006005.6
17 2016 1637420.8  1047482.4
```

2. 부분자료 추출

데이터의 일부분을 추출할 수도 있는데 예를 들어, b3-ch1-5.R을 실행하면 2000년대와 2010년대의 자료를 각각 추출할 수 있다.

b3-ch1-5.R의 실행결과

```
> library(openxlsx)

> sample1<-read.xlsx("http://kanggc.iptime.org/book/data/sample1-n.xlsx")

> sample1_dat<- data.matrix(sample1)

> year<-sample1_dat[,1]

> gdp<-sample1_dat[,2]

> consumption<-sample1_dat[,3]

> data1<-sample1_dat[1:10,]   # sample1_dat의 10번째 행까지 데이터를 추출

> data1
   year       gdp consumption
1  2000  635184.6    413461.2
2  2001  688164.9    460668.2
3  2002  761938.9    515616.0
4  2003  810915.3    535967.4
5  2004  876033.1    562020.2
6  2005  919797.3    602345.4
7  2006  966054.6    643408.0
8  2007 1043257.8    691740.4
9  2008 1104492.2    740804.6
10 2009 1151707.8    769588.6

> data2<-sample1_dat[11:17,]   # sample1_dat의 11번째부터 17번째 행까지 데이터를 추출

> data2
   year     gdp consumption
11 2010 1265308    819821.2
12 2011 1332681    873522.7
13 2012 1377457    911938.2
14 2013 1429445    942267.2
15 2014 1486079    972925.0
16 2015 1564124   1006005.6
17 2016 1637421   1047482.4
```

제2장
Excel 및 R : 중급사용

제1절 데이터 정렬
제2절 데이터베이스
제3절 부분합 계산
제4절 피벗 테이블 및 피벗 차트

제1절

데이터 정렬

항목별로 일정한 순서에 따라 데이터를 나열해 주는 기능을 정렬이라고 한다. 데이터 정렬을 하기 위해서는 먼저, 정렬할 기준 셀로 셀 포인터를 이동한다. 다음으로 [홈]-[편집] 그룹에서 [정렬 및 필터]를 클릭하여 [숫자 내림차순 정리]를 선택한다.

예를 들어, 〈그림 1-17〉의 데이터를 평균을 중심으로 내림차순으로 정렬하려면 다음과 같이 하면 된다.

- A2부터 H11까지 셀을 선택한 후 [데이터]-[정렬 및 필터] 그룹에서 [정렬]을 클릭하면 정렬 대화상자가 나타난다.
- 정렬 대화상자에서 〈그림 2-1〉과 같이 열-정렬 기준의 ☑를 클릭하면 나타나는 선택 항목 중 평균을 선택하고, 정렬의 ☑를 클릭하면 나타나는 선택 항목 중 내림차순을 선택하고 확인을 누르면 〈그림 2-2〉와 같이 총점을 기준으로 내림차순으로 정리된다.

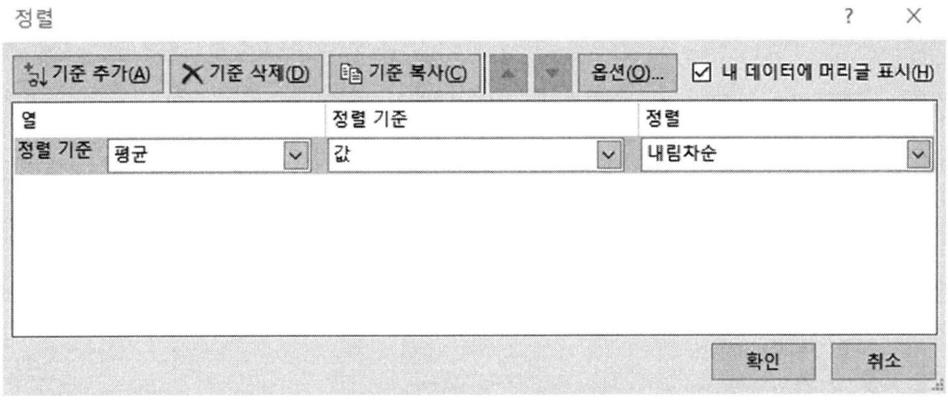

〈그림 2-1〉 정렬 대화상자

	A	B	C	D	E	F	G	H
1	이름	경제원론	미시경제	거시경제	총점	평균	P/F	등급
2	김기훈	98	82	95	275	91.666667	PASS	A
3	강창수	95	90	90	275	91.666667	PASS	B
4	박수동	100	90	80	270	90	PASS	C
5	최동팔	80	95	95	270	90	PASS	D
6	위계영	50	100	100	250	83.333333	FAIL	F
7	최종열	90	60	60	210	70	FAIL	F
8	이상수	65	70	70	205	68.333333	FAIL	F
9	원선희	50	45	75	170	56.666667	FAIL	F
10	김기팔	80	25	25	130	43.333333	FAIL	F
11	최종수	30	30	30	90	30	FAIL	F
12								

〈그림 2-2〉 평균 기준 내림차순 정렬 결과

한편, 다른 기준(예를 들어, 경제원론)으로 정렬을 하고자 할 경우 〈그림 2-1〉의 정렬 대화상자에서 열-정렬 기준의 ☑를 클릭하면 나타나는 선택 항목 중 경제원론을 선택하고 확인을 누르면 된다.

R을 이용하여 데이터 정렬을 하는 〈b3-ch2-1.R〉을 실행해 보면 Excel로 작업을 한 〈그림 2-2〉와 동일한 결과를 보여 준다.

```
b3-ch2-1.R의 실행결과
> library(dplyr)
>
> name<-c("김기훈","박수동","원선희","위계영","최동팔","최종열","최종수","김기팔","이상수","강창수")
> prin<-c(98,100,50,50,80,90,30,80,65,95)
> micro<-c(82,92,45,100,95,60,30,25,70,90)
> macro<-c(95,80,75,100,95,60,30,25,70,90)
> df<-data.frame(name,prin,micro,macro)
>
> df$sum<-df$prin+df$micro+df$macro
> df$mean<-df$sum/3
> df$PF<-ifelse(df$mean >= 60, "pass","fail")
> df$grade<-ifelse(df$mean >= 90, "A", ifelse(df$mean >= 80, "B", ifelse(df$mean >=
```

```
70, "C", ifelse(df$mean >= 60, "D", "F"))))
>
> df[order(df$mean,decreasing=T),]   # df 데이터 프레임에 있는 mean을 기준으로 내림차
순 정렬
      name prin micro macro sum     mean    PF grade
1  김기훈   98    82    95 275 91.66667 pass     A
10 강창수   95    90    90 275 91.66667 pass     A
2  박수동  100    92    80 272 90.66667 pass     A
5  최동팔   80    95    95 270 90.00000 pass     A
4  위계영   50   100   100 250 83.33333 pass     B
6  최종열   90    60    60 210 70.00000 pass     C
9  이상수   65    70    70 205 68.33333 pass     D
3  원선희   50    45    75 170 56.66667 fail     F
8  김기팔   80    25    25 130 43.33333 fail     F
7  최종수   30    30    30  90 30.00000 fail     F
> df %>% arrange(desc(mean))   # df 데이터 프레임에 있는 mean을 기준으로 내림차순
정렬
      name prin micro macro sum     mean    PF grade
1  김기훈   98    82    95 275 91.66667 pass     A
2  강창수   95    90    90 275 91.66667 pass     A
3  박수동  100    92    80 272 90.66667 pass     A
4  최동팔   80    95    95 270 90.00000 pass     A
5  위계영   50   100   100 250 83.33333 pass     B
6  최종열   90    60    60 210 70.00000 pass     C
7  이상수   65    70    70 205 68.33333 pass     D
8  원선희   50    45    75 170 56.66667 fail     F
9  김기팔   80    25    25 130 43.33333 fail     F
10 최종수   30    30    30  90 30.00000 fail     F
```

제2절

데이터베이스

데이터베이스는 데이터를 구성하고 관리하며 검색하는 도구이다. MS Office에 Access라고 하는 데이터베이스 프로그램이 있지만 Excel에서도 간단한 데이터베이스 기능이 있다.

1. 데이터 입력

워크시트에 다음의 〈그림 2-3〉과 같은 데이터를 입력하면 엑셀은 이것을 자동적으로 데이터베이스로 취급한다.

	A	B	C	D	E	F
1	학번	이름	생년월일	성별	본적	소득
2	6789	김상욱	1970-02-10	남	부산	1000
3	2346	김숙희	1971-03-29	여	대구	2000
4	3456	박윤정	1965-09-07	여	수원	3500
5	3455	윤석호	1974-12-07	남	청주	2500
6	1234	니경규	1968-01-01	남	광주	1500
7	4546	이동균	1969-05-23	남	인천	5000
8	2341	조동민	1967-08-30	남	경기	8000
9	6543	최정민	1972-04-01	여	제주	4000
10	2345	홍길동	1973-10-22	남	서울	3800
11						

〈그림 2-3〉 데이터 입력

2. 데이터베이스 검색

데이터베이스에서 데이터를 검색하기 위해서는 데이터베이스의 임의의 셀로 셀 포인터를 이동한 후 [데이터]-[정렬 및 필터] 그룹에서 [필터]를 클릭하면 첫 번째 열의 각 행 바로 옆에 화살표가 나타나고 화살표를 클릭하면 〈그림 2-4〉와 같이 그 열에 있는 고유한 항목이 풀다운 목록에 모두 나타난다.

	A	B	C	D	E	F	G
1	학번	이름	생년월일	성별	본적	소득	
2	6789	김상욱	1970-02-10	남	부산	1000	
3	2346	김숙희	1971-03-29	여	대구	2000	
4	3456	박윤정	1965-09-07	여	수원	3500	
5	3455	윤석호	1974-12-07	남	청주	2500	
6	1234	니경규	1968-01-01	남	광주	1500	
7	4546	이동균	1969-05-23	남	인천	5000	
8	2341	조동민	1967-08-30	남	경기	8000	
9	6543	최정민	1972-04-01	여	제주	4000	
10	2345	홍길동	1973-10-22	남	서울	3800	
11							

〈그림 2-4〉 레코드 관리

풀다운 목록에서 원하는 목록을 선택하면 원하는 데이터를 검색한 결과를 제공한다.
 남학생만 검색할 경우 성별 풀다운 목록을 클릭하면 나타나는 대화 창에서 남자만 선택하고 확인을 누르면 남학생을 검색하여 나타내 준다.
 남학생이면서 본적이 서울인 학생을 검색할 경우 먼저 성별 풀다운 목록을 클릭하여 남자만 선택하여 검색한 우 다음으로 본적 풀다운 목록을 클릭하여 서울을 선택하고 확인을 누르면 남학생이면서 본적이 서울인 학생을 검색하여 나타낸 준다.
 한편, 조건이 사전 목록으로 정의되어 있지 않은 경우는 사용자 정의를 이용하면 된다. 예를 들어, 소득이 2000보다 크고 4000미만인 학생들을 검색하고자 할 경우 소득 풀다운 목록을 누르고 숫자 필터-사용자 지정 필터를 선택하면 다음의 사용자 지정 자동필터 대화상자가 나타나는데 여기서 〈그림 2-5〉와 같이 찾을 조건을 설정해 주고 확인을 누르면 〈그림 2-6〉과 같은 결과를 나타내 준다.

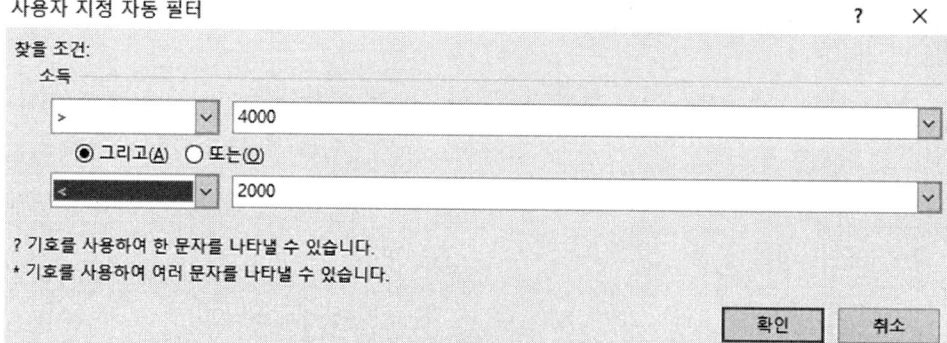

〈그림 2-5〉 사용자 지정 자동필터 대화상자

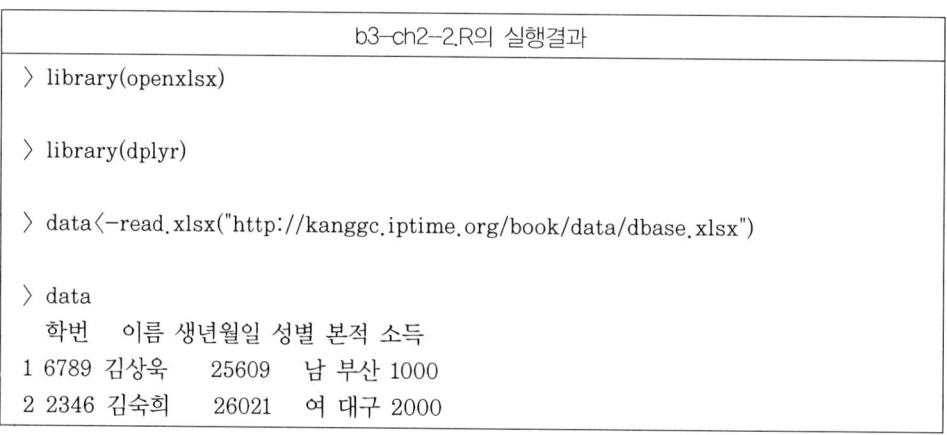

〈그림 2-6〉〈그림 2-5〉의 결과

데이터베이스에서 데이터를 R을 이용하여 추출하는 〈b3-ch2-2.R〉을 실행해 보면 남학생만 검색할 경우, 남학생이면서 본적이 서울인 학생을 검색할 경우, 소득이 2000보다 크고 4000미만인 학생을 검색할 경우 등 Excel로 한 작업과 동일한 결과를 보여 준다.

```
                       b3-ch2-2.R의 실행결과
> library(openxlsx)

> library(dplyr)

> data<-read.xlsx("http://kanggc.iptime.org/book/data/dbase.xlsx")

> data
   학번   이름  생년월일  성별  본적  소득
1  6789 김상욱    25609    남   부산  1000
2  2346 김숙희    26021    여   대구  2000
```

```
3 3456 박윤정      23992    여 수원 3500
4 3455 윤석호      27370    남 청주 2500
5 1234 니경규      24838    남 광주 1500
6 4546 이동균      25346    남 인천 5000
7 2341 조동민      24714    남 경기 8000
8 6543 최정민      26390    여 제주 4000
9 2345 홍길동      26959    남 서울 3800

> encoding = "UTF-8"   # UTF-8은 국제표준문자표인 유니코드(unicode)를 인코딩
(endoding)하는 방식으로 한글 검색에서 문제가 발생시 설정

> data %>% filter(data$성별 == "남")
   학번   이름 생년월일 성별 본적 소득
1 6789 김상욱      25609    남 부산 1000
2 3455 윤석호      27370    남 청주 2500
3 1234 니경규      24838    남 광주 1500
4 4546 이동균      25346    남 인천 5000
5 2341 조동민      24714    남 경기 8000
6 2345 홍길동      26959    남 서울 3800

> data %>% filter(data$성별 == "남" & data$본적 == "서울")
   학번   이름 생년월일 성별 본적 소득
1 2345 홍길동      26959    남 서울 3800

> data %>% filter(data$소득 > 2000 & data$소득 < 4000)
   학번   이름 생년월일 성별 본적 소득
1 3456 박윤정      23992    여 수원 3500
2 3455 윤석호      27370    남 청주 2500
3 2345 홍길동      26959    남 서울 3800
```

참고 1 : dplyr 설명

• dplyr 데이터를 원하는 형태로 가공(이를 데이터 전처리(preprocessino)라고 함)하는데 사용되는 패키지임

• dplyr에서 주로 사용하는 함수는 다음과 같음
  -filter : 조건을 주어 행을 추출
  -select : 특정 열(변수)을 추출
  -arrange : 데이터를 오름차순이나 내림차순으로 정렬

-mutate : 기존의 변수를 이용하여 새로운 변수 생성
  -summarise(with group_by) : 집단별로 통계량 계산

• %>%는 '무엇인가를 전송한다'는 의미의 파이프 연산자(pipe operator)로서 동일한 자료 집합에서 많은 작업을 할 때 유용함

• (예 : filter)
  - data는 6개 변수와 9개의 관측 값으로 이루어진 데이터 프레임
  - data %>% filter(data$성별 == "남") # 데이터 프레임 data에서 성별이 남자만 추출
  - data %>% filter(data$성별 == "남" & data$본적 == "서울") # 데이터 프레임 data에서 성별이 남자이고 본적이 서울인 사람 추출
  - data %>% filter(data$소득 > 2000 & data$소득 < 4000) # 데이터 프레임 data에서 소득이 2000 초과하고 4000 미만인 사람 추출

제3절

부분합 계산

부분합 계산이란 특정한 필드를 기준으로 데이터를 그룹별로 분류하고 각 그룹별로 합계뿐만 아니라 평균, 최댓값, 최솟값, 표본표준편차, 표준편차, 표본분산, 분산, 숫자개수 등 부분적인 계산을 자동으로 해 주는 기능을 말한다.

	A	B	C	D	E	F	G
1	이름	출석	중간고사	기말고사	총점	학년	학과
2	강리라	9	44	18	42.8	1	경영
3	이동심	7	15	12	24.8	1	경영
4	강희영	9	75	76	78.4	1	경영
5	김민찬	7	62	76	69.2	1	경영
6	박자영	10	52	60	64.8	1	경영
7	이은영	6	16	20	26.4	2	경영
8	김은주	7	83	72	76	2	경영
9	김일원	9	16	78	55.6	2	경영
10	방인성	8	64	55	63.6	2	경영
11	문성철	5	42	67	53.6	2	경영
12	강지천	0	27	13	16	3	경영
13	박나한	9	73	65	73.2	3	경영
14	심은숙	5	40	70	54	3	경영
15	강민숙	7	30	64	51.6	3	경영
16	김영두	10	74	65	75.6	3	경영
17	강진혜	1	45	24	29.6	4	경영
18	강춘호	7	69	83	74.8	4	경영
19	이승원	10	35	58	57.2	4	경영
20	박주원	10	42	50	56.8	4	경영
21	김양옥	6	63	81	69.6	4	경영

〈그림 2-7〉 부분합 계산 예제

부분합 계산을 위한 〈그림 2-7〉의 예제(subtotal.xlsx: 4개 학과 총 80명 학생 성적표)에서 중간고사, 기말고사 및 총점의 학년별 평균을 파악하기 위해서 학년 순으로 그룹을 묶을 경우 학년 필드에 셀 포인터를 두고 [홈]-[편집] 그룹에서 [정렬 및 필터]를 클릭하여 [숫자 오름차순 정리]를 선택한 후, 학년 순으로 정렬되면 [데이터]-[윤곽선] 그룹에서 [부분합]을 클릭한다.

부분합 대화상자가 나타나면 다음 〈그림 2-8〉과 같이 입력하고 확인을 누르면 〈그림 2-9〉와 같은 부분합 계산결과가 나타난다.

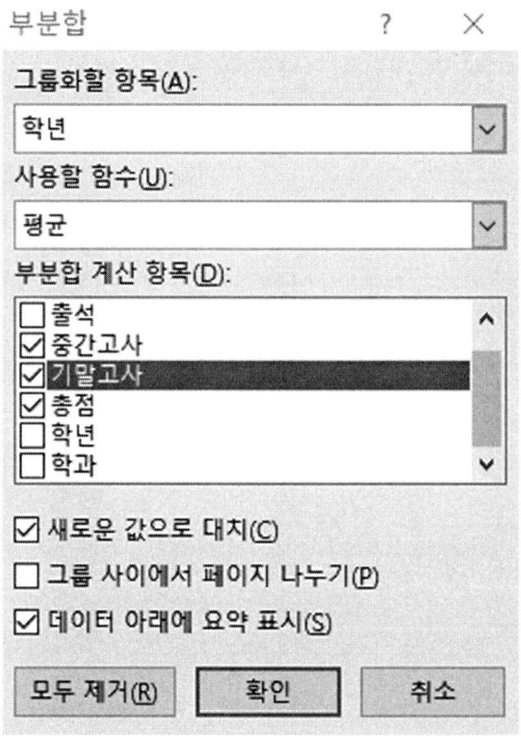

〈그림 2-8〉 부분합 대화상자

	A	B	C	D	E	F	G
1	이름	출석	중간고사	기말고사	총점	학년	학과
2	강리라	9	44	18	42.8	1	경영
3	이동심	7	15	12	24.8	1	경영
4	강희영	9	75	76	78.4	1	경영
5	김민찬	7	62	76	69.2	1	경영
6	박자영	10	52	60	64.8	1	경영
7	문봉기	10	51	91	76.8	1	경제
8	고이영	7	64	22	48.4	1	경제
9	김철수	9	41	31	46.8	1	경제
10	오시창	8	61	43	57.6	1	경제
11	강라세	8	52	50	56.8	1	무역
12	김건엽	7	73	91	79.6	1	무역
13	백은희	7	54	47	54.4	1	무역
14	신진호	8	47	71	63.2	1	무역
15	김상대	10	60	80	76	1	회계
16	민양수	7	38	45	47.2	1	회계
17	고희선	5	37	34	38.4	1	회계
18	박신정	6	49	49	51.2	1	회계
19			51.4706	52.7059	57.44	1 평균	
20	이은영	6	16	20	26.4	2	경영
21	김은주	7	83	72	76	2	경영
22	김일원	9	16	78	55.6	2	경영
23	방인성	8	64	55	63.6	2	경영
24	문성철	5	42	67	53.6	2	경영
25	강행준	7	57	71	65.2	2	경제
26	고영준	8	71	85	78.4	2	경제
27	정열순	9	40	44	51.6	2	경제
28	박호민	7	47	40	48.8	2	경제
29	박규성	3	29	57	40.4	2	경제
30	강경은	9	25	29	39.6	2	무역
31	박신애	8	55	79	69.6	2	무역
32	이광림	9	72	68	74	2	무역
33	명한숙	6	86	46	64.8	2	무역
34	조재진	4	39	73	52.8	2	무역
35	원옥순	10	48	52	60	2	회계
36	김숙희	9	41	40	50.4	2	회계
37	김자안	8	36	34	44	2	회계
38	공병호	6	44	32	42.4	2	회계
39	김성옥	5	48	31	41.6	2	회계
40			47.95	53.65	54.94	2 평균	
41	강지천	0	27	13	16	3	경영
42	박나한	9	73	65	73.2	3	경영
43	심은숙	5	40	70	54	3	경영

〈그림 2-9〉 부분합 계산 결과

부분합을 R을 이용하여 계산하는 〈b3-ch2-3.R〉을 실행해 보면 학년별 중간고사, 기말고사 및 총점의 평균을 Excel로 계산한 작업과 동일한 결과를 보여 준다.

b3-ch2-3.R의 실행결과

```
> library(openxlsx)

> library(dplyr)

> df<-read.xlsx("http://kanggc.iptime.org/book/data/subtotal-e.xlsx")

> df
    name attend mid final total class dept
1   강리라      9  44    18  42.8     1 경영
2   이동심      7  15    12  24.8     1 경영
3   강희영      9  75    76  78.4     1 경영
4   김민찬      7  62    76  69.2     1 경영
5   박자영     10  52    60  64.8     1 경영
6   이은영      6  16    20  26.4     2 경영
7   김은주      7  83    72  76.0     2 경영
8   김일원      9  16    78  55.6     2 경영
9   방인성      8  64    55  63.6     2 경영

<중략>

75  손도현      6  61    38  51.6     3 회계
76  한현숙      9  59    44  59.2     4 회계
77  구명희      7  53    46  53.6     4 회계
78  임미경     10  42    23  46.0     4 회계
79  김용철      5  55    32  44.8     4 회계
80  홍덕남      4  74    35  51.6     4 회계

> class <- df %>%
+   group_by(class) %>%
+   summarise(mean_mid = mean(mid),
+     mean_final = mean(final),
+     mean_total = mean(total))

> class
# A tibble: 4 x 4
  class mean_mid mean_final mean_total
  <dbl>    <dbl>      <dbl>      <dbl>
```

1	1	51.5	52.7	57.4
2	2	48.0	53.6	54.9
3	3	47	38.8	48.5
4	4	55.6	49.8	57.3

참고 2 : dplyr 설명

- class <- df %>%
  group_by(class) %>%
  summarise(mean_mid = mean(mid),
  mean_final = mean(final),
  mean_total = mean(total))
# class(학년) 변수로 그룹핑하여 즉, 학년별로 mid(중간고사), 기말고사(final) 및 총점(total)의 평균을 계산

제4절
피벗 테이블 및 피벗 차트

피벗 테이블은 부분합의 확장형이라고 할 수 있으며 다량의 데이터 목록을 요약해서 새로운 테이블을 구성해 준다. 즉, X축과 Y축을 기준으로 복잡한 데이터를 쉽게 재배치함으로써 데이터의 식별과 분석이 용이하도록 해 준다

피벗 테이블은 행 영역, 열 영역, 데이터 영역, 페이지 영역에 데이터베이스 필드를 위치시켜 작성한다.

앞의 〈그림 2-7〉 예제에서 학과별-학년별 총점의 평균을 계산하는 피벗 테이블을 작성하기 위해서 부분합 대화상자에서 모두 제거한 후에 데이터베이스 목록(예를 들어, 학과)에 셀 포인터를 두고 [삽입]-[표] 그룹에서 피벗 테이블을 선택하면 다음 〈그림 2-10〉의 피벗 테이블 만들기 대화상자가 나타난다.

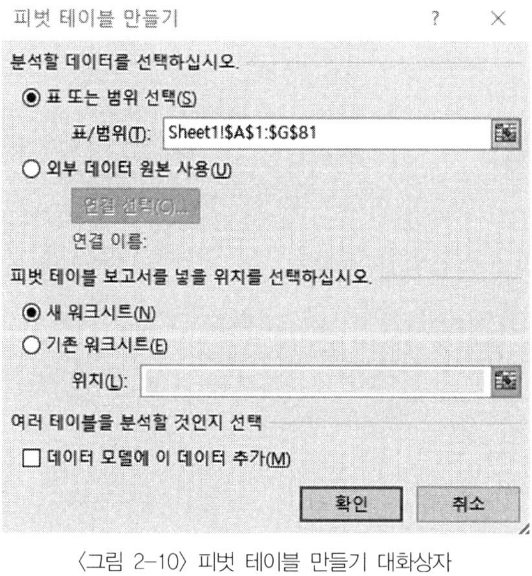

〈그림 2-10〉 피벗 테이블 만들기 대화상자

확인을 클릭하면 〈그림 2-11〉의 피벗 테이블 만들기 화면이 나타나는데 피벗 테이블 필드 목록에서 보고서에 추가할 필드를 페이지 필드, 행 필드, 열 필드, 데이터 필드로 드래그 하면 피벗 테이블이 만들어 진다.

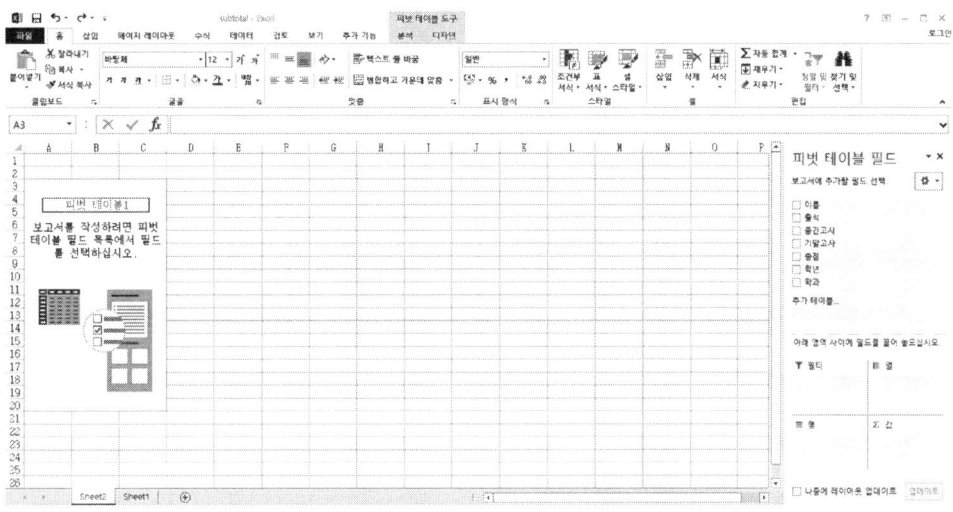

〈그림 2-11〉 피벗 테이블 만들기 화면

예를 들어, 피벗 테이블 필드 목록에서 보고서에 추가할 필드를 선택하는데 학과를 행 필드, 학년을 열 필드, 총점을 데이터 필드로 드래그 한다. 데이터 필드의 합계:총점 오른 쪽에 있는 ▼를 클릭하고 하단에 나오는 값 필드 설정을 선택하면 값 필드 설정 대화상자가 나타난다. 선택한 필드의 데이터 항목에서 평균을 선택하고 확인을 누르면 〈그림 2-12〉의 피벗 테이블이 만들어 진다.

	A	B	C	D	E	F
1						
2						
3	평균 : 총점	열 레이블				
4	행 레이블	1	2	3	4	총합계
5	경영	56	55.04	54.08	57.6	55.68
6	경제	57.4	56.88	51.13333333	61.12	56.32
7	무역	63.5	60.16	38.66666667	59.36	54.18
8	회계	53.2	47.68	51	51.04	50.62
9	총합계	57.43529412	54.94	48.48695652	57.28	54.2

〈그림 2-12〉 피벗 테이블

피벗 테이블을 R을 이용하여 계산하는 〈b3-ch2-4.R〉을 실행해 보면 Excel로 계산한 피벗 테이블과 동일한 결과를 보여 준다

```
                           b3-ch2-4.R의 실행결과
> library(openxlsx)

> library(dplyr)

> df<-read.xlsx("http://kanggc.iptime.org/book/data/subtotal-e.xlsx")

> df
    name attend mid final total class dept
1   강리라     9   44   18   42.8     1 경영
2   이동심     7   15   12   24.8     1 경영
3   강희영     9   75   76   78.4     1 경영
4   김민찬     7   62   76   69.2     1 경영
5   박자영    10   52   60   64.8     1 경영

〈중략〉

75  손도현     6   61   38   51.6     3 회계
76  한현숙     9   59   44   59.2     4 회계
77  구명희     7   53   46   53.6     4 회계
78  임미경    10   42   23   46.0     4 회계
79  김용철     5   55   32   44.8     4 회계
80  홍덕남     4   74   35   51.6     4 회계

> dept_name_1 <- df %>%
+    group_by(dept, class) %>%
+    summarise(mean_total = mean(total))

> dept_name_1
# A tibble: 16 x 3
# Groups:   dept [4]
   dept  class mean_total
   <chr> <dbl>      <dbl>
 1 경영      1         56
```

2	경영	2	55.0
3	경영	3	54.1
4	경영	4	57.6
5	경제	1	57.4
6	경제	2	56.9
7	경제	3	51.1
8	경제	4	61.1
9	무역	1	63.5
10	무역	2	60.2
11	무역	3	38.7
12	무역	4	59.4
13	회계	1	53.2
14	회계	2	47.7
15	회계	3	51.
16	회계	4	51.0

참고 3 : dplyr 설명

- dept_name_1 <- df %>%
  group_by(dept, class) %>%
  summarise(mean_total = mean(total))
# dept(학과) 변수 및 class(학년) 변수로 그룹핑하여 즉, 학과별-학년별로 총점(total)의 평균을 계산

한편, 〈그림 2-7〉의 예제에서 학년별-학과별 총점 평균을 나타내는 피벗 차트를 작성하기 위해서 부분합 대화상자에서 모두 제거를 한 후 데이터베이스 목록(예를 들어, 학과)에 셀 포인터를 두고 [삽입]-[차트] 그룹에서 피벗 차트를 클릭하여 피벗 차트를 선택하면 〈그림 2-10〉과 유사한 피벗 차트 만들기 대화상자가 나타난다.

피벗 차트 만들기 대화상자에서 확인을 클릭하면 피벗 차트 만들기 화면이 나타나는데 피벗 차트 필드 목록에서 보고서에 추가할 필드를 축(범주), 범례(계열), 값 필드로 드래그 하면 피벗 테이블이 만들어 진다

예를 들어, 피벗 차트 필드 목록에서 보고서에 추가할 필드를 선택하는데 학과를 축(범주), 학년을 범례(계열), 총점을 값 필드로 드래그 한다. 값 필드의 합계:총점 오른 쪽에 있는 ▼를 클릭하고 하단에 나오는 값 필드 설정을 선택하면 값 필드 설정

대화상자가 나타난다. 선택한 필드의 데이터 항목에서 평균을 선택하고 확인을 누르면 〈그림 2-13〉과 같은 피벗 차트가 만들어 진다.

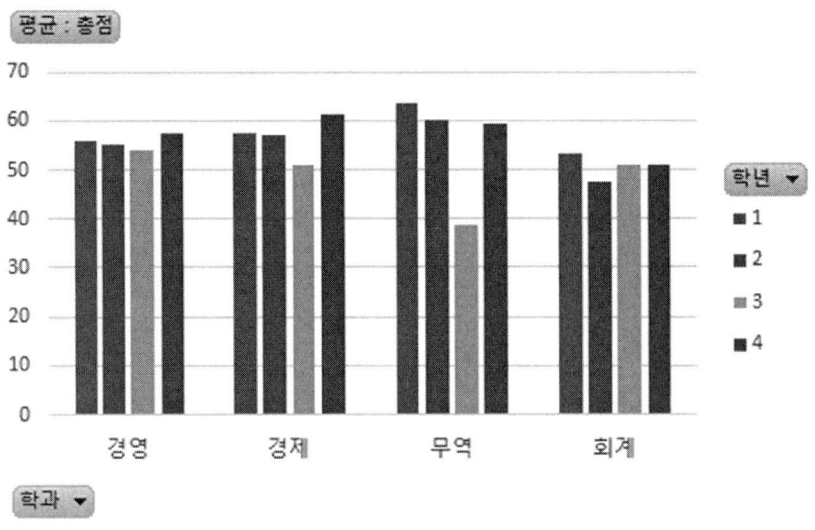

〈그림 2-13〉 피벗 차트

피벗 차트를 R을 이용하여 작성하는 〈b3-ch2-5.R〉을 실행해 보면 Excel로 계산한 피벗 차트와 동일한 결과를 보여 준다.

```
b3-ch2-5.R의 실행결과
> library(openxlsx)

> library(dplyr)

> library(ggplot2)

> df<-read.xlsx("http://kanggc.iptime.org/book/data/subtotal-e.xlsx")

> df
    name attend mid final total class dept
1   강리라     9  44    18  42.8     1 경영
2   이동심     7  15    12  24.8     1 경영
3   강희영     9  75    76  78.4     1 경영
```

```
4  김민찬      7   62    76   69.2   1 경영
5  박자영     10   52    60   64.8   1 경영

<중략>

75  손도현     6   61    38   51.6   3 회계
76  한현숙     9   59    44   59.2   4 회계
77  구명희     7   53    46   53.6   4 회계
78  임미경    10   42    23   46.0   4 회계
79  김용철     5   55    32   44.8   4 회계
80  홍덕남     4   74    35   51.6   4 회계

> dept_name_1 <- df %>%
+    group_by(dept, class) %>%
+    summarise(mean_total = mean(total))

> dept_name_1
# A tibble: 16 x 3
# Groups:   dept [4]
   dept  class mean_total
   <chr> <dbl>      <dbl>
 1 경영      1       56
 2 경영      2       55.0
 3 경영      3       54.1
 4 경영      4       57.6
 5 경제      1       57.4
 6 경제      2       56.9
 7 경제      3       51.1
 8 경제      4       61.1
 9 무역      1       63.5
10 무역      2       60.2
11 무역      3       38.7
12 무역      4       59.4
13 회계      1       53.2
14 회계      2       47.7
15 회계      3       51.
16 회계      4       51.0

> ggplot(data=dept_name_1, aes(x=dept, y=mean_total, fill=class)) +
+   geom_col(position="dodge2")
```

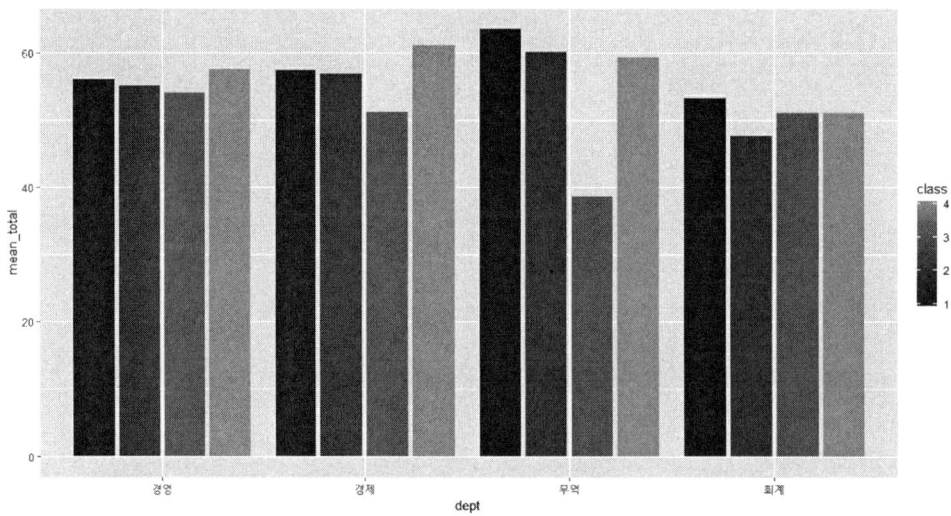

참고 4 : ggplot2 설명

- ggplot2는 데이터를 시각화하는 패키지로 보통 3단계로 구성되어 있음
  - 1단계 : 배경 설정으로 데이터 축을 설정
  - 2단계 : 그래프 추가(점, 막대, 선 등)
  - 3단계 : 세부 설정 추가(축 범위, 색, 표식 등)
- ggplot2의 함수 구조의 예를 들면 다음과 같음

  ggplot(data=data1, aes(x=var1, y=var2))+geom_point()+xlim(3,6)
      (1단계)   (2단계) (3단계)

  - 1단계에서 data는 사용할 데이터, aes의 괄호 안은 x축 변수, y축 변수
  - 2단계는 그래프의 종류를 나타내는데 주로 사용하는 종류는 다음과 같음

  geom_point() : 산포도
  geom_smooth() : 평활그래프
  geom_bar() : 막대그래프
  geom_boxplot : 상자그래프
  geom_histogram() : 히스토그램
  geom_line() : 선그래프
  - 3단계에서 xlim의 괄호 안은 x축에 그릴 데이터의 범위를 나타냄

제3장

Excel 및 R : 고급사용

제1절 행렬 연산
제2절 재무함수
제3절 수학 및 통계함수
제4절 이론적 확률분포

― 제1절 ―

행렬 연산

엑셀을 이용하면 행렬의 연산을 할 수 있고 또한 역행렬을 이용하여 연립방정식의 해를 구할 수 있다.

1. 행렬의 곱셈

행렬의 곱셈에 사용되는 엑셀 함수는 MMULT이다. 〈그림 3-1〉과 같이 행렬 A와 행렬 B를 먼저 입력한다. 행렬 곱셈을 하기 위해서는 먼저 행렬 곱셈의 결과가 구해질 영역(예를 들어, C9부터 E12)을 마우스로 끌어서 연속되게 선택한다.

그리고 식 =MMULT(A3:D6,F3:H6)을 입력한 후 [Ctrl]+[Shift]+[Enter]를 동시에 누르면 〈그림 3-2〉와 같이 행렬의 곱을 구할 수 있다.

	A	B	C	D	E	F	G	H
1								
2	행렬A					행렬B		
3	3	1	7	5		5	9	7
4	6	2	9	9		3	6	8
5	7	3	4	6		8	5	4
6	1	5	8	4		6	2	7
7								
8			A*B					
9			=ult(a3:d6,f3:h6)					
10								
11								
12								

〈그림 3-1〉 행렬의 곱

	A	B	C	D	E	F	G	H
1								
2	행렬A					행렬B		
3	3	1	7	5		5	9	7
4	6	2	9	9		3	6	8
5	7	3	4	6		8	5	4
6	1	5	8	4		6	2	7
7								
8			A*B					
9			104	78	92			
10			162	129	157			
11			112	113	131			
12			108	87	107			

〈그림 3-2〉 행렬의 곱의 결과

2. 전치행렬

행과 열이 바뀐 전치행렬을 구하는 엑셀 함수는 TRANSPOSE이다. 〈그림 3-1〉에 있는 행렬 B의 전치행렬을 구하기 위해서는 먼저 전치행렬이 구해질 영역(예를 들어, G9부터 J11)을 마우스로 끌어서 연속되게 선택한다.

그리고 식 =TRANSPOSE(F3:H6)를 입력한 후 [Ctrl]+[Shift]+[Enter]를 동시에 누르면 〈그림 3-3〉과 같이 전치행렬을 구할 수 있다.

	A	B	C	D	E	F	G	H	I	J
1										
2	행렬A					행렬B				
3	3	1	7	5		5	9	7		
4	6	2	9	9		3	6	8		
5	7	3	4	6		8	5	4		
6	1	5	8	4		6	2	7		
7										
8			A*B				행렬B의 전치행렬			
9			104	78	92		5	3	8	6
10			162	129	157		9	6	5	2
11			112	113	131		7	8	4	7
12										

〈그림 3-3〉 전치행렬 구하기

3. 행렬식

행렬식(determinant)을 구하는데 사용되는 엑셀 함수는 MDERTM이다. 〈그림 3-4〉와 같이 준비된 행렬 A가 있을 때 아무 셀(예를 들어 A9)에 셀 포인터를 위치한 후 식 =MDETERM(A3:D6)을 입력하면 행렬식을 구할 수 있다.

	A	B	C	D
1				
2	행렬A			
3	3	1	7	5
4	6	2	9	9
5	7	3	4	6
6	1	5	8	4
7				
8				
9	236			

〈그림 3-4〉 행렬식 구하기

4. 역행렬

역행렬의 계산에 사용되는 엑셀 함수는 MINVERSE이다. 〈그림 3-4〉와 같이 준비된 행렬 A가 있을 때 먼저 역행렬의 결과가 구해질 영역(예를 들어, A9부터 D12)을 마우스로 끌어서 연속되게 선택한 후 식 =MINVERSE(A3:D6)을 입력하고 Ctrl+Shift+Enter를 동시에 누르면 〈그림 3-5〉과 같이 역행렬을 구할 수 있다.

한편, 역행렬을 제대로 구했는지 확인하고자 할 경우 행렬 A와 그 행렬의 역행렬의 곱을 구하면 〈그림 3-5〉와 같이 항등행렬이 구해지면 된다.

	A	B	C	D	E	F	G	H	I
1									
2	행렬A								
3	3	1	7	5					
4	6	2	9	9					
5	7	3	4	6					
6	1	5	8	4					
7									
8	행렬A의 역행렬					항등행렬			
9	0.567797	-0.48305	0.330508	-0.11864		1	-4.44089E-16	0	-2.77556E-17
10	-0.33051	0.042373	0.076271	0.20339		8.88178E-16	1	-4.44089E-16	-5.55112E-17
11	0.576271	-0.35593	0.059322	-0.00847		0	0	1	0
12	-0.88136	0.779661	-0.29661	0.042373		0	0	0	1
13									

〈그림 3-5〉 역행렬과 항등행렬

5. 연립방정식 풀이

다음과 같은 연립방정식이 있다고 하자.

$$a_{11}X_1 + a_{12}X_2 + a_{13}X_3 = h_1$$
$$a_{21}X_1 + a_{22}X_2 + a_{23}X_3 = h_2$$
$$a_{31}X_1 + a_{32}X_3 + a_{33}X_3 = h_3$$

이 식을 행렬의 형태로 나타내면 다음과 같다.

$$\begin{bmatrix} a_{11} & a_{12} & a_{13} \\ a_{21} & a_{22} & a_{23} \\ a_{31} & a_{32} & a_{33} \end{bmatrix} \begin{bmatrix} X_1 \\ X_2 \\ X_3 \end{bmatrix} = \begin{bmatrix} h_1 \\ h_2 \\ h_3 \end{bmatrix}$$

이는 $AX = H$로 나타낼 수 있고 $a_{11}, \ldots a_{33}$ 및 $h_1, ., h_3$ 값을 알고 있다면 연립방정식의 해는 $X = A^{-1}H$와 같이 구할 수 있다.

예를 들어, 다음과 같은 연립방정식의 해를 구해보자.

$$2X + 3Y = 24$$
$$3X - 2Z = 5$$
$$X + 2Y + Z = 17$$

먼저, 〈그림 3-6〉과 같이 A와 H 행렬을 입력한 후 역행렬의 결과가 구해질 영역(예를 들어, A7부터 C9)을 마우스로 끌어서 연속되게 선택한 후 식 =MINVERSE(A2:C4)을 입력하고 Ctrl+Shift+Enter를 동시에 눌러 역행렬을 구한다.

다음으로, 연립방정식의 해를 구할 영역(예를 들어, F7부터 F9)을 마우스로 끌어서 연속되게 선택한 후 식 =MMULT(A7:C9,E2:E4)을 입력하고 Ctrl+Shift+Enter를 동시에 누르면 해를 구할 수 있다.

	A	B	C	D	E	F
1	X	Y	Z		상수	
2	2	3	0		24	
3	3	0	-2		5	
4	1	2	1		17	
5						
6	역행렬				해	
7	-0.57143	0.428571	0.857143		X=	3
8	0.714286	-0.28571	-0.57143		Y=	6
9	-0.85714	0.142857	1.285714		Z=	2
10						

〈그림 3-6〉 연립방정식 해 구하기

행렬의 곱셈, 전치행렬, 행렬식, 역행렬 및 연립방정식 해를 R을 이용하여 구하는 〈b3-ch3-1.R〉을 실행해 보면 Excel로 계산한 것과 동일한 결과를 보여 준다.

```
                    b3-ch3-1.R의 실행결과
> a<-matrix(c(3,1,7,5,6,2,9,9,7,3,4,6,1,5,8,4),nrow=4,ncol=4,byrow=T)

> a   # 데이터를 행 순서로 입력하여 4×4 행렬 a를 생성
     [,1] [,2] [,3] [,4]
[1,]   3    1    7    5
[2,]   6    2    9    9
```

```
[3,]   7   3   4   6
[4,]   1   5   8   4

> b<-matrix(c(5,9,7,3,6,8,8,5,4,6,2,7),nrow=4,ncol=3,byrow=T)

> b   # 데이터를 행 순서로 입력하여 4×3 행렬 b를 생성
     [,1] [,2] [,3]
[1,]   5    9    7
[2,]   3    6    8
[3,]   8    5    4
[4,]   6    2    7

> amb<-a%*%b   # 행렬 a와 b를 곱하여 4×3 행렬을 생성

> amb
     [,1] [,2] [,3]
[1,]  104   78   92
[2,]  162  129  157
[3,]  112  113  131
[4,]  108   87  107

> tbma<-t(b)%*%a   # 행렬 b의 전치행렬과 a를 곱하여 3×4 행렬을 생성

> tbma
     [,1] [,2] [,3] [,4]
[1,]   95   65  142  124
[2,]  100   46  153  137
[3,]  104   70  193  159

> ainv<-solve(a)   # 행렬 a의 역행렬을 계산

> ainv
           [,1]         [,2]         [,3]         [,4]
[1,]  0.5677966  -0.48305085   0.33050847  -0.118644068
[2,] -0.3305085   0.04237288   0.07627119   0.203389831
[3,]  0.5762712  -0.35593220   0.05932203  -0.008474576
[4,] -0.8813559   0.77966102  -0.29661017   0.042372881

> iden<-a%*%ainv # 행렬 a와 a의 역행렬을 곱하여 항등행렬 생성함으로써 역행렬이 바르게 계산되었음을 확인
```

```
> iden
             [,1]            [,2]           [,3]           [,4]
[1,]  1.000000e+00  -4.440892e-16   0.000000e+00  -2.775558e-17
[2,]  8.881784e-16   1.000000e+00  -4.440892e-16  -5.551115e-17
[3,]  0.000000e+00   0.000000e+00   1.000000e+00   0.000000e+00
[4,]  0.000000e+00   0.000000e+00   0.000000e+00   1.000000e+00

> A<-matrix(c(2,3,0,3,0,-2,1,2,1),nrow=3,ncol=3,byrow=T)

> A
     [,1] [,2] [,3]
[1,]   2    3    0
[2,]   3    0   -2
[3,]   1    2    1

> H<-matrix(c(24,5,17),nrow=3,ncol=1)

> H
     [,1]
[1,]   24
[2,]    5
[3,]   17

> Ainv<-solve(A)

> Ainv
            [,1]         [,2]         [,3]
[1,]  -0.5714286   0.4285714   0.8571429
[2,]   0.7142857  -0.2857143  -0.5714286
[3,]  -0.8571429   0.1428571   1.2857143

> X=Ainv%*%H

> X
     [,1]
[1,]    3
[2,]    6
[3,]    2
```

제2절

재무함수

재무함수를 이용하면 투자액의 현재가치, 투자의 미래가치, 적립 기간, 대출금 분할 상환액 등을 계산할 수 있다

1. 미래가치(Future Value 또는 만기금액) 및 적립기간 분석

Future Value(FV)는 일정 금액을 정기적으로 불입하고 일정한 이율을 적용하는 투자의 미래 가치를 계산해 준다. FV 재무함수를 이용하면 기간별 투자액(적립금)의 미래가치(만기액)를 계산해 주며 또한 만기액에 대한 불입 횟수를 계산해 준다.

FV의 구문(syntax)은 다음과 같은데 일정한 금액(pmt)을 일정한 이율(rate)로 일정 기간(nper)동안 적립하는 경우 얻는 미래가치를 구하는 함수이다.

@FV(rate,nper,pmt,pv,type)
- rate : 기간당 이율
- nper : 납입 횟수
- pmt : 정기적으로 적립하는 금액(내는 돈은 -로, 받는 돈은 +로 표시)
- pv : 현재가치 또는 앞으로 지불할 일련의 납입금의 현재가치 총액
- type : 0(기말) 또는 1(기초)로 납입 시점

[예1] 매년 초에 20000원씩 연리 12%에 20년 동안 불입할 경우 만기 수령액은?
어느 셀에서든 식 =FV(12%,20,-20000,0,1)를 입력하면 된다.
또는 수식-재무함수-FV를 선택하면 나타나는 〈그림 3-7〉의 함수 인수 대화상자

에 동일한 내용을 입력하고 확인을 누르면 1,613,974원으로 계산된다.

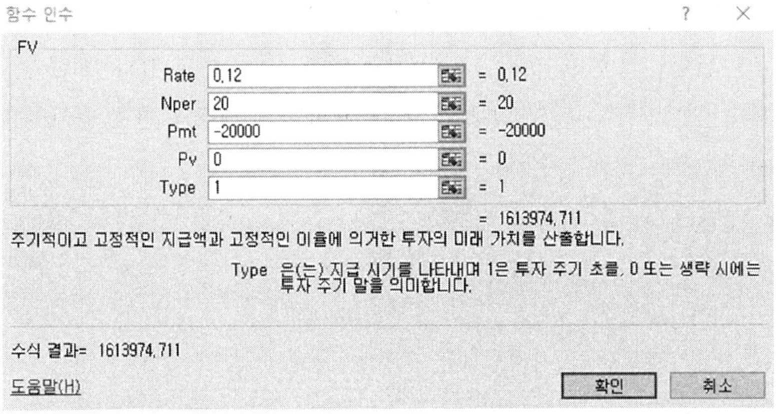

<그림 3-7> 재무함수 함수 인수 대화상자

[예 2] 연12%의 이율에 매월 초 100000원을 적립하여 5000000원을 만기에 받고자 할 경우 몇 개월을 적립해야 하나?

어느 셀에서든 식 =FV(12%/12, nper, -100000, 0, 1)을 입력하여 값 5000000원을 보아 가면서 nper의 숫자를 조정하면 된다.

또는 수식-재무함수-FV를 선택하면 나타나는 <그림 3-8>의 함수 인수 대화상자에 동일한 내용을 입력하고 확인을 누르면 41개월로 계산된다.

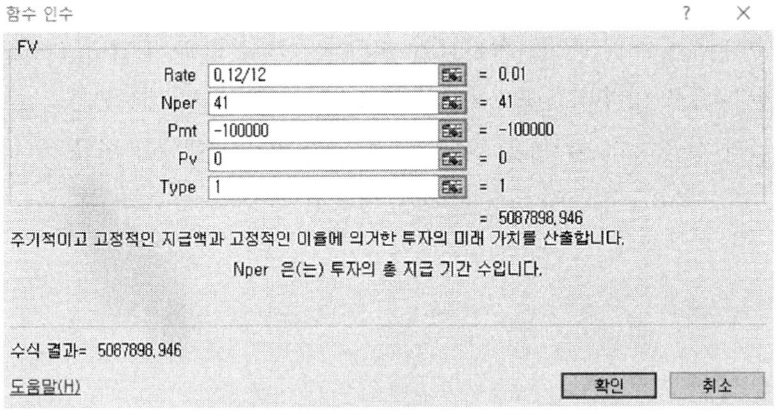

<그림 3-8> 재무함수 함수 인수 대화상자

2. 현재가치(Present Value) 및 대출금 분할상환액 분석

Present Value(PV)는 투자액의 현재 가치를 계산해 주는데 현재 가치는 앞으로 지불할 일련의 납입금의 현재 가치의 총합이다. 예를 들어, 돈을 빌릴 때 대출금은 대출자에게 현재 가치가 된다. PV 재무함수를 이용하면 투자액의 현재 가치와 대출금에 대한 분할상환액을 계산해 준다.

PV의 구문(syntax)은 다음과 같은데 일정한 금액(pmt)을 일정한 이율(rate)로 일정 기간(nper)동안 상환하는 경우의 현재가치를 구하는 함수이다.

@PV(rate,nper,pmt,fv,type)
- rate : 기간당 이율
- nper : 납입 횟수
- pmt : 정기적으로 적립하는 금액(내는 돈은 -로, 받는 돈은 +로 표시)
- fv : 미래 가치.
- type : 0(기말) 또는 1(기초)로 납입 시점

[예3] 냉장고를 살려고 하는데 두 가지 방법으로 살 수 있다고 하자. 먼저 현금을 주면 1200000원에 살 수 있고 다음으로 할부로 할 경우 매월 35000원씩 5년에 걸쳐 내야 한다. 이 기간 동안의 이율은 연 7%라 하자. 당신은 어느 방법으로 냉장고를 사겠는가?

어느 셀에서든 식 =PV(7%/12,60,-35000,0,1)을 입력하면 된다.

또는 수식-재무함수-FV를 선택하면 나타나는 〈그림 3-9〉의 함수 인수 대화상자에 동일한 내용을 입력하고 확인을 누르면 1,777,880원으로 계산된다.

이에 따라 현금 1200000원을 주고 구입하는 방법을 선택해야 한다.

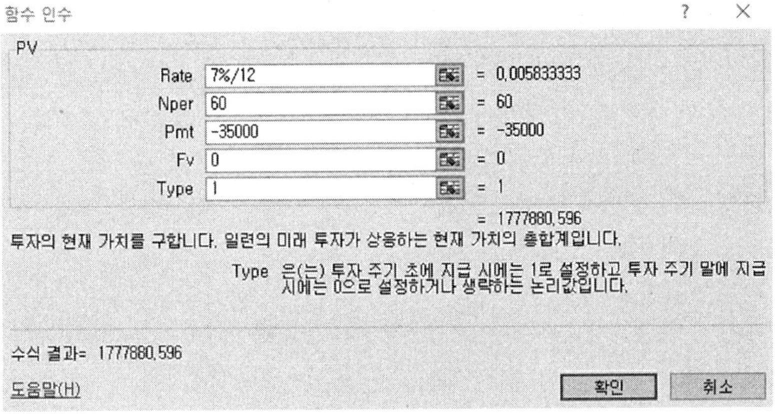

〈그림 3-9〉 재무함수 함수 인수 대화상자

[예 4] 자동차를 사기 위해 3600000원을 연 18%로 36개월 동안 대출 받았을 경우 매월 얼마를 불입하여야 하나?

어느 셀에서든 식 =PV(18%/12, 36, pmt, 0, 0)의 값 3600000원을 보아 가면서 pmt의 금액을 조정하면 된다.

또는 수식-재무함수-PV를 선택하면 나타나는 〈그림 3-10〉의 함수 인수 대화상자에 동일한 내용을 입력하고 확인을 누르면 된다.

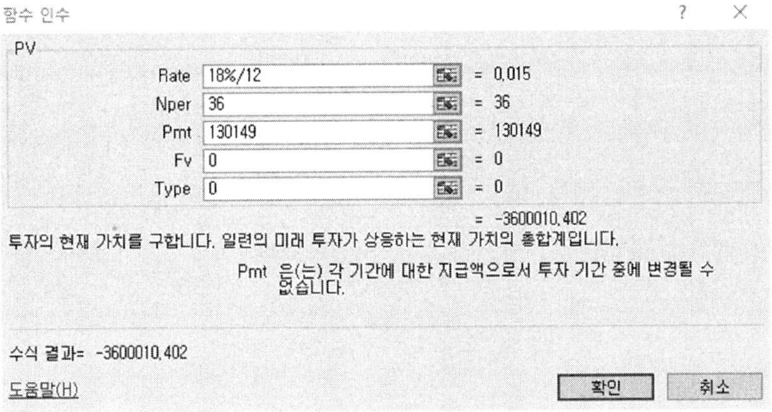

〈그림 3-10〉 재무함수 함수 인수 대화상자

PMT 구문(syntax)은 다음과 같은데 일정 이율(rate)로 대출(pv)을 받아 일정 기간

(nper)동안 상환할 때 월 상환액을 구하는 함수이다.

@pmt(rate,nper,pv,fv,type)
- rate : 기간당 이율
- nper : 납입 횟수
- pv : 대출금
- fv : 미래 가치.
- type : 0(기말) 또는 1(기초)로 납입 시점

[예 4]를 풀기 위해서 어느 셀에서든 식 =PMT(18%/12,36,3600000,0,0)을 입력하면 된다.

또는 수식-재무함수-PMT를 선택하면 나타나는 〈그림 3-11〉의 함수 인수 대화상자에 동일한 내용을 입력하고 확인을 누르면 된다.

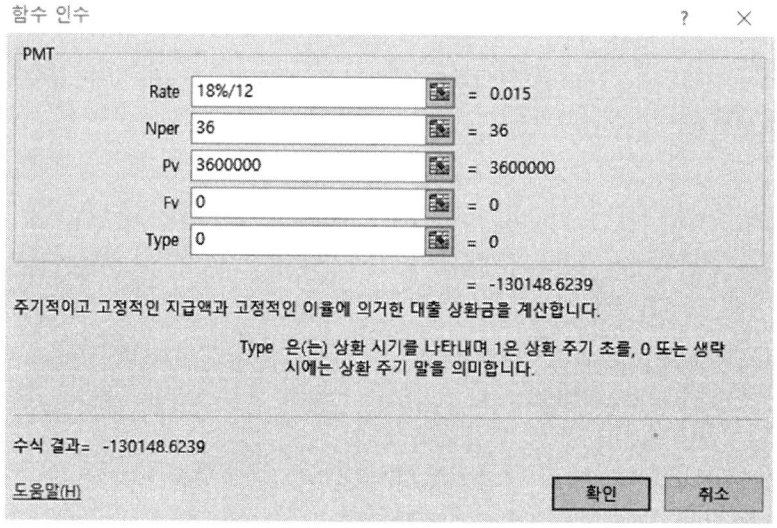

〈그림 3-11〉 재무함수 함수 인수 대화상자

연습 2 다음의 〈그림 3-12〉에 있는 회색 부분을 완성해 보라

	A	B	C	D	E	F	G
1							
2							
3		매월 저축액	-350000		대출원금	10000000	
4		이자율(년)	3.50%		이자율(년)	10%	
5							
6		기간(개월)	만기금액		상환기간(개월)	월상환액(이자포함)	
7		12	₩4,280,483		6	-₩1,715,614	
8		18	₩6,477,482		12	-₩879,159	
9		24	₩8,713,209		18	-₩600,571	
10		35	₩12,914,905		24	-₩461,449	
11		60	₩22,979,969		36	-₩322,672	
12							

〈그림 3-12〉 만기금액 또는 월상환액 계산하기

기간별 만기금액을 계산하기 위해서 C7에 =FV($C$4/12,B7,$C$3,0,1)를 입력하고 나머지 셀은 이 셀을 복사한다.

기간별 월상환액을 계산하기 위해서 F7에 =PMT($F$4/12,E7,$F$3,0,0)를 입력하고 나머지 셀은 이 셀을 복사한다.

한편, 대출이자 계산기 또는 예금/적금 계산기(http://www.best79.com)를 이용하여 계산한 〈그림 3-13〉 및 〈그림 3-14〉를 보면 〈그림 3-12〉와 동일함을 확인할 수 있다.

대출이자 계산기 | 대출 정보 공유 | **예금/적금 계산기** | 연봉 계산:

☞ 일반과세의 경우는 이자금액의 15.4%가 원천징수되고, 세금우대의 경우는 이자금액의 9.5%가 원천징수됩니다.

월 납입액	350,000 원	목표기간	60 개월
이자율	연 3.5 % (월복리)		
세전이자	1,979,969 원		

구분	만기지급액	세후이자
일반 (15.4%)	22,675,054 원	1,675,054 원
세금우대 (9.5%)	22,791,872 원	1,791,872 원
세금우대 (1.4%)	22,952,250 원	1,952,250 원
비과세 (0%)	22,979,969 원	1,979,969 원

다시 계산하기 좋아요 27개 공유하기 Tweet

〈그림 3-13〉 예금/적금 계산기

| 대출이자 계산기 | 대출 정보 공유 | 예금/적금 계산기 | 연봉 계산기 |

☞ 대출금의 상환금액과 이자 계산결과입니다.

대출금	10,000,000 원
대출금리	연 10 %
대출기간	12 개월 (1 년)
거치기간	없음
상환방법	원리금균등상환
총이자	549,860 원

[다시 계산하기]   👍 좋아요 171개 공유하기 Tweet

☞ 월별 상환금

No	상환금	납입원금	이자	납입원금계	잔금
1	879,158	795,828	83,330	795,828	9,204,172
2	879,158	802,458	76,700	1,598,286	8,401,714
3	879,158	809,148	70,010	2,407,434	7,592,566
4	879,158	815,888	63,270	3,223,322	6,776,678
5	879,158	822,688	56,470	4,046,010	5,953,990
6	879,158	829,548	49,610	4,875,558	5,124,442
7	879,158	836,458	42,700	5,712,016	4,287,984
8	879,158	843,428	35,730	6,555,444	3,444,556
9	879,158	850,458	28,700	7,405,902	2,594,098
10	879,158	857,548	21,610	8,263,450	1,736,550
11	879,158	864,688	14,470	9,128,138	871,862
12	879,122	871,862	7,260	10,000,000	0

〈그림 3-14〉 대출이자 계산기

    Excel의 재무함수에서 계산하는 미래가치, 현재가치, 적립기간, 만기금액, 대출금 분할상환액 등을 R을 이용하여 계산하는 〈b3-ch3-2.R〉을 실행해 보면 Excel로 계산한 것과 동일한 결과를 보여 준다.

b3-ch3-2.R의 실행결과

```
> fv <- function(rate, nper, pmt, pv = 0.0, type = 0) {
+ pvif <- (1+rate)^nper # Present value interest factor
+ fvifa <- if(rate==0) nper else ((1 .... [TRUNCATED]

> fv(rate=0.12, nper=20, pmt=-20000, type=1)
[1] 1613975

> fv(rate=0.01, nper=41, pmt=-100000, type=1)
[1] 5087899

> pv <- function(rate, nper, pmt, fv = 0.0, type = 0) {
```

```
+     pvif <- (1+rate)^nper  # Present value interest factor
+     fvifa <- if(rate==0) nper else ( .... [TRUNCATED]

> pv(rate=0.07/12, nper=60, pmt=-35000, type=1)
[1] 1777881

> pv(rate=0.18/12, nper=36, pmt=-130149)
[1] 3600010

> pmt <- function(rate, nper, pv, fv=0, type=0) {
+     rr <- 1/(1+rate)^nper
+     res <- (-pv-fv*rr)*rate/(1-rr)
+     return(res/(1+rate*type))
+ }

> pmt(rate=0.1/12, nper=12, pv=10000000)
[1] -879158.9

> fv(rate=0.035/12, nper=c(12,18,24,35,60), pmt=-350000, type=1)
[1]  4280483  6477482  8713209 12914905 22979969

> pmt(rate=0.1/12, nper=c(6,12,18,24,36), pv=10000000)
[1] -1715613.9  -879158.9  -600570.8  -461449.3  -322671.9
```

제3절

수학 및 통계함수

1. Excel의 수학 및 통계함수

(1) 산술평균 계산

AVERAGE는 산술평균을 계산하는데 구문은 다음과 같다.

@AVERAGE(number1, number2, ...)
- number1, number2, ... : 평균을 구할 수치 인수

AVERAGEA는 인수 목록에서 산술평균을 계산하는데 구문은 다음과 같다.

@AVERAGEA(value1, value2, ...)
- value1, value2, ... : 평균을 구할 수치, 셀 또는 셀 범위 인수로 텍스트가 들어 있는 배열은 0으로 인식된다.

[예1] 다음의 〈그림 3-15〉와 같은 자료가 있을 경우 산술평균은 각각 다음과 같이 계산된다.

	A
1	10
2	7
3	9
4	2
5	na

- average(a1:a5) = 7
- averagea(a1:a5) = 5.6

〈그림 3-15〉 예 1

(2) 분산 계산

VAR은 표본의 분산을 계산하는데 구문은 다음과 같다.

    @VAR(number1, number2, ...)
    • number1, number2, ... : 표본분산을 구할 수치 인수

VARP는 모집단의 분산을 계산하는데 구문은 다음과 같다.

    @VARP(number1, number2, ...)
    • number1, number2, ... : 모분산을 구할 수치 인수

[예2] 〈그림 3-15〉와 같은 자료가 있을 경우 표본분산 및 모분산은 각각 다음과 같이 계산된다.
- var(a1:a5) = 12.6667
- varp(a1:a5) = 9.5

(3) 표준편차 계산

STDEV는 표본의 표준편차를 계산하는데 구문은 다음과 같다.

    @STDEV(number1, number2, ...)
    • number1, number2, ... : 표본분산을 구할 수치 인수

STDEVP는 모집단의 표준편차를 계산하는데 구문은 다음과 같다.

    @STDEVP(number1, number2, ...)
    • number1, number2, ... : 모집단의 표준편차를 구할 수치 인수

[예3] 〈그림 3-15〉와 같은 자료가 있을 경우 표본분산 및 모분산은 각각 다음과 같이 계산된다.
- stdev(a1:a5) = 3.559035

- stdevp(a1:a5) = 3.082207

(4) 확률분포의 확률 및 역함수 값 구하기

① 정규분포

NORMDIST은 누적정규분포의 확률을 구하는데 구문은 다음과 같다.

@NORMDIST(x, mean, standard_dev, cumulative)
- x : 분포의 확률값을 구하려는 변량의 값
- mean : 확률분포의 산술평균
- standard_dev : 확률분포의 표준편차
- cumulative : 함수의 형태를 결정하는 논리 값으로 TRUE이면 누적분포함수를, FALSE이면 확률밀도함수를 구한다.
(예) NORNMDIST(42, 40, 1.5, TRUE) = 0.908789

NORMINV는 누적정규분포의 역함수의 값을 구하는데 구문은 다음과 같다.

@NORNINV(probability, mean, standard_dev)
- probability : 분포에 따른 변량의 확률값
- mean : 분포의 산술평균
- standard_dev : 분포의 표준편차
(예)NORNMINV(0.908789, 40, 1.5) = 42

② χ^2-분포

CHISQ.DIST는 χ^2-분포의 확률을 구하는데 구문은 다음과 같다.

@CHISQ.DIST(x, deg_freedomv, cumulative)
- x : 분포의 확률값을 구하려는 변량의 값
- deg_freedom : 자유도
- cumulative : 함수의 형태를 결정하는 논리 값으로 TRUE이면 누적분포함수를, FALSE이면 확률밀도함수를 구한다.

(예)CHISQ.DIST(18.307,10,TRUE) = 0.949999

CHISQ.INV는 χ^2-분포의 역함수의 값(χ^2-값)을 구하는데 구문은 다음과 같다.

@CHISQ.INV(probability, deg_freedom)
- probability : 분포에 따른 변량의 확률값
- deg_freedom : 자유도

(예)CHISQ.INV(0.95,10) = 18.307

③ t-분포

T.DIST는 t-분포의 확률을 구하는데 구문은 다음과 같다.

@T.DIST(x, deg_freedom, tails)
- x : 분포의 확률값을 구하려는 변량의 값
- deg_freedom : 자유도
- tails : 함수의 형태를 결정하는 값으로 1이면 누적분포함수를, 0이면 확률밀도함수를 구한다.

(예)T.DIST(2.086,20,1) = 0.975

T.INV는 t-분포의 역함수의 값(t-값)을 구하는데 구문은 다음과 같다.

@T.INV(probability, deg_freedom)
- probability : t-분포의 누적 확률의 값
- deg_freedom : 자유도

(예)T.INV(0.975,20) = 2.08596

④ F-분포

F.DIST는 F-분포의 확률을 구하는데 구문은 다음과 같다.

@F.DIST(x, degrees_freedom1, degrees_freedom2, cumulative)

- x : 분포의 확률값을 구하려는 변량의 값
- degrees_freedom1 : 분자의 자유도
- degrees_freedom2 : 분모의 자유도
- cumulative : 함수의 형태를 결정하는 논리 값으로 TRUE(또는 1)이면 누적분포함수를, FALSE(또는 0)이면 확률밀도함수를 구한다.

(예)F.DIST(6.16,6,4,1) = 0.949

F.INV는 F-분포의 역함수의 값(F-값)을 구하는데 구문은 다음과

@F.INV(probability, degrees_freedom1, degrees_freedom2)
- probability : F-분포의 누적 확률의 값
- degrees_freedom1 : 분자의 자유도
- degrees_freedom2 : 분모의 자유도

(예)F.INV(0.95,6,4) = 6.1631

2. R의 수학 및 통계함수

(1) 수학함수

R에서는 다양하고 광범위한 내장함수를 제공하고 있어 사용자는 분석 과정에서 빈번하게 사용되는 수식을 단순화한 함수를 사용함으로써 작업의 효율성을 높일 수 있다.

R에서 주로 사용되는 수학함수와 그 기능은 〈표 3-1〉과 같다.

〈표 3-1〉 주요 수학함수

함수	기능	함수	기능
sum()	모든 원소의 합	range()	범위 함수
abs()	절댓값 함수	exp()	지수 함수
sqrt()	제곱근 함수	log()	자연로그 함수
max()	최댓값 함수	log10()	상용로그 함수
min()	최솟값 함수	round()	소수점 이하 반올림

⟨b3-ch3-3.R⟩과 같이 수학함수와 관련된 명령어를 입력하여 모두 선택하고 Run을 클릭하면 다음의 실행 결과를 보여준다.

```
                        b3-ch3-3.R의 실행결과
> a<-c(-3,-2,-1,1,2,3)

> sum(a)   # a 벡터 원소의 합
[1] 0

> abs(a)   # a 벡터 원소의 절댓값
[1] 3 2 1 1 2 3

> as<-a[4:6]   # a 벡터의 4번째부터 6번째 원소 추출

> sqrt(as)   # as 벡터 각 원소의 제곱근
[1] 1.000000 1.414214 1.732051

> max(a)   # a 벡터의 최댓값
[1] 3

> min(a)   # a 벡터의 최솟값
[1] -3

> range(a)   # a 벡터의 최소값 및 최댓값
[1] -3  3

> exp(a)   # a 벡터 원소의 숫자만큼 e를 거듭제곱한 값
[1]  0.04978707  0.13533528  0.36787944  2.71828183  7.38905610 20.08553692

> log(as) # as 벡터 원소의 자연 로그 값
[1] 0.0000000 0.6931472 1.0986123

> log10(as)   # as 벡터 원소의 상용 로그 값
[1] 0.0000000 0.3010300 0.4771213
```

(2) 기본 통계함수

기초적인 통계 분석과 관련하여 R에서 주로 사용되는 통계함수와 그 기능은 〈표 3-2〉와 같다. 기본 통계함수의 사용은 b3-ch3-4.R을 참고하면 된다.

〈표 3-2〉 기본 통계함수

함수	기능	함수	기능
mean()	산술평균	cor()	상관계수
sort()	오름(내림)차순 정리	cov()	공분산
median()	중앙값	summary()	요약 통계량
quantile()	분위수	cumsum()	누적 합
diff()	원소 사이의 차이	lag()	시차 변수 만들기
var()	분산	sd()	표준편차

〈b3-ch3-4.R〉과 같이 기본 통계함수와 관련된 명령어를 입력하여 모두 선택하고 Run을 클릭하면 다음과 같은 실행 결과를 보여준다.

```
                        b3-ch3-4.R의 실행결과
> x<-c(21,4,13,6,12,7,4,25,22)

> y<-c(-2,4,-3,8,-7,8,-2,-6,5)

> x;y
[1] 21  4 13  6 12  7  4 25 22
[1] -2  4 -3  8 -7  8 -2 -6  5

> cov(x,y)   # x와 y의 공분산을 계산
[1] -19.54167

> cor(x,y)   # x와 y의 상관계수를 계산
[1] -0.4123081

> summary(x);summary(y)
   Min. 1st Qu.  Median    Mean 3rd Qu.    Max.
   4.00    6.00   12.00   12.67   21.00   25.00
```

```
   Min. 1st Qu.  Median    Mean 3rd Qu.    Max.
-7.0000 -3.0000 -2.0000  0.5556  5.0000  8.0000

> cumsum(1:10);cumprod(1:10)   # 1부터 10까지 정수를 원소로 가진 벡터의 누적 합(곱)을
원소로 하는 벡터 생성
 [1]  1  3  6 10 15 21 28 36 45 55
 [1]       1       2       6      24     120     720    5040   40320  362880 3628800
```

(3) 확률분포 관련 통계함수

확률분포와 관련된 통계함수와 그 기능은 〈표 3-3〉과 같다.

〈표 3-3〉 확률분포 통계함수

분포	R 함수	인수(arguments)
binomial	binom()	size, prob
chi-squared	chisq()	df, ncp
F	f()	df1, df2, ncp
normal	norm()	mean, sd
poison	pois()	lambda
Student's t	t()	df, ncp
uniform	unif()	min, max

우리가 원하는 통계량을 얻기 위해서는 함수의 이름 앞에 〈표 3-4〉와 같은 접두사를 붙여야 한다.

〈표 3-4〉 확률분포 접두사

접두사	기능
d	확률밀도함수(PDF)의 확률값, $f(x)$
p	누적분포함수(CDF)의 확률값, $F(x)$
q	분위수(quantile) 값, $F^{-1}(x)$
r	무작위 난수 생성

b3-ch3-5.R의 실행결과

```
> # 수익률 평균=40%, 표준편차=10%인 정규분포에서 수익률이 60%보다 낮을 확률은?
> pnorm(60,mean=40,sd=10)
[1] 0.9772499


> # 수익률 평균=40%,표준편차=10%인 정규분포에서 수익률이 60%보다 높은 확률(표준화)은?
> 1-pnorm(2,0,1)
[1] 0.02275013

> # Z-통계량이 1.645일 때 p(누적 확률)의 값은?
> pnorm(1.645, 0,1)
[1] 0.9500151

> # 표준정규분포에서 p(누적 확률)가 0.95일 때, Z-통계량의 값은?
> qnorm(0.95, 0,1)
[1] 1.644854

> # t-통계량이 -3.271, n=16일 때 p의 값은?
> pt(-3.271, 15)
[1] 0.002578269

> # n=16일때, 5% 유의수준에서 기각역(단측)
> qt(p=0.05, df=15)
[1] -1.75305

> round(rnorm(n=20, mean=40, sd=10), digits=2)
# 평균=40, 표준편차=10인 정규분포에서 20개 데이터를 임의로 추출하여 소수점 2자리까지 표시
 [1] 48.29 51.72 28.27 47.01 44.95 49.13 41.63 36.19 43.55 36.10 30.27 45.50 23.98 41.69
[15] 59.65 56.75 42.91 54.74 43.61 30.84
```

앞에서 Excel로 구한 누적정규분포, χ^2-분포, t-분포, F-분포의 확률 및 역함수의 값을 R을 이용하는 계산하는 〈b3-ch3-6.R〉을 실행해 보면 Excel로 계산한 것과 동일한 결과를 보여 준다.

```
b3-ch3-6.R의 실행결과

> # 평균=40,표준편차=10인 정규분포에서 42보다 작을 확률
> pnorm(42,mean=40,sd=1.5)
[1] 0.9087888

> # P(Z<K)=0.9087888일 때, K의 값은?
> qnorm(0.9087888, 40,1.5)
[1] 42

> # 카이제곱 통계량이 18.307, df=10일 때 p의 값은?
> pchisq(18.307, 10)
[1] 0.9499994

> # P(chisq<K)=0.9499994일 때, K의 값은?
> qchisq(0.9499994, 10)
[1] 18.307

> # t-통계량이 2.086, df=20일 때 p의 값은?
> pt(2.086, 20)
[1] 0.9750018

> # P(t<K)=0.9750018일 때, K의 값은?
> qt(0.9750018, 20)
[1] 2.086

> # F-통계량이 6.16, df1=6, df2=4일 때 p의 값은?
> pf(6.16, 6,4)
[1] 0.9499573

> # P(F<K)=0.9499573일 때, K의 값은?
> qf(0.9499573, 6, 4)
[1] 6.160002
```

제4절

이론적 확률분포

표준정규분포에 따르는 임의 수를 생성하는 함수 등 20여 개의 사용자 지정 함수를 이용하여 표준정규분포, χ^2-분포, t-분포, F-분포를 시뮬레이션을 시행해 봄으로써 확률분포에 대한 이해를 할 수 있다.

1. 표준정규분포 및 시뮬레이션

먼저, rnorm.xls파일을 홈페이지(http://kanggc.iptime.org)에서 다운 받아 PC의 C:₩Program Files₩Microsoft Office₩Office14₩XLStart 폴더에 복사하면 엑셀이 실행될 때 이 파일이 자동으로 열리게 된다.

평균이 0이고, 표준편차가 1인 표준정규분포는 모든 확률분포의 출발점이 된다.

A1셀에서 함수삽입 아이콘을 클릭하면 나타나는 함수마법사에서 표준정규분포에 따르는 데이터를 생성해 주는 RANDN을 〈그림 3-16〉과 같이 선택한다.

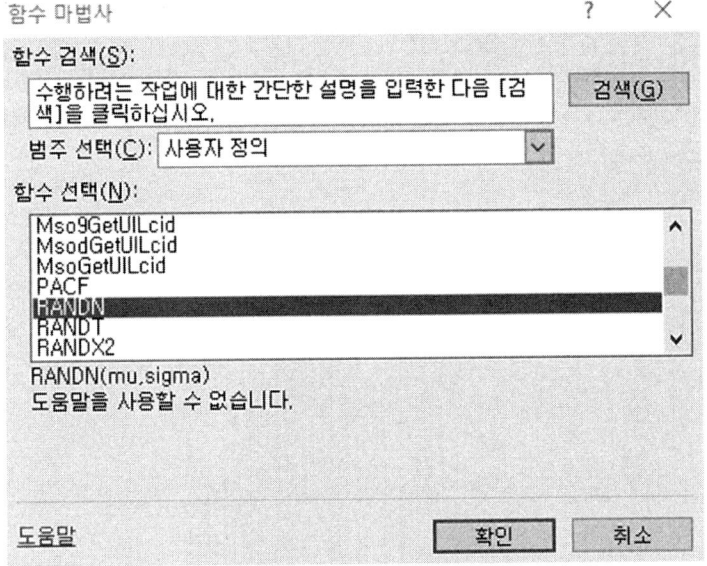

〈그림 3-16〉 표준정규분포 시뮬레이션

그러면 나타나는 RANDN의 함수 인수 대화상자에서 〈그림 3-17〉과 같이 입력하면 표준정규분포에 따르는 임의 수 1개가 생성된다.

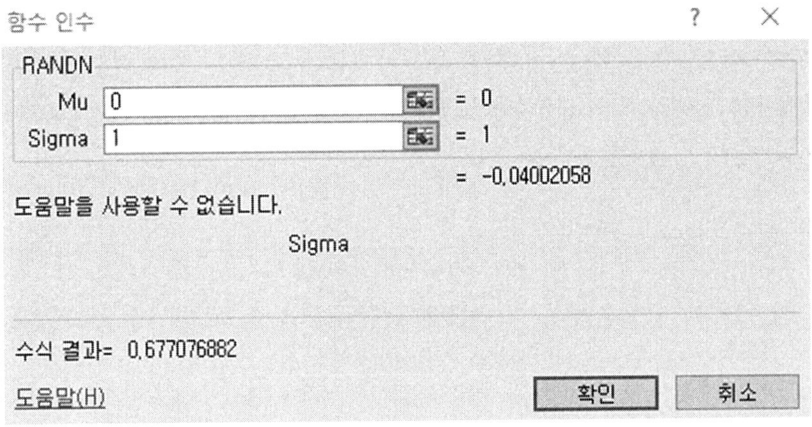

〈그림 3-17〉 RANDN의 함수 인수 대화상자

이 셀을 A10000까지 복사하면 표준정규분포에 따르는 임의 수 10000개가 생성되는데 이를 Z_1이라고 하면 $Z_1 \sim N(0,1)$이 된다.

이를 그림으로 그리기 위해서는 데이터-분석-데이터 분석을 실행하면 통계 데이터 분석 대화상자가 나타나고, 히스토그램을 선택하면 히스토그램대화상자가 나타나는데 입력범위에 $A$1:$A$10000을 입력하고 차트출력에 체크한 후 확인을 누르면 〈그림 3-18〉과 같은 표준정규분포를 구할 수 있다.

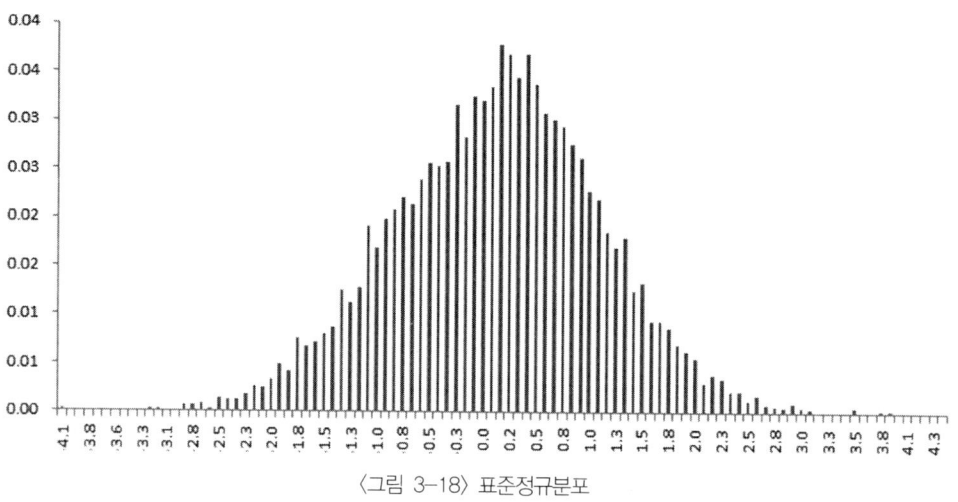

〈그림 3-18〉 표준정규분포

한편, 위와 동일한 작업을 R을 이용하여 수행하는 〈b3-ch3-7.R〉을 실행해 보면 Excel로 시뮬레이션한 것과 유사함을 알 수 있는데, 왼쪽 그림은 표준정규분포에서 시뮬레이션한 자료의 히스토그램과 밀도(density)를 나타내고 있으며, 오른쪽 그림은 표준정규분포의 확률밀도함수를 나타낸 것이다.

b3-ch3-7.R의 실행결과
> set.seed(12345) # 난수 생성기의 상태를 통제하는 것으로 동일한 숫자(seed)는 동일한 난수를 생성함
> n<-10000;
> z<-rnorm(n,0,1) # 표준정규분포에서 임의로 10000개의 데이터를 생성
> par(mfrow=c(1,2)) # par는 그래픽 매개변수를 설정하는데 mfrow=c(1,2)는 그림을 하나의

행, 2개의 열로 배열

> hist(z, freq=F, col="grey", xlab="", xlim=c(-4, 4), breaks=100)
데이터 z의 히스토그램으로 그리는데 freq=F(False)는 확률 밀도, col="grey"는 회색, xlab=""은 x축 제목은 사용하지 않고, xlim=c(-4, 4)는 구간의 최솟값과 최댓값, breaks=100은 구간의 수를 나타냄
> par(new=T) # new=T는 히스토그램 위에 다른 그래프를 그림

> plot(density(z), axes=F, main="", xlim=c(-4, 4), lwd=2, col="blue")
plot은 R 객체를 그리는 함수인데 density(z)는 데이터 z의 밀도, axes=F는 x축 및 y축 제목은 사용하지 않고, main=""은 그림 제목은 사용하지 않고, xlim=c(-4, 4)는 구간의 최솟값과 최댓값, lwd=2는 선의 굵기, col="blue"는 파랑색 선을 각각 나타냄
> curve(dnorm(x,0,1),xlim=c(-4, 4), lwd=2)
curve는 함수에 해당하는 곡선을 그리는데 dnorm(x,0,1)는 표준정규분포의 확률밀도함수, xlim=c(-4, 4)는 구간의 최솟값과 최댓값, lwd=2는 선의 굵기를 각각 나타냄

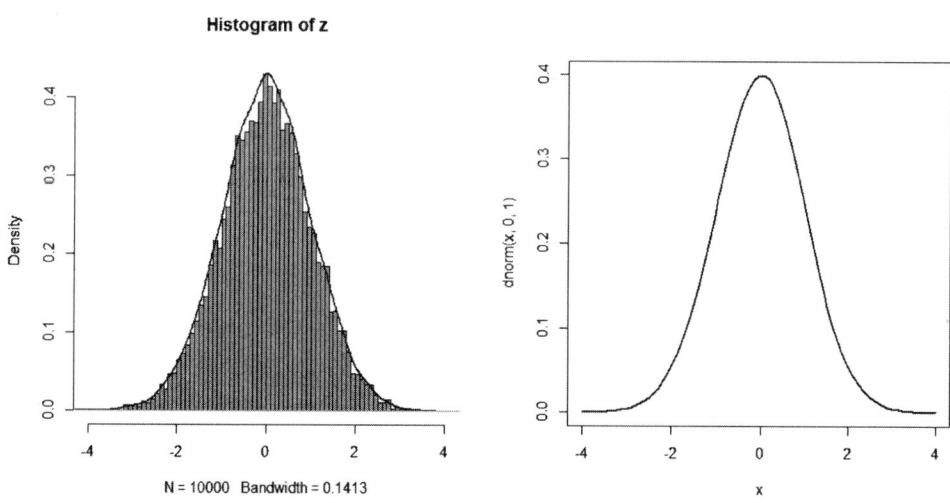

2. X^2-분포 및 시뮬레이션

확률변수 $Z_1, Z_2, ..., Z_n$이 서로 독립적으로 표준정규분포를 따를 때, $Z_1, Z_2, ..., Z_n$의 제곱합 $\sum_{i=1}^{n} Z_i^2$은 자유도가 n인 X^2분포를 따른다.

즉, $\sum_{i=1}^{n} Z_i^2 = X^2 \sim \chi_{(n)}^2$

앞에서 Z_1을 생성했던 것과 동일한 방법으로 B1셀부터 E1셀까지 각각 Z_2, Z_3, Z_4, Z_5를 생성한 후 각 셀을 10000번째 행까지 복사한다.

G1셀부터 K1셀까지 이미 생성된 Z_1, Z_2, Z_3, Z_4, Z_5를 각각 제곱한 $Z^2_1, Z^2_2, Z^2_3, Z^2_4, Z^2_5$을 만들고 각 셀을 10000번째 행까지 복사한다.

M1셀에 $Z^2_1, Z^2_2, Z^2_3, Z^2_4, Z^2_5$를 모두 합하고 10000번째 행까지 복사하면 이 값은 자유도가 5인 χ^2을 따르게 된다.

즉, $\sum_{i=1}^{5} Z_i^2 = X^2 \sim \chi_{(5)}^2$

이를 그림으로 그리기 위해서는 데이터-분석-데이터 분석을 실행하면 통계 데이터 분석 대화상자가 나타나고, 히스토그램을 선택하면 히스토그램대화상자가 나타나는데 입력범위에 $M$1:$M$10000을 입력하고 차트출력에 체크한 후 확인을 누르면 〈그림 3-19〉와 같은 자유도가 5인 χ^2분포를 구할 수 있다.

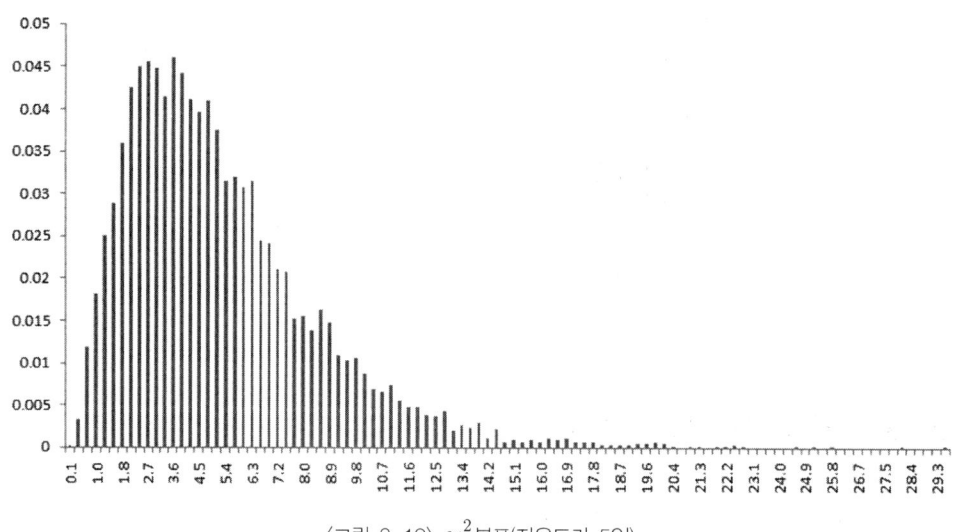

〈그림 3-19〉 χ^2분포(자유도가 5인)

한편, 위와 동일한 작업을 R을 이용하여 수행하는 〈b3-ch3-8.R〉을 실행해 보면

Excel로 시뮬레이션한 것과 유사함을 알 수 있는데, 왼쪽 그림은 자유도가 5인 χ^2-분포에서 시뮬레이션한 자료의 히스토그램과 밀도(density)를 나타내고 있으며, 오른쪽 그림은 자유도가 5인 χ^2-분포의 확률밀도함수를 나타낸 것이다.

---

b3-ch3-8.R의 실행결과

```
> set.seed(12345)

> n<-10000;

> par(mfrow=c(1,2))

> z1<-rnorm(n,0,1)

> z2<-rnorm(n,0,1)

> z3<-rnorm(n,0,1)

> z4<-rnorm(n,0,1)

> z5<-rnorm(n,0,1)

> chi5<-z1^2+z2^2+z3^2+z4^2+z5^2

> hist(chi5, freq=F, col="grey", xlab="", xlim=c(0, 25), breaks=100)

> par(new=T)

> plot(density(chi5), axes=F, main="", xlim=c(0, 25), lwd=2, col="blue")

> curve(dchisq(x, 5, ncp=0), col="black", xlim=c(0, 25), ylim=c(0, 0.15), xlab="chisq",
ylab="f(chisq)")
# dchisq(x,5, ncp=0)는 자유도가 5인 $\chi^2$-분포의 확률밀도함수, xlab="chisq"은 x축 제목은
chisq, ylab="f(chisq)"은 y축 제목은 f(chisq)를 각각 나타냄
```

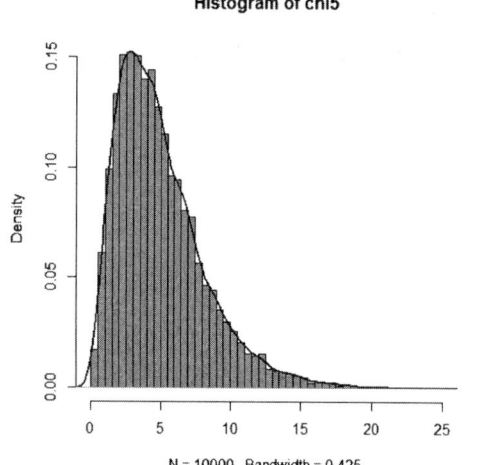
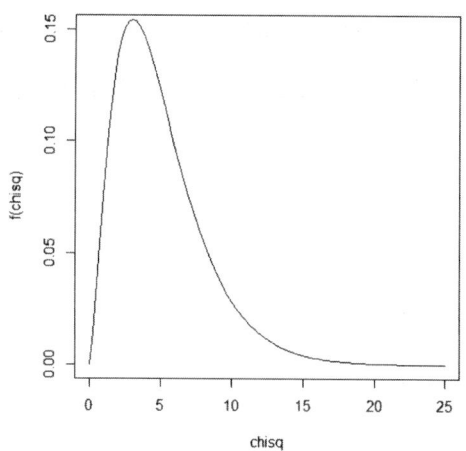

3. t-분포

$Z \sim N(0,1), V \sim \chi^2_{(v)}$이고 Z와 V가 서로 독립이면, 다음의 T는 자유도가 v인 t-분포에 따른다.

즉, $T = \dfrac{Z}{\sqrt{\dfrac{V}{v}}} \sim t_{(v)}$

O1셀에 =SQRT(M1/5)를 입력하여 T의 분모를 먼저 구하고 이 셀을 O10000셀까지 복사한다.

Q1에 새로운 Z를 생성하고 이 셀을 10000번째 행까지 복사한다.

이제 T를 계산하기 위하여 S1셀에 =Q1/O1을 입력하고 S1셀을 10000번째 행까지 복사하면 T는 자유도가 5인 t-분포를 따르게 된다.

이를 그림으로 그리기 위해서는 히스토그램대화상자의 입력범위에 $S$1:$S$10000을 입력하고 차트출력에 체크한 후 확인을 누르면 〈그림 3-20〉과 같은 자유도가 5인 t-분포를 구할 수 있다.

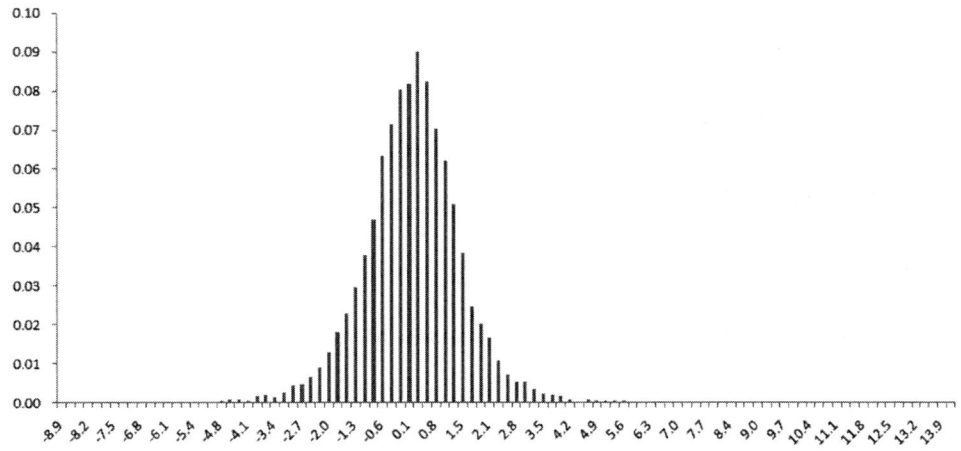

〈그림 3-20〉 t-분포(자유도가 5인)

한편, 위와 동일한 작업을 R을 이용하여 수행하는 〈b3-ch3-9.R〉을 실행해 보면 Excel로 시뮬레이션한 것과 유사함을 알 수 있는데, 왼쪽 그림은 자유도가 5인 t-분포에서 시뮬레이션한 자료의 히스토그램과 밀도(density)를 나타내고 있으며, 오른쪽 그림은 자유도가 5인 t-분포의 확률밀도함수를 나타낸 것이다.

b3-ch3-9.R의 실행결과
> set.seed(12345)
> n<-10000;
> par(mfrow=c(1,2))
> z<-rnorm(n,0,1)
> z1<-rnorm(n,0,1)
> z2<-rnorm(n,0,1)
> z3<-rnorm(n,0,1)

```
> z4<-rnorm(n,0,1)

> z5<-rnorm(n,0,1)

> chi5<-z1^2+z2^2+z3^2+z4^2+z5^2

> sqchi5<-sqrt(chi5/5)

> t5<-z/sqchi5

> hist(t5, freq=F,xlab="", xlim=c(-11, 11),breaks=100)

> par(new=T)

> plot(density(t5), axes=F, main="", xlim=c(-11, 11), lwd=2, col="blue")

> curve(dt(x, 5, ncp=0), col="black", xlim=c(-11, 11), ylim=c(0, 0.39), xlab="t", ylab="f(t)")
```

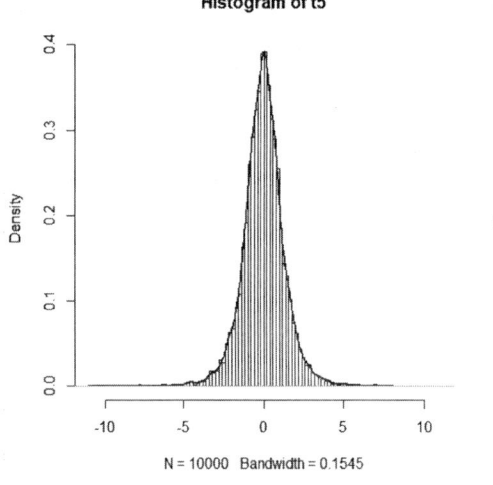
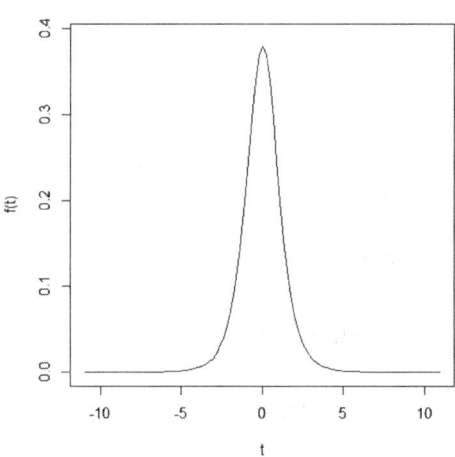

4. F-분포

$X_1 \sim \chi^2_{v_1}$이고 $X_2 \sim \chi^2_{v_2}$이며, X_1과 X_2가 서로 독립이면 다음의 F는 분자의 자유도와 분모의 자유도가 각각 v_1, v_2인 F-분포에 따른다.

즉, $F = \dfrac{\dfrac{X_1}{v_1}}{\dfrac{X_2}{v_2}} \sim F_{(v_1, v_2)}$

앞에서 $\sum_{i=1}^{5} Z_i^2 = X_1$를 생성했던 것과 동일한 방법으로 U1부터 Y1셀에 $Z_6, Z_7, Z_8, Z_9, Z_{10}$를 생성하여 10000번째 행까지 복사한다.

AA1부터 AE1셀까지 이미 생성된 $Z_6, Z_7, Z_8, Z_9, Z_{10}$를 각각 제곱한 $Z_6^2, Z_6^2, Z_6^2, Z_9^2, Z_{10}^2$을 만들고 각 셀을 10000번째 행까지 복사한다.

AG1셀에 $\sum_{i=6}^{10} Z_i^2 = X_2$을 만들고 이 셀을 10000번째 행까지 복사하면 자유도가 5인 또 다른 χ^2-분포가 구해진다.

AI1에 X_1, X_2 그리고 각각의 자유도인 5를 이용하여 F를 계산하면(즉, AI1에 =(M1/5)/(AG1/5)를 입력하여 이 셀을 10000번째 행까지 복사하면), F는 분자의 자유도와 분모의 자유도가 각각 5인 F-분포를 따르게 된다.

이를 그림으로 그리기 위해서는 히스토그램대화상자의 입력범위에 \$AI\$1:\$AI\$10000을 입력하고 차트출력에 체크한 후 확인을 누르면 〈그림 3-21〉과 같은 분자의 자유도가 5, 분모의 자유도가 5인 F-분포를 구할 수 있다.

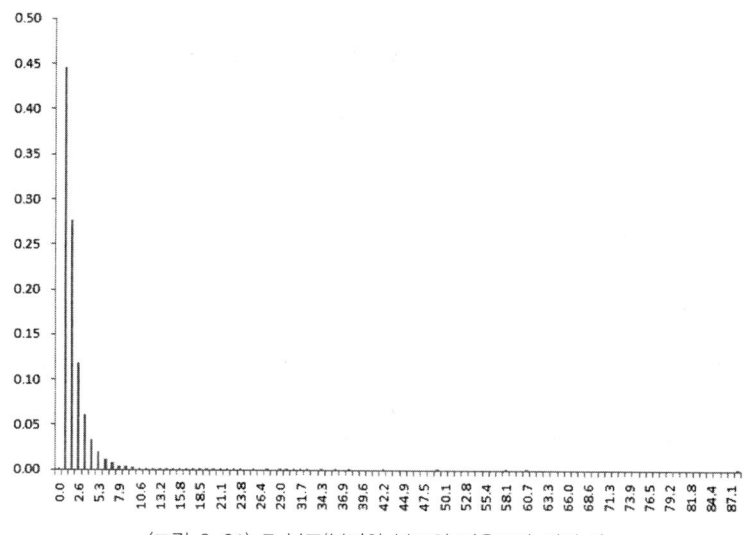

〈그림 3-21〉 F-분포(분자와 분모의 자유도가 각각 5)

한편, 위와 동일한 작업을 R을 이용하여 수행하는 〈b3-ch3-10.R〉을 실행해 보면 Excel로 시뮬레이션한 것과 유사함을 알 수 있는데, 왼쪽 그림은 분자 및 분모의 자유도가 각각 5인 F-분포에서 시뮬레이션한 자료의 히스토그램과 밀도(density)를 나타내고 있으며, 오른쪽 그림은 분자 및 분모의 자유도가 각각 5인 F-분포의 확률밀도함수를 나타낸 것이다.

b3-ch3-10.R의 실행결과
> set.seed(12345)
> n<-10000;
> par(mfrow=c(1,2))
> z1<-rnorm(n,0,1)
> z2<-rnorm(n,0,1)
> z3<-rnorm(n,0,1)

```
> z4<-rnorm(n,0,1)
> z5<-rnorm(n,0,1)
> z6<-rnorm(n,0,1)
> z7<-rnorm(n,0,1)
> z8<-rnorm(n,0,1)
> z9<-rnorm(n,0,1)
> z10<-rnorm(n,0,1)
> chi15<-z1^2+z2^2+z3^2+z4^2+z5^2
> chi25<-z6^2+z7^2+z8^2+z9^2+z10^2
> f55<-(chi15/5)/(chi25/5)
> hist(f55, freq=F,xlab="", xlim=c(0, 40),breaks=100)
> par(ncw=T)
> plot(density(f55), axes=F, main="", xlim=c(0, 40), lwd=2, col="blue")
> curve(df(x, 5, 5), col="black", xlim=c(0, 40), ylim=c(0, 0.55), xlab="f", ylab="f(f)")
```

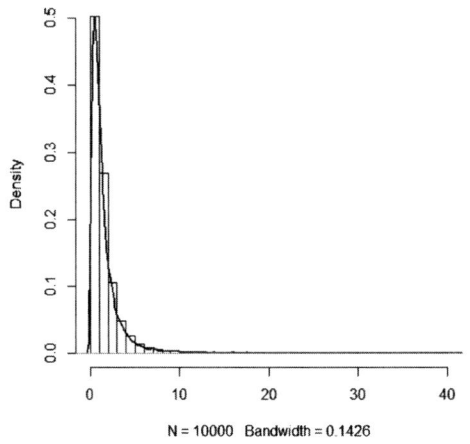

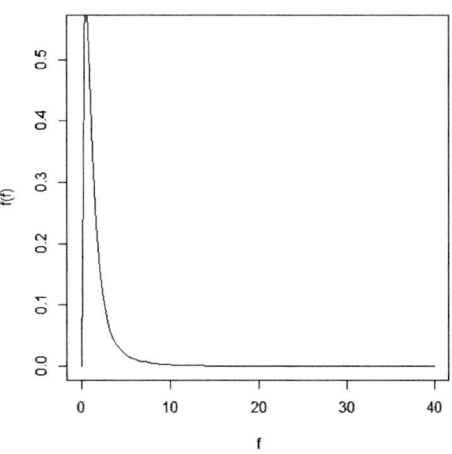

제4장

Excel 및 R : 기본분석

제1절 그림 그리기
제2절 도수분포표
제3절 기술통계량
제4절 증가율 및 기여율
제5절 입지계수 및 지역전문화지수
제6절 변화할당분석 및 지역성장률시차분석

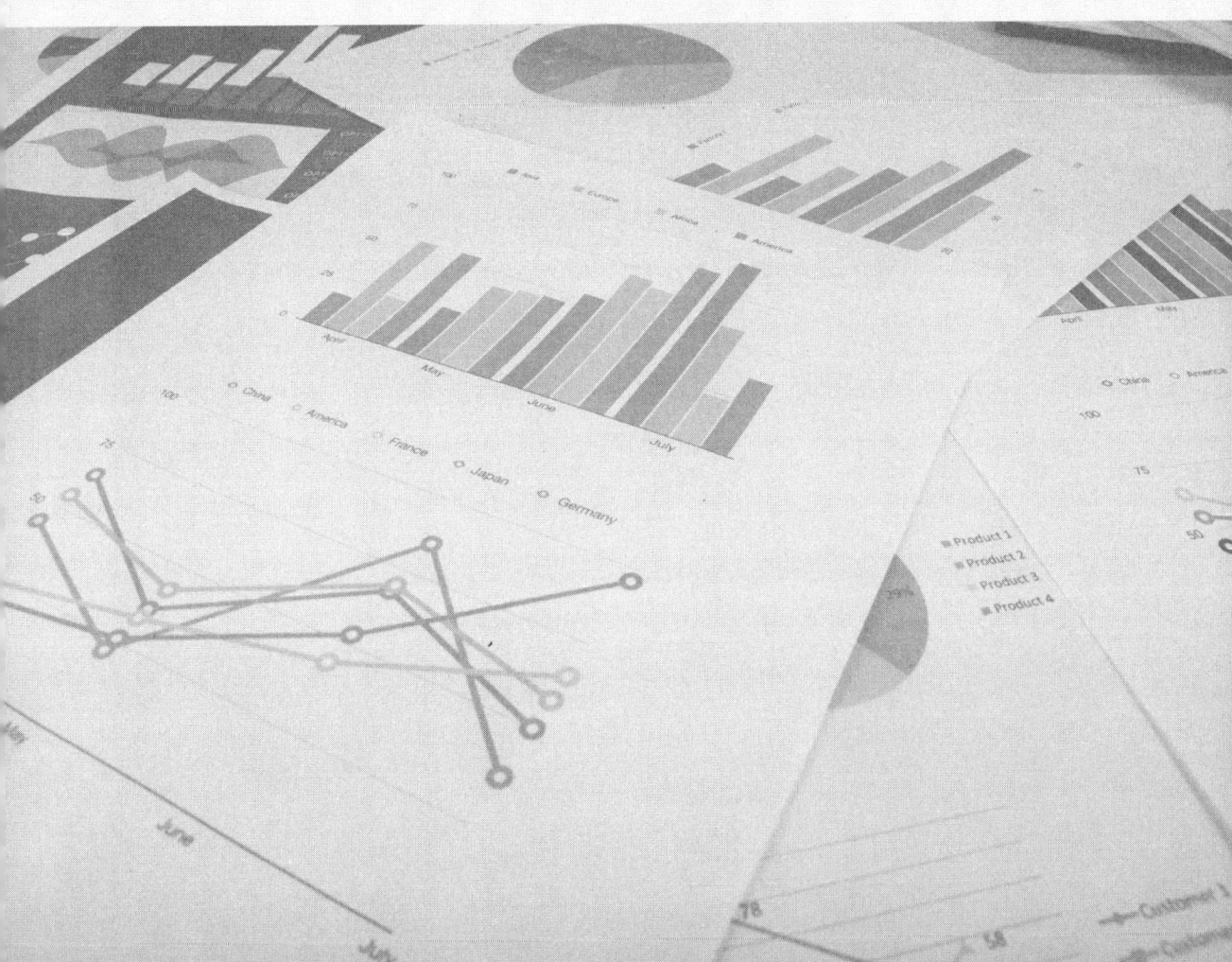

제1절

그림 그리기

1. 차트 만들기

(1) 차트 구성요소

차트는 차트 제목, 축 제목, Y축(항목), 항목제목, X축(항목 축), 데이터 계열, 데이터 요소, 데이터 레이블, 데이터 표, 범례, 눈금선, 그림영역, 차트 영역 등으로 구성된다.

(2) 차트 작성

통합문서에 있는 자료로 그래프를 그릴 수 있는데 워크시트에 차트를 삽입하거나 차트 자체를 차트시트에 나타낼 수 있다.

차트의 내용은 이미 입력한 데이터와 내부적으로 연결되어 있으므로 표로 작성해 놓은 데이터의 값이 변하게 되면 차트의 내용도 자동적으로 바뀐다.

2000년부터 2017년까지 우리나라 17개 시도의 재정자립도를 나타내 주는 finance.xlsx 파일로 작성한 〈그림 4-1〉의 연도별 지방재정자립도('00-'17) 차트(꺾은선 형)는 다음과 순서로 만들 수 있다.

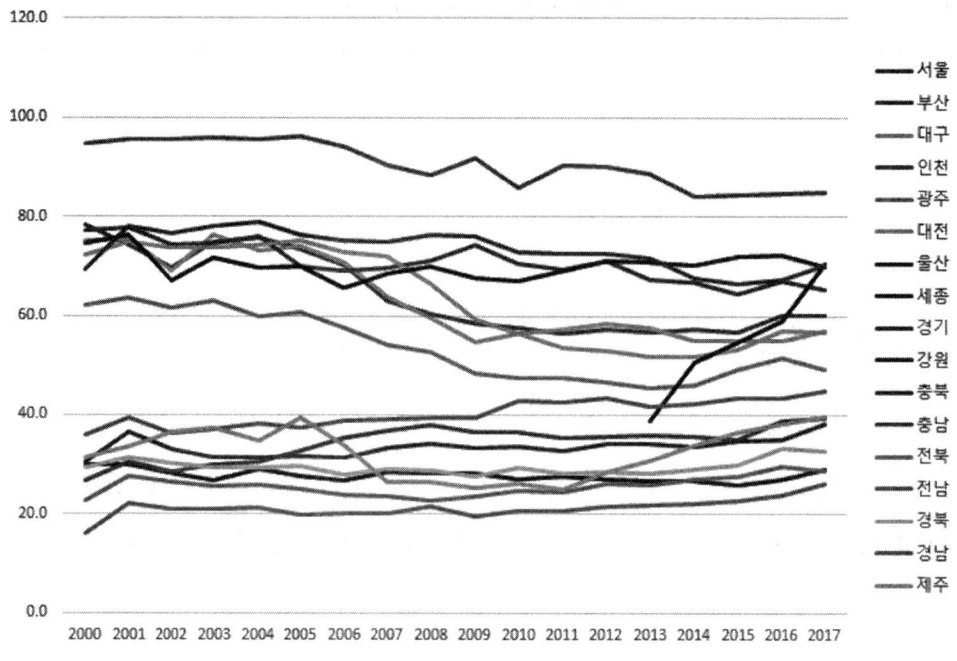

〈그림 4-1〉 차트 그리기

- B1셀부터 S18셀까지 선택한 후 삽입-차트-꺾은선형 차트 삽입을 클릭하고, 2차원 꺾은선 형 중 꺾은선형을 선택하면 만들어 지는 그림을 크게 한 후 차트 제목에 연도별 지방재정자립도('00-'17)를 입력한다.
- 그림 하단에 있는 계열1,...,계열17의 범례를 선택하고 마우스 오른 쪽을 클릭하여 범례 서식을 선택하면 나타나는 범례 서식-범례 옵션에서 범례 위치 오른 쪽을 선택한다.
- 계열1,...,계열17로 되어 있는 범례를 지역명으로 바꾸기 위해 범례를 선택하고 마우스 오른 쪽을 클릭하여 데이터 선택을 클릭하면 데이터 원본 선택 대화상자가 나타난다.
- 범례항목(계열)의 계열1을 선택하고 편집을 누르면 나타나는 계열 편집 대화상자의 계열 이름에 A2셀을 마우스로 클릭하고 확인을 누르면 계열이 서울로 변경되는데 이 작업을 나머지 16개 지역에 동일하게 한다.

한편, Excel에서 만든 차트를 복사한 후 그림판에서 확장자가 bmp, gif, jpg인 그림파일을 만들면 흔글에 삽입하는 등 유용하게 활용할 수 있다.

(3) 차트 편집

차트를 수정하고자 할 경우 수정하고자 하는 차트를 마우스로 한 번 클릭하여 차트를 먼저 선택하고 마우스 오른쪽 단추를 눌러 명령을 선택한다.

- 차트종류 변경 : 차트종류를 변경
- 데이터 선택 : 그림으로 그릴 차트데이터의 범위나 X축에 들어갈 데이터를 수정
- 차트 영역 서식 : 채우기, 테두리색, 테두리스타일, 그림자, 3차원 서식 등을 수정

(4) 차트 변경

차트의 종류를 변경하고자 할 때는 변경하고자 하는 차트를 마우스로 한 번 클릭하여 차트를 먼저 선택하고 마우스 오른쪽 단추를 눌러 차트종류 변경을 선택한다.

한편, 위와 동일한 작업을 R을 이용하여 수행하는 〈b3-ch4-1.R〉을 실행해 보면 Excel로 한 결과와 유사함을 알 수 있다.

b3-ch4-1.R의 실행결과
> library(openxlsx)
> df<-read.xlsx("http://kanggc.iptime.org/book/data/finance-k.xlsx")
> df_dat<-data.matrix(df)
> year<-df_dat[,1] # df_dat의 첫 번째 행을 year로 생성
> su<-df_dat[,2]
> bs<-df_dat[,3]
> dg<-df_dat[,4]
> ic<-df_dat[,5]

```
> gj<-df_dat[,6]
> dj<-df_dat[,7]
> us<-df_dat[,8]
> sj<-df_dat[,9]
> gg<-df_dat[,10]
> gw<-df_dat[,11]
> cb<-df_dat[,12]
> cn<-df_dat[,13]
> jb<-df_dat[,14]
> jn<-df_dat[,15]
> gb<-df_dat[,16]
> gn<-df_dat[,17]
> jj<-df_dat[,18]
> plot(year,su,type="l",ylab="",col="black", ylim=c(0,100))
> lines(year,bs,col="green") # 좌표를 취하고 해당 점을 선으로 연결
> lines(year,dg,col="blue")
> lines(year,ic,col="red")
> lines(year,gj,col="brown")
> lines(year,dj,col="gray")
> lines(year,us,col="gold")
```

```
> lines(year,sj,col="orange")

> lines(year,gg,col="black")

> lines(year,gw,col="green")

> lines(year,cb,col="blue")

> lines(year,cn,col="red")

> lines(year,jb,col="brown")

> lines(year,jn,col="gray")

> lines(year,gb,col="gold")

> lines(year,gn,col="orange")

> lines(year,jj,col="black")

> legend("bottomleft",legend=c("서울","부산","대구","인천","광주","대전","울산","세종","경기",
+                              "강원","충북","충남","전북","전남","경북","경남","제주"),c
.... [TRUNCATED]
# plot에 범례를 추가하는 함수로 "bottomleft"는 범례의 위치, legend=c()는 괄호 안에 범례 내용을 입력
```

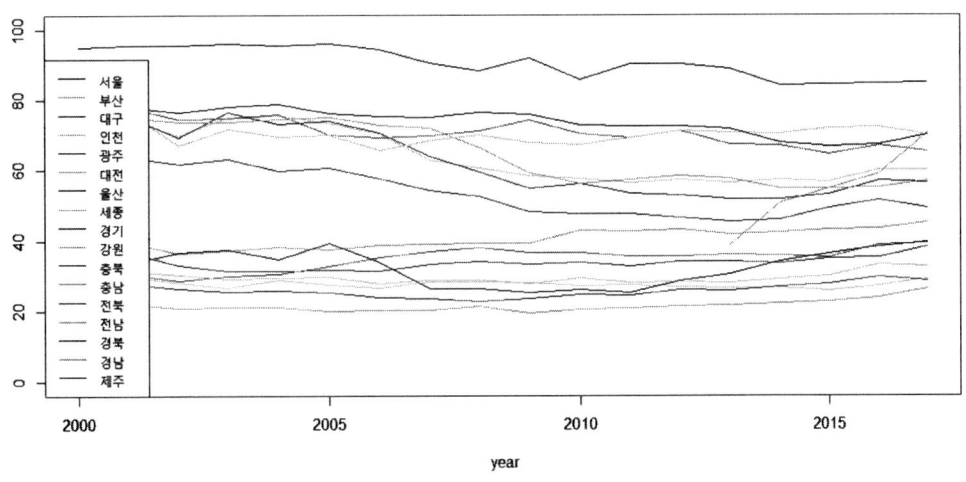

2. 이중 축 차트 만들기

통계청 국가통계포털(kosis.kr)에 접속하여 다음의 〈그림 4-2〉와 같이 2000년부터 2016년까지 전국 및 제주지역의 지역내총생산(GRDP)을 다운로드하고 double.xlsx로 저장하였다.

	A	B	C
1	연도	전국	제주
2	2000	638,029,536	5,582,400
3	2001	691,322,951	6,019,747
4	2002	762,788,794	6,776,721
5	2003	814,453,439	7,274,658
6	2004	879,128,483	7,946,512
7	2005	920,027,693	8,249,835
8	2006	966,660,363	8,488,913
9	2007	1,043,255,209	9,048,557
10	2008	1,105,721,686	9,342,164
11	2009	1,151,367,386	10,295,765
12	2010	1,265,146,117	10,898,916
13	2011	1,330,888,239	11,847,095
14	2012	1,377,040,530	12,706,754
15	2013	1,430,254,931	13,197,525
16	2014	1,485,504,665	14,086,861
17	2015	1,565,247,799	15,366,057
18	2016 p)	1,635,555,375	16,910,586

〈그림 4-2〉 이중 축 차트 만들기 데이터

데이터를 선택한 후 삽입-차트를 실행하면 전국과 제주의 GRDP의 차이가 너무 커서 〈그림 4-3〉과 같이 제주지역의 GRDP는 X축과 거의 구분이 안 되게 그려지는데 이 경우 유용한 것이 이중 축 차트이다. 〈그림 4-3〉과 같이 차트를 그리기 위해서는 다음과 같이 하면 된다.

- X축에 연도를 넣기 위해서는 X축(가로 항목 축)을 마우스 오른쪽으로 클릭하여 데이터 선택을 클릭하고, 이 때 나타나는 데이터 원본 선택 대화상자의 가로항목 축 레이블의 편집을 클릭한 후 축 레이블 범위에서 연도 데이터를 선택하면 된다.

- 계열의 범례를 바꾸기 위해서는 해당 계열을 마우스 오른쪽으로 클릭하여 데이터 선택을 클릭하고, 이 때 나타나는 데이터 원본 선택 대화상자의 범례항목 계열의 해당계열을 선택하고 편집을 클릭한 후 계열 편집 대화상자에서 계열 이름을 입력하면 된다.

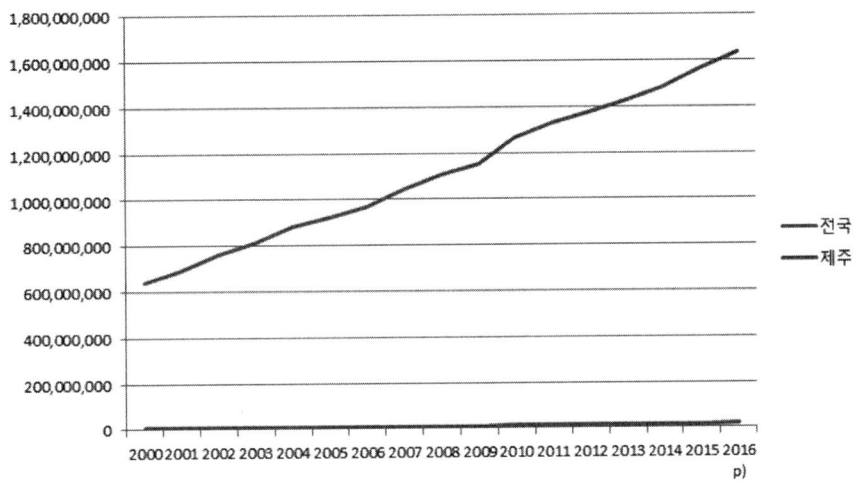

〈그림 4-3〉 이중 축이 필요한 데이터의 그림

이중 축 차트는 Y축이 왼쪽 및 오른쪽 두 개로 된 것인데 제주(또는 계열2)를 선택한 후 마우스 오른쪽을 클릭하여 데이터 계열 서식을 선택하고 계열옵션에서 보조 축을 선택하고 닫기를 클릭하면 〈그림 4-4〉와 같이 이중 축 차트를 그릴 수 있다.

Y축의 최댓값 및 최솟값을 변경하기 위해서는 세로축을 마우스 오른쪽으로 클릭하여 축 서식 선택을 클릭하고, 이 때 나타나는 축 서식 대화상자에서 축 옵션의 최댓값과 최솟값을 원하는 값으로 고정시키면 된다.

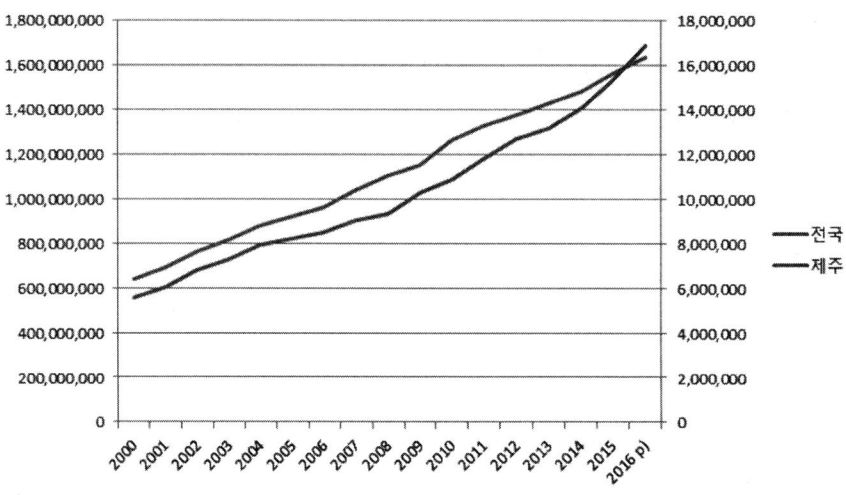

〈그림 4-4〉 이중 축 차트(1)

한편, 한 축에는 수준을 그리고 다른 축에는 증가율을 그리는 등 서로 다른 스케일을 가진 이중 축 차트를 그릴 수 있다. 〈그림 4-5〉와 같이 그리기 위해서는 다음과 같이 하면 된다.

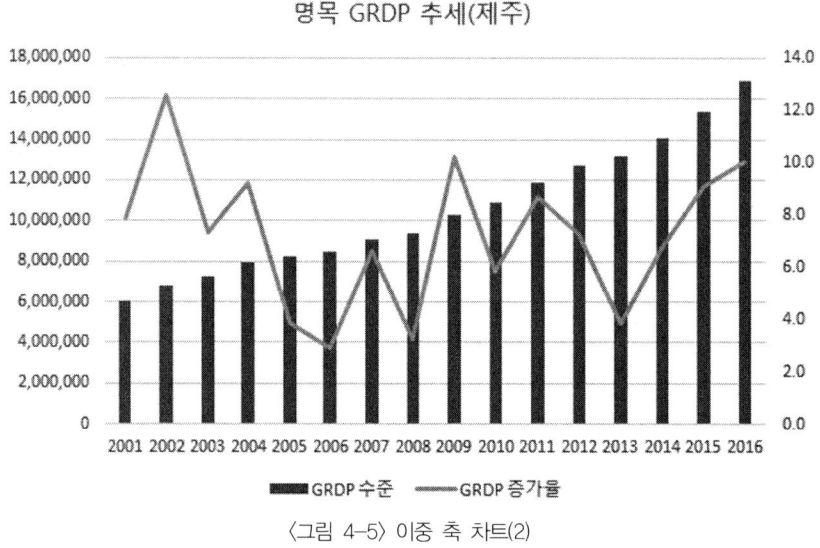

〈그림 4-5〉 이중 축 차트(2)

- 제주 GRDP 증가율을 구하기 위해서 D3셀에 식 =(C3-C2)/C2*100을 입력하고 D18셀까지 복사한다.

- C3셀부터 D18셀까지 선택한 후 삽입-차트-꺾은선형 차트 삽입을 클릭하고, 2차원 꺾은선형 중 꺾은선형을 선택한다.
- 차트 제목에 '명목 GRDP 추세(제주)'를 입력하고, 계열2를 선택한 후 마우스 오른쪽을 클릭하여 데이터 계열 서식을 선택하고 계열옵션에서 보조 축을 선택하고 닫기를 클릭한다.
- 계열1을 선택하여 마우스 오른쪽을 클릭하여 차트 종류 변경을 선택하면 나타나는 차트 종류 변경 대화상자에서 〈그림 4-6〉과 같이 선택하고 확인을 누르면 된다. (또는 삽입-차트에서 콤보 차트 삽입을 클릭하고 묶은 세로 막대형-꺾은선형, 보조축을 선택하면 된다.)

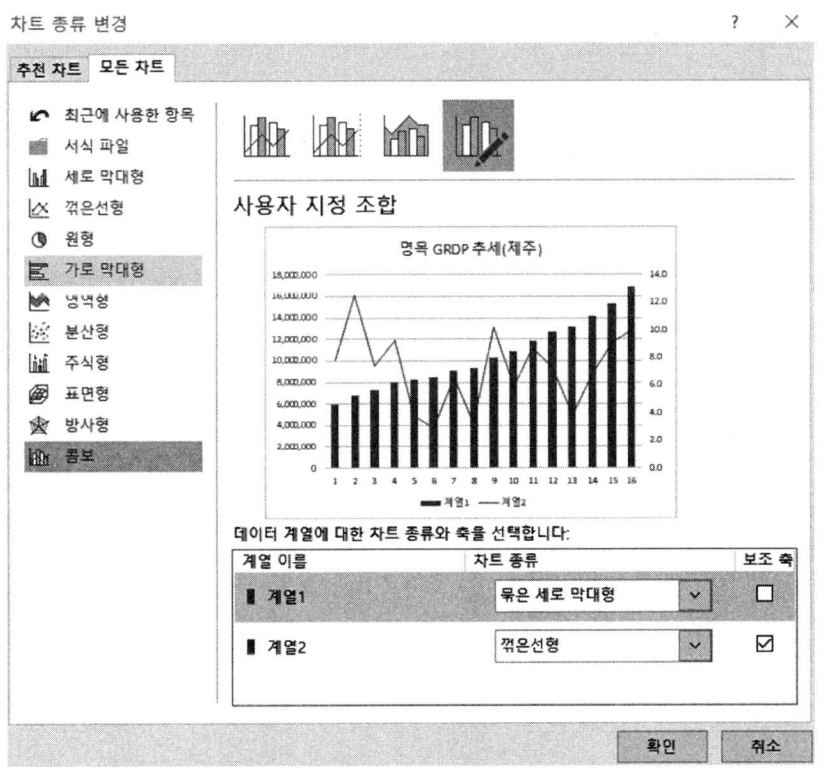

〈그림 4-6〉 이중 축 차트 종류 변경

한편, 위와 동일한 작업을 R을 이용하여 수행하는 〈b3-ch4-2.R〉을 실행해 보면 Excel로 한 결과와 유사함을 알 수 있다.

b3-ch4-2.R의 실행결과

```
> library(openxlsx)

> df<-read.xlsx("http://kanggc.iptime.org/book/data/double.xlsx")

> df_dat<-data.matrix(df)

> year<-df_dat[,1]

> korea<-df_dat[,2]

> jeju<-df_dat[,3]

> par(mfrow=c(1,2))

> par(mar = c(5, 4, 4, 4) + 0.3)
```
z축을 위한 공간으로 그림의 네 면에 지정된 마진의 선(line) 수는 c(아래쪽, 왼쪽, 위, 오른쪽) 형태이며 기본값은 c(5, 4, 4, 2) + 0.1

```
> plot(year, korea, type="l", col="red")  # 첫 번째 그림

> par(new = TRUE)

> plot(year, jeju, type = "l", axes = FALSE, col="black", bty = "n", xlab = "", ylab = "")

> axis(side=4, at = pretty(range(jeju)))
```
현재 그림에 측면, 위치, 레이블 등을 지정할 수 있도록 새로운 축을 추가하는 것으로 side=4는 우측 측면을 나타냄

```
> mtext("jeju", side=4, line=3)
```
텍스트를 현재 그림 영역의 네 가지 여백 중 하나에 쓰는 함수로 side=4는 우측 측면을 나타냄

```
> year_1<-year[2:17]

> jeju.ts<-ts(jeju,start=2000,end=2016,frequency=1)
```
ts는 시계열 객체를 생성하는 함수로 여기서는 2000년부터 2016년까지 연도별 시계열을

생성

```
> ljeju<-lag(jeju.ts,k=-1) # 시차가 k인 시차변수를 생성
> gjeju<-((jeju.ts-ljeju)/ljeju)*100 # 전년대비 증가율을 계산
> jeju_1<-jeju[2:17]
> par(mar = c(5, 4, 4, 4) + 0.3)
> plot(year_1, jeju_1,type="h",col="red",ylim=c(0,1.8e+07))
> par(new = TRUE)
> plot(year_1, gjeju, type = "l", axes = FALSE, col="black",bty = "n", xlab = "", ylab = "")
> axis(side=4, at = pretty(range(gjeju)))
> mtext("gjeju", side=4, line=3)
```

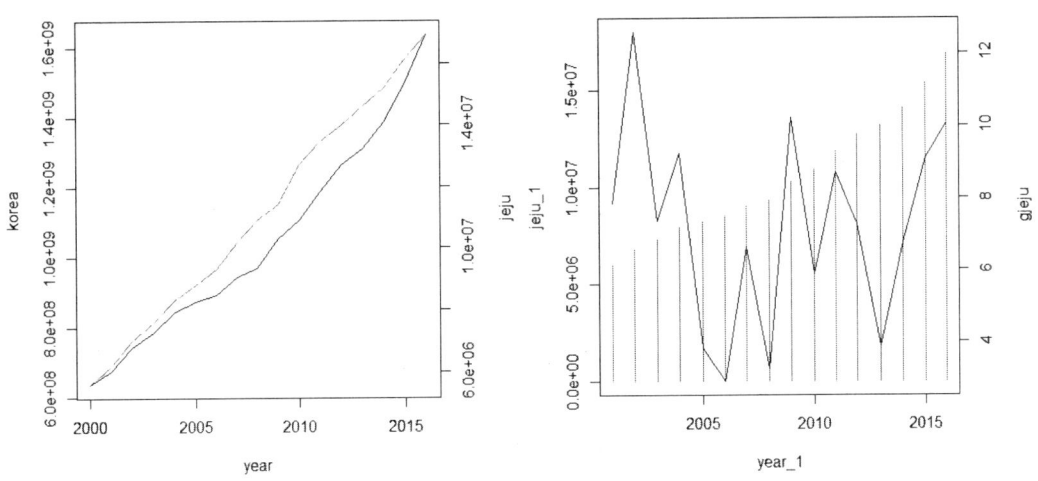

3. 포지셔닝 맵 그리기

X축과 Y축(또는 각 축의 특정 값, 평균 등)을 기준으로 4개의 영역으로 구분한 후 데이터를 해당 분면에 그려보는 것을 포지셔닝 맵이라고 한다.

〈그림 4-7〉에 있는 데이터(position.xlsx)로 포지셔닝 맵을 그리기 위해서는 다음과 같이 하면 된다.

	A	B	C	D
1	아이디	시장명	경쟁력	효율성
2	1	1.동문공설	50.31	0.92
3	2	2.동문수산	39.95	1.00
4	3	3.동문재래	46.53	1.00
5	4	4.동문㈜	42.38	0.94
6	5	5.중앙로상점가	59.95	1.00
7	6	6.칠성로상점가	41.57	1.00
8	7	7.서귀포매일올래	68.80	1.00
9	8	8.모슬포중앙	24.34	0.64
10	9	9.중앙지하상가	57.19	1.00
11	10	10.한림매일	32.48	0.29
12	11	11.보성	46.93	0.38
13	12	12.서문공설	52.31	0.88
14	13	13.도남	40.70	0.41
15				
16		평균	46.42	0.80

〈그림 4-7〉 포지셔닝 맵 그리기 데이터

- C2셀부터 D14셀까지 데이터를 선택한 후 삽입-차트-분산형을 실행한 후 나타나는 분산형 그림에서 차트 제목, 가로축과 세로축의 주 눈금선 및 범례를 선택하여 삭제한다.
- 계열을 마우스 오른쪽을 클릭하여 데이터 선택을 실행한 후 데이터 원본 선택 대화상자에서 행/열 전환을 클릭한다. 12개 계열만 있을 경우 계열 13을 추가한다.
- 데이터 원본 선택 대화상자에서 계열1을 선택하여 편집을 클릭한 후 다음의 〈그림 4-8〉의 계열 편집 대화상자와 동일하게 계열 이름, 계열 X값, 계열 Y값을 입력한 후 확인을 누르고, 동일한 작업을 나머지 모든 계열에 수행한다.
- 계열 요소를 마우스 오른쪽으로 클릭한 후 데이터 레이블 추가를 실행하고, 이 때

만들어진 데이터 레이블을 마우스 오른쪽으로 클릭한 후 데이터 레이블 서식을 실행하고, 데이터 레이블 서식의 레이블 옵션에서 계열이름을 클릭하고 다른 것은 선택 해제하고 레이블 위치는 아래쪽으로 한다.
• 동일한 작업을 모든 계열 레이블에 수행하고, 삽입-도형에서 X축 및 Y축의 평균을 나타내는 점선을 각각 그려 넣고, 텍스트로 시장유형을 삽입하면 〈그림 4-9〉와 같은 포지셔닝 맵을 구할 수 있다.

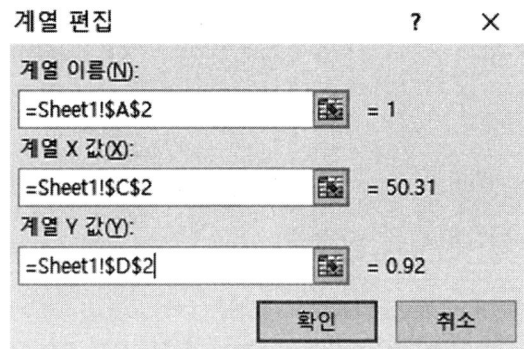

〈그림 4-8〉 계열 편집 대화상자

포지셔닝 맵을 이용하면 경쟁력 요인과 효율성 요인의 부호를 기준으로 네 개의 산업군으로 분류할 수 있다.

경쟁력 요인과 효율성 요인이 모두 평균 이상인 경우(포지셔닝 맵 상 제1사분면)를 성장유망시장이라 하고, 경쟁력 요인은 평균 이상이지만 효율성 요인이 평균 이하인 경우(포지셔닝 맵 상 제4사 분면)를 경쟁력우위시장이라 하며, 경쟁력 요인을 평균 이하이지만 효율성 요인이 평균 이상인 경우(포지셔닝 맵 상 제2사 분면)를 효율성우위시장이라 하고, 경쟁력 요인과 효율성 요인이 모두 평균 이하인 경우(포지셔닝 맵 상 제3사 분면)를 열위시장이라고 할 수 있다.

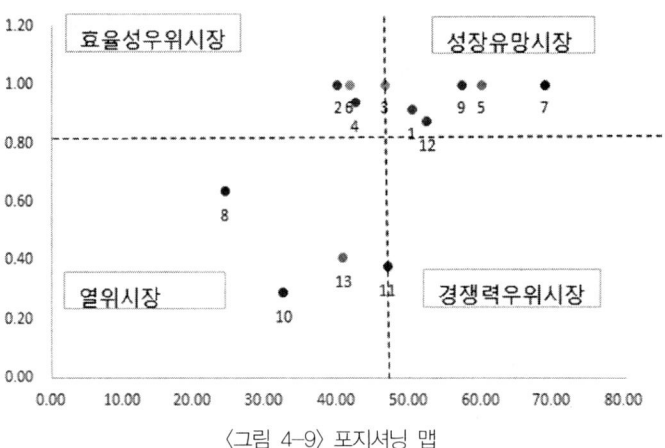

〈그림 4-9〉 포지셔닝 맵

한편, 위와 동일한 작업을 R을 이용하여 수행하는 〈b3-ch4-3.R〉을 실행해 보면 Excel로 한 결과와 동일함을 알 수 있다.

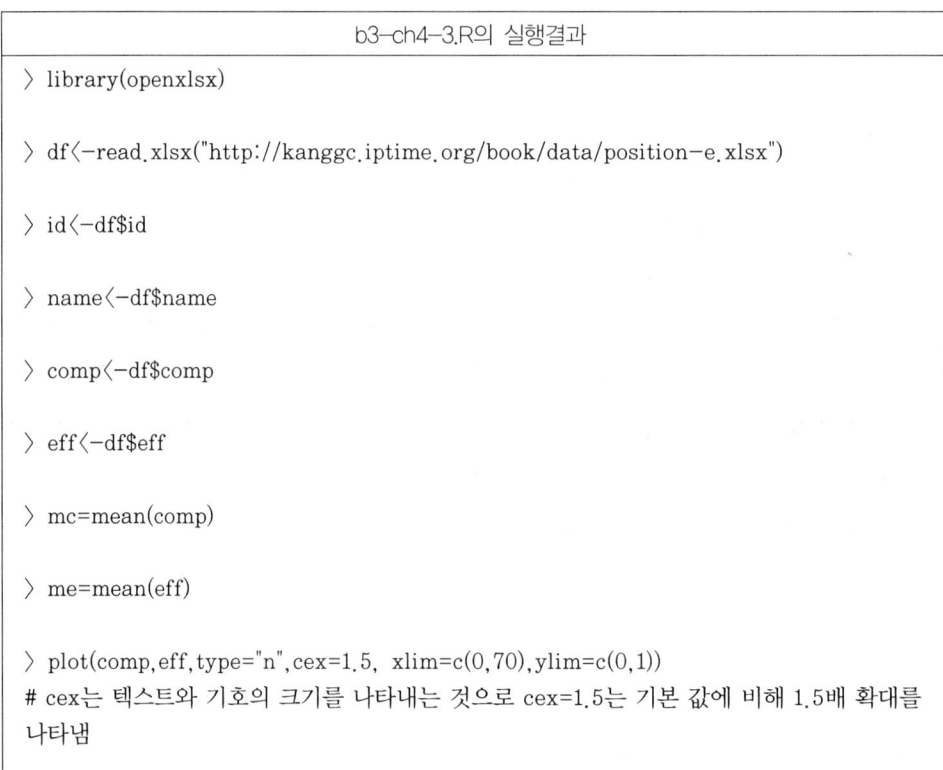

```
> points(comp,eff, pch=16,cex=1.5,col="blue")
# 지정된 좌표에 일련의 점을 그리는데 pch=16은 ●을 나타냄
```

```
> with(df,text(eff~comp, labels=id, pos=1))
# 점의 아래쪽에 id를 레이블로 추가

> abline(v=mc, h=me, col="blue",lty=2)
# x축에 수직선, y축에 수평선을 점선으로 추가

> legend("bottomleft",legend=name)
# name을 범례로 그림의 좌측 하단에 추가
```

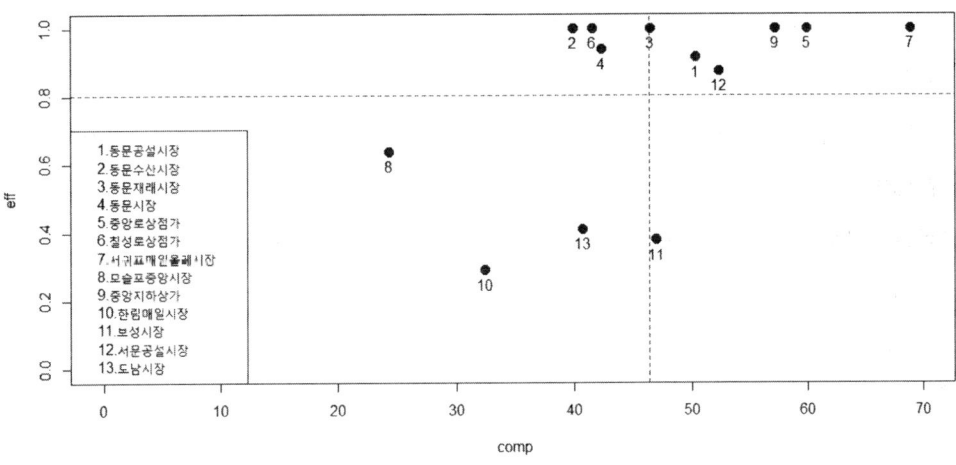

제2절

도수분포표

도수분포표는 한 집단의 값을 여러 개의 범위로 구분하고 각 범위 내에 얼마나 많은 값이 포함되어 있는 지를 보여준다.

도수분포표를 만들기 위해서는 두 가지가 필요하다. 하나는 도수분포를 수행하게 될 영역의 값(입력범위)이고 다른 하나는 위의 영역 값에 대한 범위가 나열된 계급구간이다.

먼저 계급구간을 오름차순으로 설정한 후 데이터-분석-데이터 분석을 실행하면 통계 데이터분석 대화상자가 나타나고, 히스토그램을 선택하면 히스토그램대화상자가 나타나는데 입력범위와 계급구간 및 차트출력을 선택한 후 확인을 누르면 도수분포표와 히스토그램을 만든다.

도수 결과는 자동적으로 갱신이 되지 않으므로 값영역이나 구간값 영역의 데이터를 변경하는 경우 자료/도수분포를 재실행해야 한다.

연습 우리나라 지방재정자립도를 나타내는 finance.xlsx로 〈그림 4-11〉과 같은 제주도 지방재정자립도의 도수분포표 및 히스토그램을 작성해 보라.

지방재정자립도는 지방정부의 세입 구조를 지방세 수입, 세외 수입, 지방교부세, 보조금 등 네 가지로 구분하고 일반회계세입에서 자체 재원의 정도, 즉 지방세와 세외 수입의 합계액이 세입 총액 가운데 차지하는 비율을 말한다. 즉, 재정자립도란 지방정부가 재정활동에 필요한 자금을 어느 정도 조달하고 있는가를 나타내는 지표로 다음 식과 같다.

$$재정자립도(\%) = \frac{자체수입(지방세+세외수입)}{일반회계예산}$$

한편, 지방재정자주도는 지방정부의 세입 구조를 지방세 수입, 세외 수입, 지방교부세, 보조금 등 네 가지로 구분하고 지방자치단체가 자주적으로 재량권을 가지고 사용할 수 있는 재원이 전체 세입 중 얼마나 되는가를 나타내는 지표이다. 즉, 재정자주도란 재원 사용면에서의 자주권, 자율권을 나타내는 지표로 다음의 식과 같다.

$$재정자주도(\%) = \frac{자체수입(지방세+세외수입)+자주재원(지방교부세+조정교부금)}{일반회계예산}$$

- 〈그림 4-10〉은 finance.xlsx에서 제주자료를 나타내 주고 있는데 T8셀부터 T12셀에 계급 구간 26, 30,34,38,42를 입력한다.
- 데이터-데이터분석-히스토그램을 선택하고 확인을 누르면 〈그림 4-10〉의 히스토그램 대화상자가 나타나는데 입력 범위는 제주의 지방재정자립도를 나타내는 데이터이고, 계급 구간은 앞에서 설정하여 입력한 것으로 확인을 누르면 〈그림 4-11〉과 같은 도수분포표 및 히스토그램을 작성한다.

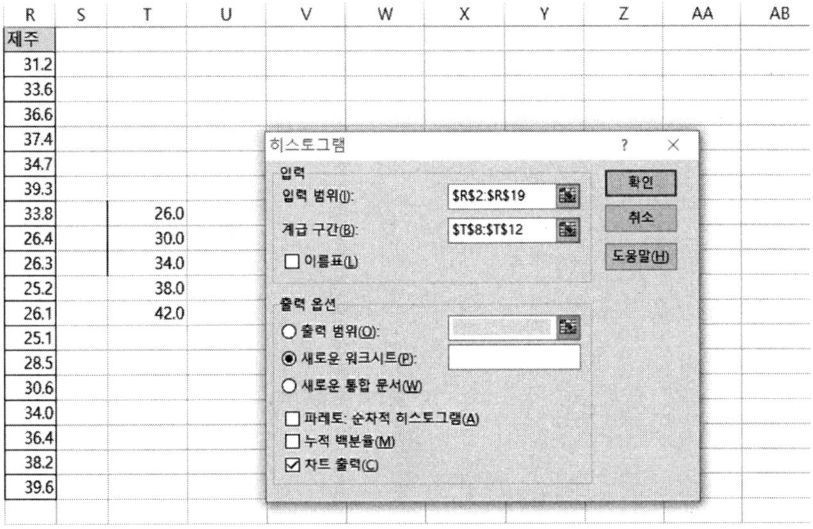

〈그림 4-10〉 히스토그램 대화상자 입력 내용

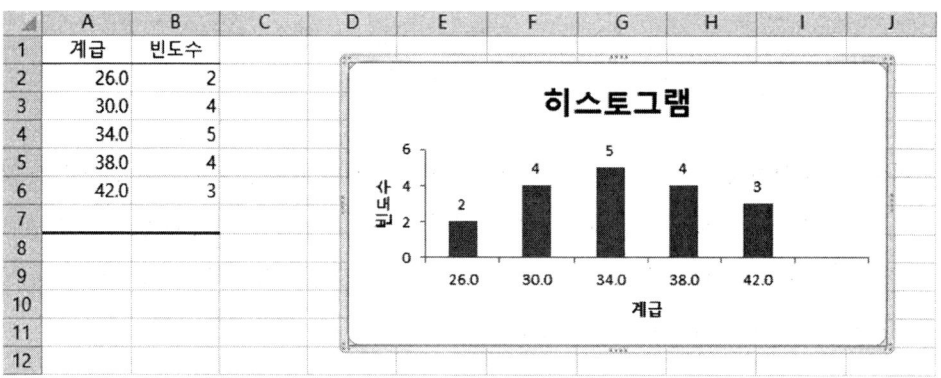

〈그림 4-11〉 도수분포표와 히스토그램

한편, 위와 동일한 작업을 R을 이용하여 수행하는 〈b3-ch4-4.R〉을 실행해 보면 Excel로 한 결과와 동일함을 알 수 있다.

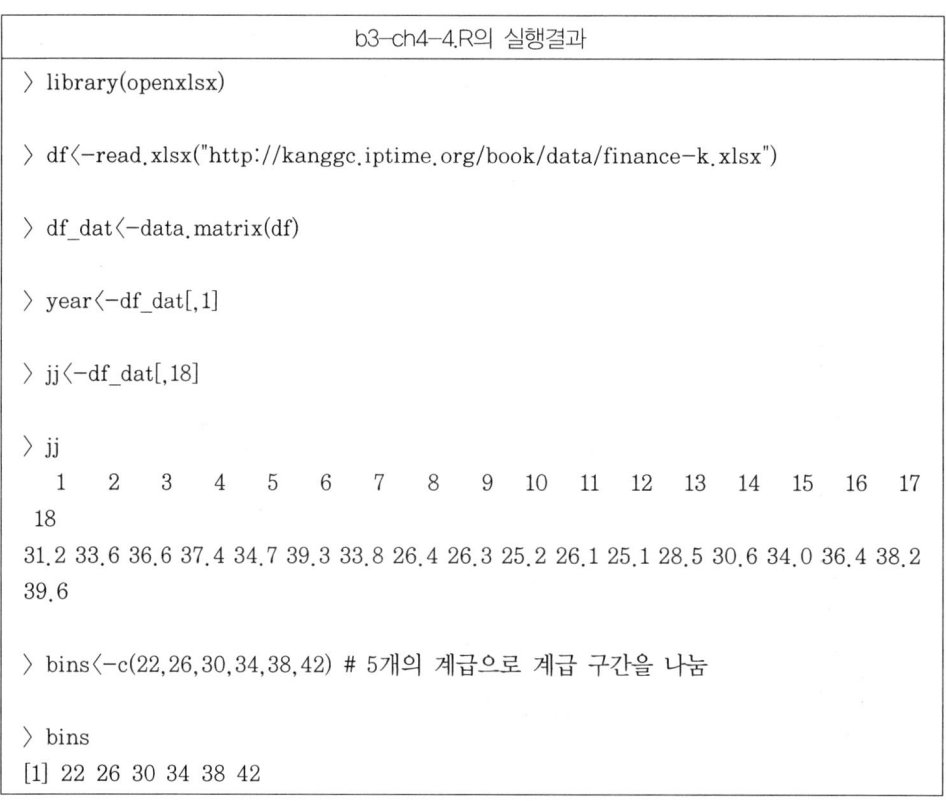

124　제4장 Excel 및 R : 기본분석

```
> class<-cut(jj,breaks=bins)
# 데이터가 어느 계급 구간에 속하는지 식별하고 코드화

> class
 [1] (30,34] (30,34] (34,38] (34,38] (34,38] (38,42] (30,34] (26,30] (26,30] (22,26]
(26,30]
[12] (22,26] (26,30] (30,34] (30,34] (34,38] (38,42] (38,42]
Levels: (22,26] (26,30] (30,34] (34,38] (38,42]

> table(class) # 각 계급 구간에 속하는 데이터 수를 계산
class
(22,26] (26,30] (30,34] (34,38] (38,42]
      2       4       5       4       3

> transform(table(class)) # 계급 구간 및 도수로 도수분포표를 생성
    class Freq
1 (22,26]    2
2 (26,30]    4
3 (30,34]    5
4 (34,38]    4
5 (38,42]    3

> hist(jj, breaks=bins, xlim=c(22,42))
```

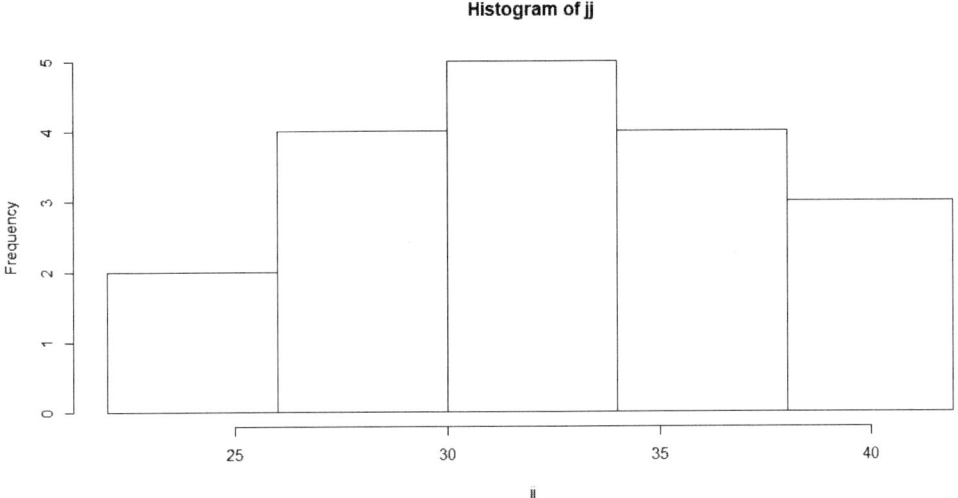

Histogram of jj

제3절 기술통계량

기술통계량(descriptive statistic)이란 연속형 데이터의 집중화 경향, 분산도, 분포 등에 대한 특성을 파악하기 위하여 의미 있는 수치로 요약된 것을 말한다.

관찰된 데이터가 어느 위치에 집중되어 있는가를 나타내는 척도인 집중화 경향에 관한 기술통계량으로는 평균, 중위수, 최빈값 등이 있다.

데이터의 퍼져 있는 정도를 설명하는 척도인 분산도에 관한 기술통계량으로는 최댓값, 최솟값, 범위, 분산, 표준편차, 변동계수 등이 있다.

데이터 분포의 형태와 대칭성을 설명할 수 있는 기술통계량으로는 첨도, 왜도 등이 있다.

예를 들어 〈그림 4-12〉와 같은 우리나라 주요 거시경제변수(describe.xlsx)의 기술통계량을 계산하기 위해서는 다음의 절차로 하면 된다.

- 데이터-분석-데이터 분석을 실행하면 나타나는 통계 데이터분석 대화상자에서 기술통계법을 선택하면 나타나는 〈그림 4-13〉과 같은 기술통계법 대화상자에서 다음을 선택한다.
- 데이터 입력 범위를 선정하는데 이때 계열이름이 있는 셀과 자료가 입력되어 있는 셀인 B1셀부터 E16까지 모두 선택한다.
- 첫째 행 이름표 사용 및 요약통계량에 체크한 후 확인을 클릭하면 〈그림 4-14〉와 같이 선택된 자료에 관한 각종 요약통계량을 계산한다.

	A	B	C	D	E
1	연도	소비자물가상승률	주택담보대출금리	GDP성장률	GDP디플레이터상승률
2	2002	2.8	6.67	7.4	3.1
3	2003	3.5	6.21	2.9	3.4
4	2004	3.6	5.86	4.9	3.0
5	2005	2.8	5.39	3.9	1.0
6	2006	2.2	5.64	5.2	-0.1
7	2007	2.5	6.34	5.5	2.4
8	2008	4.7	7.00	2.8	3.0
9	2009	2.8	5.54	0.7	3.5
10	2010	2.9	5.00	6.5	3.2
11	2011	4.0	4.92	3.7	1.6
12	2012	2.2	4.63	2.3	1.0
13	2013	1.3	3.86	2.9	0.9
14	2014	1.3	3.55	3.3	0.6
15	2015	0.7	3.03	2.8	2.4
16	2016	1.0	2.91	2.8	1.8

〈그림 4-12〉 거시경제변수

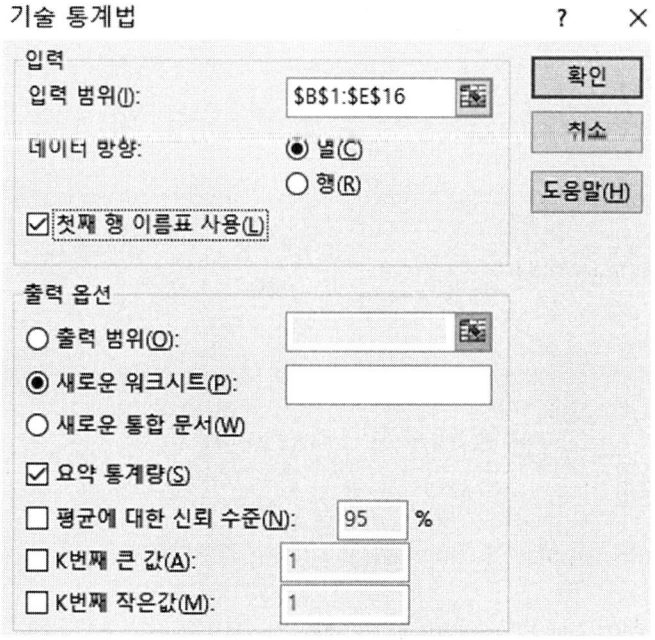

〈그림 4-13〉 기술통계법 대화상자

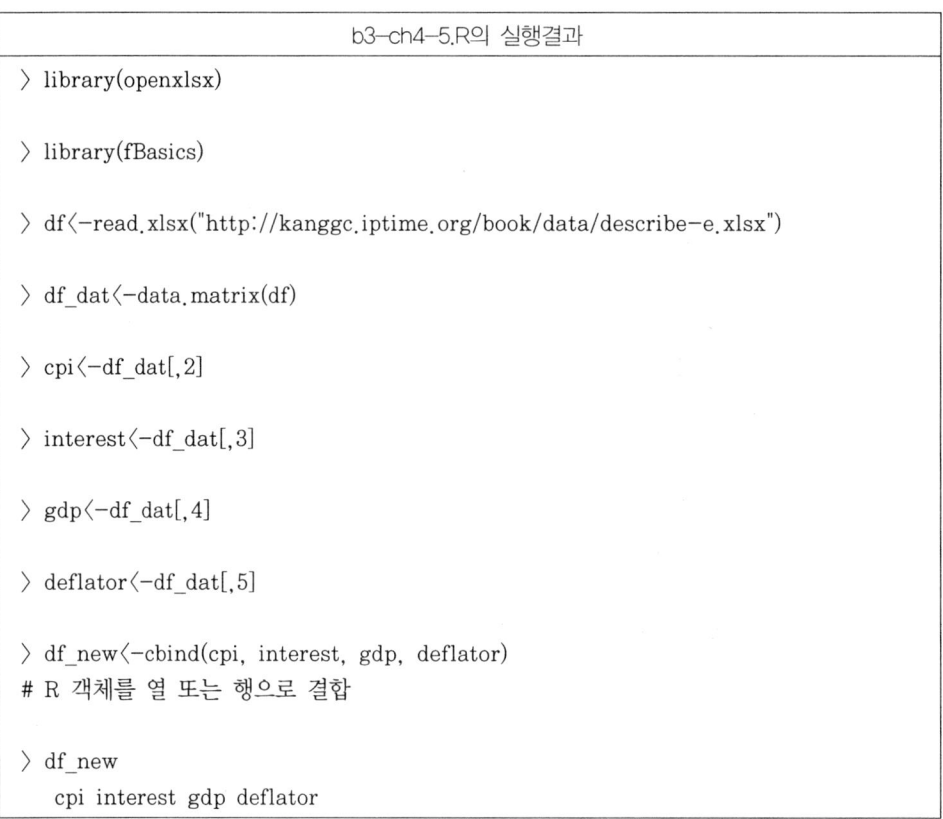

	A	B	C	D	E	F	G	H
1	소비자물가상승률			주택담보대출금리		GDP성장률	GDP디플레이터상승률	
2								
3	평균	2.553333333	평균	5.103333333	평균	3.84	평균	2.053333
4	표준 오차	0.294693815	표준 오차	0.332921651	표준 오차	0.45269563	표준 오차	0.300138
5	중앙값	2.8	중앙값	5.39	중앙값	3.3	중앙값	2.4
6	최빈값	2.8	최빈값	#N/A	최빈값	2.8	최빈값	3
7	표준 편차	1.141344237	표준 편차	1.289400008	표준 편차	1.753282636	표준 편차	1.162428
8	분산	1.302666667	분산	1.662552381	분산	3.074	분산	1.351238
9	첨도	-0.516421948	첨도	-0.861333643	첨도	0.07950617	첨도	-1.213
10	왜도	0.047769618	왜도	-0.408992108	왜도	0.495655071	왜도	-0.37418
11	범위	4	범위	4.09	범위	6.7	범위	3.6
12	최소값	0.7	최소값	2.91	최소값	0.7	최소값	-0.1
13	최대값	4.7	최대값	7	최대값	7.4	최대값	3.5
14	합	38.3	합	76.55	합	57.6	합	30.8
15	관측수	15	관측수	15	관측수	15	관측수	15

〈그림 4-14〉 주요 거시경제지표의 기술통계량

한편, 위와 동일한 작업을 R을 이용하여 계산하는 〈b3-ch4-5.R〉을 실행해 보면 Excel로 한 결과와 동일함을 알 수 있다.

b3-ch4-5.R의 실행결과
> library(openxlsx)
> library(fBasics)
> df<-read.xlsx("http://kanggc.iptime.org/book/data/describe-e.xlsx")
> df_dat<-data.matrix(df)
> cpi<-df_dat[,2]
> interest<-df_dat[,3]
> gdp<-df_dat[,4]
> deflator<-df_dat[,5]
> df_new<-cbind(cpi, interest, gdp, deflator) # R 객체를 열 또는 행으로 결합
> df_new   cpi interest gdp deflator

```
1   2.8    6.67 7.4    3.1
2   3.5    6.21 2.9    3.4
3   3.6    5.86 4.9    3.0
4   2.8    5.39 3.9    1.0
5   2.2    5.64 5.2   -0.1
6   2.5    6.34 5.5    2.4
7   4.7    7.00 2.8    3.0
8   2.8    5.54 0.7    3.5
9   2.9    5.00 6.5    3.2
10  4.0    4.92 3.7    1.6
11  2.2    4.63 2.3    1.0
12  1.3    3.86 2.9    0.9
13  1.3    3.55 3.3    0.6
14  0.7    3.03 2.8    2.4
15  1.0    2.91 2.8    1.8

> summary(df_new)
      cpi             interest          gdp            deflator
 Min.   :0.700   Min.   :2.910   Min.   :0.70   Min.   :-0.100
 1st Qu.:1.750   1st Qu.:4.245   1st Qu.:2.80   1st Qu.: 1.000
 Median :2.800   Median :5.390   Median :3.30   Median : 2.400
 Mean   :2.553   Mean   :5.103   Mean   :3.84   Mean   : 2.053
 3rd Qu.:3.200   3rd Qu.:6.035   3rd Qu.:5.05   3rd Qu.: 3.050
 Max.   :4.700   Max.   :7.000   Max.   :7.40   Max.   : 3.500

> (var<-var(df_new)) # 분산-공분산을 계산
              cpi    interest       gdp    deflator
cpi      1.3026667 1.2029524 0.2998571 0.6090952
interest 1.2029524 1.6625524 0.8371429 0.6597381
gdp      0.2998571 0.8371429 3.0740000 0.1448571
deflator 0.6090952 0.6597381 0.1448571 1.3512381

> (sd1<-sd(cpi))
[1] 1.141344

> (sd2<-sd(interest))
[1] 1.2894

> (sd3<-sd(gdp))
```

```
[1] 1.753283

> (sd4<-sd(deflator))
[1] 1.162428

> basicStats(df_new) # fBasics 패키지를 이용하여 기술통계량을 계산
                cpi      interest     gdp       deflator
nobs        15.000000   15.000000  15.000000  15.000000
NAs          0.000000    0.000000   0.000000   0.000000
Minimum      0.700000    2.910000   0.700000  -0.100000
Maximum      4.700000    7.000000   7.400000   3.500000
1. Quartile  1.750000    4.245000   2.800000   1.000000
3. Quartile  3.200000    6.035000   5.050000   3.050000
Mean         2.553333    5.103333   3.840000   2.053333
Median       2.800000    5.390000   3.300000   2.400000
Sum         38.300000   76.550000  57.600000  30.800000
SE Mean      0.294694    0.332922   0.452696   0.300138
LCL Mean     1.921278    4.389287   2.869064   1.409602
UCL Mean     3.185389    5.817379   4.810936   2.697064
Variance     1.302667    1.662552   3.074000   1.351238
Stdev        1.141344    1.289400   1.753283   1.162428
Skewness     0.038640   -0.330829   0.400930  -0.302666
Kurtosis    -1.026629   -1.235876  -0.665100  -1.449217
```

제4절

증가율 및 기여율

1. 증가율 및 연평균 증가율

자료의 빈도(연별, 분기별, 월별)에 따라 다양한 증가율을 구할 수 있다.
연도별 자료의 경우 다음의 식에 의해 전년대비 증가율을 구한다.

- $\dfrac{Y_t - Y_{t-1}}{Y_{t-1}} * 100$

분기별(또는 월별) 자료의 경우 전기(월)대비 증가율은 위 식과 동일하게 구하고 다음의 식에 의해 전년 동기(또는 전년 동월)대비 증가율을 구한다.

- 분기별 자료 : $\dfrac{Y_t - Y_{t-4}}{Y_{t-4}} * 100$
- 월별 자료 : $\dfrac{Y_t - Y_{t-12}}{Y_{t-12}} * 100$

연도별 자료의 경우 다음의 식에 의해 연평균증가율을 구한다.

- $((\dfrac{Y_t}{Y_1})^{(1/n)} - 1) * 100$

단, Y_t는 최종연도의 값, Y_1은 최초연도의 값, n은 경과기간을 나타낸다.

⟨그림 4-15⟩는 우리나라 연도별 및 분기별 GDP(gdp.xlsx)를 나타내는데 이를 이용하여 각종 증가율을 계산해 보면 다음과 같다.

	A	B	C	D	E	F	G	H	I	J	K
1	연도	GDP						분기	GDP		
2	2000	820,843.80						2013 1/4	324,349.80		
3	2001	857,989.50						2013 2/4	345,582.70		
4	2002	921,759.00						2013 3/4	346,151.60		
5	2003	948,796.20						2013 4/4	364,748.50		
6	2004	995,285.70						2014 1/4	336,942.20		
7	2005	1,034,337.50						2014 2/4	357,542.50		
8	2006	1,087,876.40						2014 3/4	357,743.40		
9	2007	1,147,311.40						2014 4/4	374,744.20		
10	2008	1,179,771.40						2015 1/4	345,667.10		
11	2009	1,188,118.40						2015 2/4	366,027.80		
12	2010	1,265,308.00						2015 3/4	368,477.20		
13	2011	1,311,892.70						2015 4/4	386,616.10		
14	2012	1,341,966.50						2016 1/4	356,000.90		
15	2013	1,380,832.60						2016 2/4	378,925.80		
16	2014	1,426,972.40						2016 3/4	378,324.30		
17	2015	1,466,788.30						2016 4/4	396,504.10		
18	2016	1,509,755.00						2017 1/4	366,227.30		
19	2017	1,555,995.30						2017 2/4	389,589.40		
20								2017 3/4	392,611.50		
21								2017 4/4	407,567.00		

⟨그림 4-15⟩ gdp.xlsx

(1) 전년대비 증가율

전년대비 증가율은 다음과 같이 구할 수 있다.

- C3셀에 =(B3-B2)/B2*100을 입력하여 전년대비 증가율을 구한다.
- C3을 블록으로 선택하고 블록으로 선택된 영역의 오른쪽 맨 아래로 마우스 포인터를 이동하여 C19까지 마우스를 끌어서 클릭하여 복사한다.

(2) 전년대비 증가율의 근사치

변수에 자연로그를 취하여 변환하고 로그로 변환된 변수의 차분변수를 구하면 증가율의 근사치가 되므로 다음과 같이 구한다.

- D2셀에 =ln(b2)를 입력하여 GDP의 로그 값 즉, ln(GDP)을 구한다.
- E3셀부터 E19셀까지 ln(GDP)의 1차 시차변수를 만든다.

- F3셀에 =(D3-E3)*100을 입력하여 ln(GDP)의 1차 차분 값에 100을 곱한 값을 을 계산하는데 이것이 전년대비 증가율의 근사치가 된다.
- C3:C19셀의 전년대비 증가율과 F3:F19의 전년대비 증가율의 근사치를 비교해 보면 〈그림 4-16〉과 같은데 아주 유사함을 할 수 있다.

〈그림 4-16〉 증가율 및 근사치 비교

(3) 연평균증가율

연평균 증가율은 다음과 같이 구할 수 있다.

- C20셀에 =average(C3:C19)를 입력하면 2000년부터 2017년까지 연평균증가율을 계산할 수 있는데 이 값은 산술평균으로 구한 값으로 3.846%이다.
- B20셀에 =((B19/B2)^(1/17)-1)*100을 입력하면 2000년부터 2017년까지 연평균증가율을 계산할 수 있는데 이 값은 기하평균으로 구한 값으로 3.833%이며 이 값이 산술평균보다 더 정확하다.

(4) 전년 동기(분기)대비 증가율 구하기

전년 동기대비 증가율은 연도별 자료일 경우 전년대비, 분기별 자료일 경우 전년 동분기대비, 월별자료일 경우 전년 동월대비라고 하며 다음과 같이 구할 수 있다.

- J6셀에 =(I6-I2)/I2*100을 입력하여 전년 동기(분기)대비 증가율을 구한다.

- J6을 블록으로 선택하고 블록으로 선택된 영역의 오른쪽 맨 아래로 마우스 포인터를 이동하여 J21까지 마우스를 끌어서 클릭하여 복사한다.

한편, 연도별 자료로 위와 동일한 작업을 R을 이용하여 수행하는 〈b3-ch4-6.R〉을 실행해 보면 Excel로 한 결과와 동일함을 알 수 있다.

```
b3-ch4-6.R의 실행결과
> library(openxlsx)

> sample1<-read.xlsx("http://kanggc.iptime.org/book/data/gdp-a.xlsx")

> y.ts<-ts(sample1$GDP, start=2000, end=2017, frequency=1)
# ts는 시계열을 생성하는 함수인데 여기서는 2000년부터 2017년까지 연도별 시계열을 생성

> y.ts
Time Series:
Start = 2000
End = 2017
Frequency = 1
 [1]  820843.8  857989.5  921759.0  948796.2  995285.7 1034337.5 1087876.4 1147311.4
1179771.4
[10] 1188118.4 1265308.0 1311892.7 1341966.5 1380832.6 1426972.4 1466788.3
1509755.0 1555995.3

> lagy<-lag(y.ts, k=-1) # 시차가 k인 시차변수를 생성

> lagy
Time Series:
Start = 2001
End = 2018
Frequency = 1
 [1]  820843.8  857989.5  921759.0  948796.2  995285.7 1034337.5 1087876.4 1147311.4
1179771.4
[10] 1188118.4 1265308.0 1311892.7 1341966.5 1380832.6 1426972.4 1466788.3
1509755.0 1555995.3
```

```
> gy<-(y.ts-lagy)/lagy*100  # 전년 대비 증가율 계산

> gy
Time Series:
Start = 2001
End = 2017
Frequency = 1
 [1] 4.5253068 7.4324336 2.9332179 4.8998405 3.9236774 5.1761538 5.4633964
 2.8292232 0.7075099
[10] 6.4967936 3.6816886 2.2923978 2.8962049 3.3414478 2.7902362 2.9293048
 3.0627685

> ly.ts<-log(y.ts)

> ly.ts
Time Series:
Start = 2000
End = 2017
Frequency = 1
 [1] 13.61809 13.66235 13.73404 13.76295 13.81079 13.84927 13.89974 13.95293
 13.98083 13.98788
[11] 14.05083 14.08698 14.10965 14.13820 14.17107 14.19859 14.22746 14.25763

> gly<-(ly.ts-lag(ly.ts, k=-1))*100
# 전년 대비 증가율의 근사치인 로그 변수의 1차 차분을 계산

> gly
Time Series:
Start = 2001
End = 2017
Frequency = 1
 [1] 4.4259026 7.1691939 2.8910222 4.7835808 3.8486573 5.0466414 5.3193753
 2.7899399 0.7050188
[10] 6.2944692 3.6155333 2.2665172 2.8550575 3.2868346 2.7520184 2.8872205
 3.0168019

> agy<-mean(gy)

> agy
```

```
[1] 3.845977

> gy.ts<-((y.ts[18]/y.ts[1])^(1/17)-1)*100
# 2000-2017년 기간 중 연평균 증가율 계산

> gy.ts
[1] 3.833646

> plot(gy, type="l", lwd=3, col="red", main="Exact Growth Rate vs. Approx. Growth Rate of GDP")

> lines(gly, lwd=3, lty=6, col="green")
```

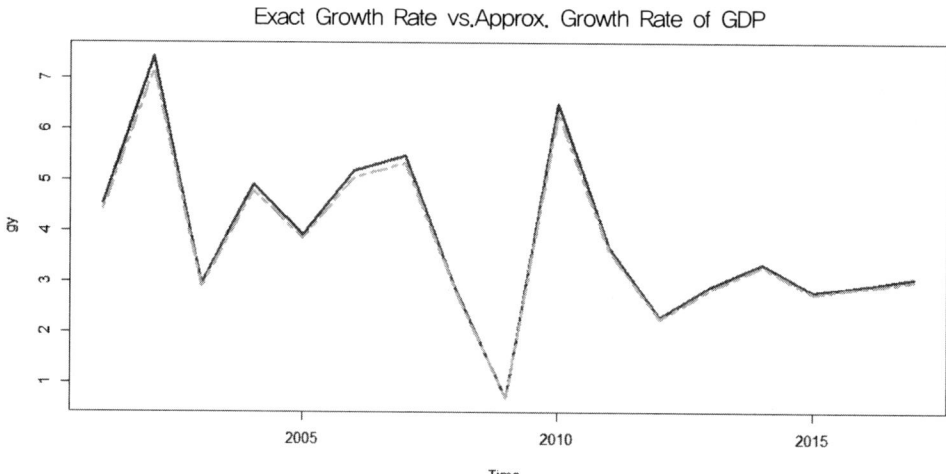

참고 5 : 시차변수

• 주어진 시계열이 X_t (t=2000,2001,...,2017)이라고 할 때 시차가 k인 시차 변수는 다음과 같음

관측치	X_t	X_{t-1}	X_{t-2}	X_{t-3}	.	.	X_{t-k}
1(2000)	X_1	−	−	−	−	−	−
2(2001)	X_2	X_1	−	−	−	−	−
3(2002)	X_3	X_2	X_1	−	−	−	−
4(2003)	X_1	X_3	X_2	X_1	−	−	−

	.	.	.	.	.	.	.	−
k	X_k	.	.	.	.	.	.	−
.	.	X_k	.	.	.	.	.	X_1
.	.	.	X_k	.	.	.	.	.
.	.	.	.	X_k	.	.	.	.
.	.	.	.	.	.	.	.	.
n(2017)	X_n	X_{n-1}	X_{n-2}	X_{n-3}	.	.	.	X_{n-k}

또한, 분기별 자료로 위와 동일한 작업을 R을 이용하여 수행하는 〈b3-ch4-7.R〉을 실행해 보면 Excel로 한 결과와 동일함을 알 수 있다.

```
                        b3-ch4-7.R의 실행결과
> library(openxlsx)

> sample1<-read.xlsx("http://kanggc.iptime.org/book/data/gdp-q.xlsx")

> y.ts<-ts(sample1$GDP, start=c(2013,1), frequency=4)
# 2013년 1/4분기부터 시작하는 분기별 시계열

> y.ts
        Qtr1     Qtr2     Qtr3     Qtr4
2013 324349.8 345582.7 346151.6 364748.5
2014 336942.2 357542.5 357743.4 374744.2
2015 345667.1 366027.8 368477.2 386616.1
2016 356000.9 378925.8 378324.3 396504.1
2017 366227.3 389589.4 392611.5 407567.0

> lagy4<-lag(y.ts, k=-4) # 시차가 4인 시차변수 생성

> lagy4
        Qtr1     Qtr2     Qtr3     Qtr4
2014 324349.8 345582.7 346151.6 364748.5
2015 336942.2 357542.5 357743.4 374744.2
2016 345667.1 366027.8 368477.2 386616.1
```

```
2017 356000.9 378925.8 378324.3 396504.1
2018 366227.3 389589.4 392611.5 407567.0

> gy4<-(y.ts-lagy4)/lagy4*100  # 전년 동분기 대비 증가율 계산

> gy4
         Qtr1     Qtr2     Qtr3     Qtr4
2014 3.882352 3.460764 3.348764 2.740436
2015 2.589435 2.373228 3.000419 3.168001
2016 2.989524 3.523776 2.672377 2.557576
2017 2.872577 2.814166 3.776443 2.790110

> ly.ts<-log(y.ts)

> ly.ts
          Qtr1     Qtr2     Qtr3     Qtr4
2013 12.68958 12.75299 12.75463 12.80696
2014 12.72767 12.78701 12.78757 12.83400
2015 12.75323 12.81046 12.81713 12.86519
2016 12.78269 12.84510 12.84351 12.89044
2017 12.81101 12.87285 12.88058 12.91796

> gly4<-(ly.ts-lag(ly.ts, k=-4))*100
# 전년 동분기 대비 증가율의 근사치 계산

> gly4
         Qtr1     Qtr2     Qtr3     Qtr4
2014 3.808884 3.402226 3.293914 2.703558
2015 2.556477 2.345505 2.956287 3.118855
2016 2.945709 3.463112 2.637293 2.525417
2017 2.832092 2.775296 3.706881 2.751895

> plot(gy4, type="l", lwd=3, col="red", main="Exact Growth Rate vs. Approx. Growth Rate of GDP")

> lines(gly4, lwd=3, lty=6, col="green")
```

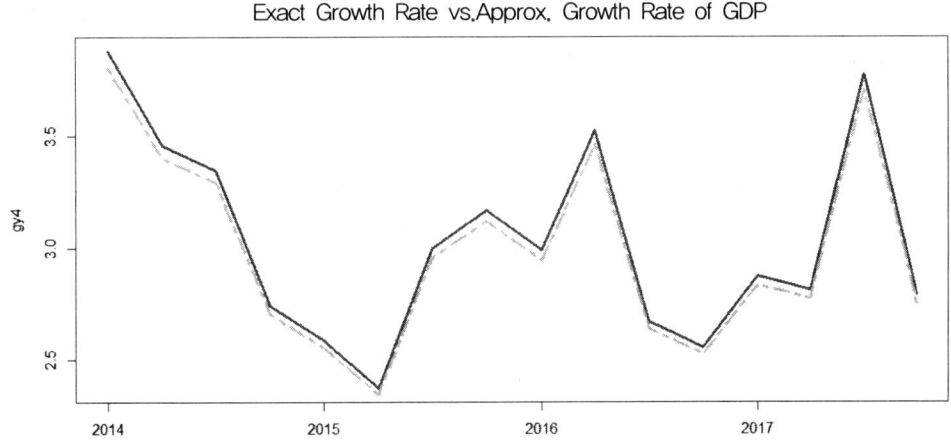

2. 기여율 및 기여도

기여도란 어떤 변수(예를 들어 GDP)의 변동에 대하여 그 변수를 구성하고 있는 각각의 요인(예를 들면, 민간소비, 고정투자, 수출 등)들이 어느 만큼의 영향을 주고 있는 지를 나타내고 기여율은 전체변동분에 대한 요인별 변동분의 비율로 나타낸다.

국민소득을 예를 들어 설명해 보자. 국내총생산을 Y, 국내총생산의 구성요소를 X_i 라고 할 때 각 구성요소의 국내총생산에 대한 기여율은 다음과 같이 계산된다.

- Y에 대한 X_i의 기여율(%) = $\dfrac{X_i의 증감액}{Y의 증감액}$ × 100

한편, 기여율에 통계치의 증감률을 곱하면 기여도가 되는데 국내총생산을 Y, 국내총생산의 구성요소를 X_i라고 할 때 각 구성요소의 국내총생산의 변동률에 대한 기여도는 다음과 같이 계산된다.

- Y의 변동률에 대한 X_i의 기여도(%) = Y의 변동률 × Y에 대한 X_i의 기여율/100

〈그림 4-17〉은 20011-2017년도 지출측면에서 본 국내총생산(gdpexp.xlsx)인데 이를 이용하여 지출항목별 상승기여율 및 상승기여도를 구할 수 있다.

	A	B	C	D	E	F	G	H
1	연도	국내총생산	소비	투자	정부지출	수출	수입	불일치
2	2011	1,311,893	655,181	419,283	187,158	719,943	668,932	-741
3	2012	1,341,967	667,781	409,640	193,474	756,558	685,009	-477
4	2013	1,380,833	680,350	409,154	199,783	788,788	696,725	-518
5	2014	1,426,972	692,236	430,686	205,869	804,797	706,938	323
6	2015	1,466,788	707,493	462,114	212,022	803,746	721,740	3,154
7	2016	1,509,755	725,362	488,040	221,514	824,330	755,861	6,370
8	2017	1,555,995	744,284	537,370	229,101	840,020	808,986	14,206
9								
10				상승기여율				
11		국내총생산	소비	투자	정부지출	수출	수입	불일치
12	2012							
13	2013							
14	2014							
15	2015							
16	2016							
17	2017							
18								
19				상승기여도				
20		국내총생산	소비	투자	정부지출	수출	수입	불일치
21	2012							
22	2013							
23	2014							
24	2015							
25	2016							
26	2017							
27								

〈그림 4-17〉 기여율 및 기여도

(1) 상승기여율

국내총생산 증가에 대한 지출항목별 상승기여율은 다음과 같이 계산할 수 있고 그 결과는 〈그림 4-18〉에 나타나 있다.

- 먼저 총소비의 기여율을 계산하기 위해서 C12에 식 =((C3-C2)/($B3-$B2))*100 을 입력한다.
- C12를 블록으로 선택하고 블록으로 선택된 영역의 오른쪽 맨 아래로 마우스 포인터를 이동하여 H12까지 마우스를 끌어서 클릭하여 복사한다.
- B12에 =C12+D12+E12+F12-G12+H12를 입력한다.
- B12부터 H12까지 블록으로 선택하고 블록으로 선택된 영역의 오른쪽 맨 아래로 마우스 포인터를 이동하여 B17부터 H17까지 마우스를 끌어서 클릭하여 복사하면 지출항목별로 상승기여율을 계산한다.

(2) 상승기여도

국내총생산 증가율에 대한 지출항목별 상승기여도는 다음과 같이 계산할 수 있고 그 결과는 〈그림 4-18〉에 나타나 있다.

- 먼저 2012년도의 국내총생산의 증가율을 계산하기 위해서 B21에 식 =(B3-B2)/B2*100을 입력한다.
- 총소비의 기여도를 계산하기 위해서 C21에 식 =$B21*C12/100을 입력한다. 그리고 다른 항목들의 기여도를 계산하기 위해서 C21을 블록으로 선택하고 블록으로 선택된 영역의 오른쪽 맨 아래로 마우스 포인터를 이동하여 H21까지 마우스를 끌어서 클릭하여 복사한다.
- 계산 결과를 확인하기 위하여 I21에 =C21+D21+E2+F21-G21+H21을 입력한다.
- B21부터 I21까지 블록으로 선택하고 블록으로 선택된 영역의 오른쪽 맨 아래로 마우스 포인터를 이동하여 B26부터 I26까지 마우스를 끌어서 클릭하여 복사하면 지출항목별로 기여도를 계산한다.

	A	B	C	D	E	F	G	H	I
1	연도	국내총생산	소비	투자	정부지출	수출	수입	불일치	
2	2011	1,311,893	655,181	419,283	187,158	719,943	668,932	-741	
3	2012	1,341,967	667,781	409,640	193,474	756,558	685,009	-477	
4	2013	1,380,833	680,350	409,154	199,783	788,788	696,725	-518	
5	2014	1,426,972	692,236	430,686	205,869	804,797	706,938	323	
6	2015	1,466,788	707,493	462,114	212,022	803,746	721,740	3,154	
7	2016	1,509,755	725,362	488,040	221,514	824,330	755,861	6,370	
8	2017	1,555,995	744,284	537,370	229,101	840,020	808,986	14,206	
9									
10				상승기여율					
11		국내총생산	소비	투자	정부지출	수출	수입	불일치	
12	2012	100	41.89727	-32.0638	20.99934	121.7512	53.46148	0.877508	
13	2013	100	32.33744	-1.2507	16.23497	82.92471	30.14246	-0.10395	
14	2014	100	25.76192	46.66622	13.18991	34.69694	22.13664	1.821638	
15	2015	100	38.31811	78.9353	15.45212	-2.63965	37.1761	7.110225	
16	2016	100	41.58942	60.33882	22.09292	47.90663	79.41173	7.483935	
17	2017	100	40.92123	106.6821	16.40668	33.93122	114.8879	16.94669	
18									
19				상승기여도					
20		국내총생산	소비	투자	정부지출	수출	수입	불일치	확인
21	2012	2.2923978	0.960452	-0.73503	0.481388	2.791021	1.22555	0.020116	2.292398
22	2013	2.8962049	0.936558	-0.03622	0.470198	2.401669	0.872988	-0.00301	2.896205
23	2014	3.3414478	0.860821	1.559327	0.440734	1.15938	0.739684	0.060869	3.341448
24	2015	2.7902362	1.069166	2.202481	0.431151	-0.07365	1.037301	0.198392	2.790236
25	2016	2.9293048	1.218281	1.767508	0.647169	1.403331	2.326212	0.219227	2.929305
26	2017	3.0627685	1.253323	3.267424	0.502499	1.039235	3.51875	0.519038	3.062768

〈그림 4-18〉 상승기여율 및 상승기여도 계산 결과

한편, 국내총생산의 지출항목별 상승기여율 및 상승기여도를 R을 이용하여 계산하는 〈b3-ch4-8.R〉을 실행해 보면 Excel로 한 결과와 동일함을 알 수 있다.

---

b3-ch4-8.R의 실행결과

```
> library(openxlsx)

> sample1<-read.xlsx("http://kanggc.iptime.org/book/data/gdpexp-e.xlsx")

> y<-ts(sample1$gdp, start=2011, end=2017, frequency=1)

> c<-ts(sample1$cons, start=2011, end=2017, frequency=1)

> i<-ts(sample1$inv, start=2011, end=2017, frequency=1)

> g<-ts(sample1$gov, start=2011, end=2017, frequency=1)

> x<-ts(sample1$ex, start=2011, end=2017, frequency=1)

> m<-ts(sample1$im, start=2011, end=2017, frequency=1)

> d<-ts(sample1$discrep, start=2011, end=2017, frequency=1)

> z0<-as.matrix(cbind(y,c,i,g,x,m,d))

> z0
Time Series:
Start = 2011
End = 2017
Frequency = 1
            y        c        i        g        x        m        d
2011  1311893  655181.1 419282.7 187158.2 719943.2 668931.5   -741.0
2012  1341967  667781.2 409639.9 193473.5 756558.4 685009.4   -477.1
2013  1380833  680349.5 409153.8 199783.4 788788.0 696724.6   -517.5
2014  1426972  692236.0 430685.5 205869.2 804797.1 706938.4    323.0
2015  1466788  707492.7 462114.3 212021.6 803746.1 721740.4   3154.0
2016  1509755  725362.3 488039.9 221514.2 824330.0 755861.0   6369.6
2017  1555995  744284.4 537370.0 229100.7 840019.9 808985.5  14205.8
```

```
> z1<-matrix(data=NA, nrow=6, ncol=6, byrow=T)

> for(i in 1:6) {
+   for(j in 1:6) {
+     z1[i,j]<-((z0[i+1,j+1]-z0[i,j+1])/(z0[i+1,1]-z0[i,1]))*100
+       }
+ }

> (z1<-round(z1, digits=4))
        [,1]      [,2]     [,3]     [,4]     [,5]     [,6]
[1,] 41.8973 -32.0638  20.9993 121.7512  53.4615   0.8775
[2,] 32.3374  -1.2507  16.2350  82.9247  30.1425  -0.1039
[3,] 25.7619  46.6662  13.1899  34.6969  22.1366   1.8216
[4,] 38.3181  78.9353  15.4521  -2.6396  37.1761   7.1102
[5,] 41.5894  60.3388  22.0929  47.9066  79.4117   7.4839
[6,] 40.9212 106.6821  16.4067  33.9312 114.8879  16.9467

> z2<-matrix(data=NA, nrow=6, ncol=6, byrow=T)

> for(i in 1:6) {
+   for(j in 1:6) {
+     z2[i,j]<-(z0[i+1,1]-z0[i,1])/(z0[i,1])*z1[i,j]
+    }
+ }

> (z2<-round(z2, digits=4))
       [,1]    [,2]   [,3]    [,4]   [,5]    [,6]
[1,] 0.9605 -0.7350 0.4814  2.7910 1.2256  0.0201
[2,] 0.9366 -0.0362 0.4702  2.4017 0.8730 -0.0030
[3,] 0.8608  1.5593 0.4407  1.1594 0.7397  0.0609
[4,] 1.0692  2.2025 0.4312 -0.0737 1.0373  0.1984
[5,] 1.2183  1.7675 0.6472  1.4033 2.3262  0.2192
[6,] 1.2533  3.2674 0.5025  1.0392 3.5188  0.5190
```

참고 6 : looping

- looping은 하나의 프로그램 내에서 명령문의 일부를 되풀이하여 실행하는 것을 말하는데 repeat, for, while 명령문이 looping에 사용됨

• for 명령문을 이용하여 구구단 표를 만드는 프로그램과 실행 결과는 다음과 같음

(프로그램)
```
z<-matrix(data=NA, nrow=9, ncol=9, byrow=T)
x<-seq(1:9)
y<-seq(1:9)
for(i in 1:9) {
  for(j in 1:9) {
    z[i,j]<-x[i]*y[j]
  }
}
z
```

(실행결과)

	[,1]	[,2]	[,3]	[,4]	[,5]	[,6]	[,7]	[,8]	[,9]
[1,]	1	2	3	4	5	6	7	8	9
[2,]	2	4	6	8	10	12	14	16	18
[3,]	3	6	9	12	15	18	21	24	27
[4,]	4	8	12	16	20	24	28	32	36
[5,]	5	10	15	20	25	30	35	40	45
[6,]	6	12	18	24	30	36	42	48	54
[7,]	7	14	21	28	35	42	49	56	63
[8,]	8	16	24	32	40	48	56	64	72
[9,]	9	18	27	36	45	54	63	72	81

• while 명령문을 이용하여 구구단을 계산하는 프로그램과 실행 결과는 다음과 같음

(프로그램)
```
x<-0
 while(x<=8) {
   x<-x+1
y<-1
 while(y<=9) {
  cat(x, "x", y, "=", x*y, "\n")
   x<-x
   y<-y+1
 }
 }
```

```
(실행결과)
1 x 1 = 1
1 x 2 = 2
1 x 3 = 3
1 x 4 = 4
1 x 5 = 5
1 x 6 = 6
1 x 7 = 7
1 x 8 = 8
1 x 9 = 9
2 x 1 = 2

(중략)

9 x 1 = 9
9 x 2 = 18
9 x 3 = 27
9 x 4 = 36
9 x 5 = 45
9 x 6 = 54
9 x 7 = 63
9 x 8 = 72
9 x 9 = 81
```

(3) 지수의 기여율 및 기여도

산업생산지수나 소비자물가지수 등과 같이 지수로 측정된 자료들 역시 상승기여율과 기여도를 구할 수 있다. 품목의 개별지수를 묶으면 업종별지수가 되고 업종별지수를 묶으면 산업의 총합지수가 된다.

이때 총합지수의 상승에 어떤 업종이나 품목이 어느 정도 영향을 주는 가에 대한 구성비를 계산한 것을 상승기여율이라 하고 또 상승기여율에 따라 총합상승률을 각 업종별이나 품목별로 배분한 것을 기여도라고 한다.

- 기여율=(개별구성요소의 증감액/총합의 증감액)x100
- 기여도=(총합의 변동률x총합에 대한 개별구성요소의 기여율)/100

예를 들어 다음의 〈표 4-1〉과 같이 개별지수와 총합지수 및 가중치가 주어졌을 경우 위의 식을 이용하여 철강, 정밀기계, 요업의 상승기여율과 기여도를 계산해 보면 표에서 나타난 바와 같다.

〈표 4-1〉 산업생산지수(가상자료)

업종	가중치 (W)	전년 (A)	당해년 (B)	포인트차 (B-A)	포인트차 ×가중치	상승 기여율	상승 기여도	상승률
총합	100	106.0	112.8	6.8	680	100.0	6.4	6.4
-철강	50	104.0	110.0	6.0	300	44.1	2.8	5.8
-정밀기계	30	120.0	128.0	8.0	240	35.3	2.3	6.7
-요업	20	90.0	97.0	7.0	140	20.6	1.3	7.8

〈표 4-1〉를 Excel에서 〈그림 4-19〉와 같이 저장한 후 업종별 상승기여율과 기여도를 각각 구해보면 위 〈표 4-1〉과 동일한 것을 확인할 수 있다.

	A	B	C	D	E	F	G	H	I
1	업종	가중치	전년	당해년	포인트차	포인트차×가중치	상승기여율	상승기여도	상승률
2		W	A	B	B-A				
3	총합	100.0	106.0	112.8	6.8	680.0	100.0	6.4	6.4
4	-철강	50.0	104.0	110.0	6.0	300.0	44.1	2.8	5.8
5	-정밀기계	30.0	120.0	128.0	8.0	240.0	35.3	2.3	6.7
6	-요업	20.0	90.0	97.0	7.0	140.0	20.6	1.3	7.8

〈그림 4-19〉 〈표 4-1〉의 예

먼저, 상승기여율은 다음과 같이 계산한다.

- E3셀에 =D3-C3을 입력하여 총합의 포인트차를 구한다. 이 셀을 E4셀부터 E6셀까지 복사하여 업종별 포인트차를 구한다.
- F3셀에 =E3*B3을 입력하여 총합의 포인트차×가중치를 구한다. 이 셀을 E4셀부터 E6셀까지 복사하여 업종별 포인트차×가중치를 구한다.
- G4셀에 =F4/F$3*100을 입력하여 철강의 상승기여율을 구한다. 이 셀을 G5셀부터 G6셀까지 복사하여 정밀기계 및 요업의 상승기여율을 각각 계산한다.
- G3셀에 =sum(G4:G6)을 입력하여 상승기여율의 합이 100이 되는지 확인한다.

한편, 상승기여도는 다음과 같이 계산한다.

- I3셀에 =(D3-C3)/C3*100을 입력하여 총합의 상승률을 구한다. 이 셀을 I4셀부터 I6셀까지 복사하여 업종별 상승률을 구한다.
- H4셀에 =(I$3*G4)/100을 입력하여 철강의 기여도를 구한다. 이 셀을 H5셀부터 H6셀까지 복사하여 정밀기계 및 요업의 기여도를 각각 계산한다.
- H3셀에 =sum(H4:H6)을 입력하여 기여도의 합이 총합의 상승률이 되는지 확인한다.

〈그림 4-20〉에 나타나 있는 지출목적별 소비자물가지수에 관한 자료(2015-2017)(cpi.xlsx)를 이용하여 상승기여율과 상승기여도를 구해보자.

먼저, 상승기여율을 계산하는 방법은 다음과 같다.

- 먼저 2016년 식료품의 기여율을 계산하기 위해서 D19에 다음의 식을 입력한다. =((D3-C3)*$B3)/((D$2-C$2)*$B$2)*100을 입력한다.
- 2017년 식료품의 기여율을 계산하기 위해 D19를 선택하고 선택된 영역의 오른쪽 맨 아래로 마우스 포인터를 이동하여 E19까지 마우스를 끌어서 클릭하여 복사한다.
- D19부터 E19까지 블록으로 선택하고 블록으로 선택된 영역의 오른쪽 맨 아래로 마우스 포인터를 이동하여 D30부터 E30까지 마우스를 끌어서 클릭하여 복사하면 지출목적별로 상승기여율을 계산한다.
- D18에 =sum(D19:D30)을 구하여 확인해 보고 E18까지 복사한다.

한편, 상승기여도를 계산하는 방법은 다음과 같다.

- 먼저 2016년도의 총지수의 증가율을 계산하기 위해서 D34에 식 =(D2-C2)/C2*100을 입력하고, 그리고 나머지 연도의 증가율을 계산하기 위해서 D34를 블록으로 선택하여 E344까지 복사한다.
- 식료품의 기여도를 계산하기 위해서 D35에 식 =D$34*D19/100을 입력하고, 다른 항목들의 기여도를 계산하기 위해서 D35를 선택하고 선택된 영역의 오른쪽 맨 아래로 마우스 포인터를 이동하여 E35까지 마우스를 끌어서 클릭하여 복사한다.
- D35부터 E35까지 블록으로 선택하고 블록으로 선택된 영역의 오른쪽 맨 아래로 마우스 포인터를 이동하여 D46부터 E46까지 마우스를 끌어서 클릭하여 복사하면 지출항목별로 기여도를 계산한다.
- D47에 =sum(D35:D46)을 구하여 확인해 보고 E47까지 복사한다.

	A	B	C	D	E
1	구분	가중치	2015	2016	2017
2	총지수	1000.0	100.00	100.97	102.93
3	01 식료품 · 비주류음료	137.7	100.00	102.31	105.78
4	02 주류 및 담배	15.5	100.00	100.69	102.20
5	03 의류 및 신발	61.4	100.00	101.80	102.90
6	04 주택·수도·전기 및 연료	170.2	100.00	99.19	100.87
7	05 가정용품 및 가사 서비스	41.7	100.00	101.55	102.67
8	06 보건	68.7	100.00	100.99	101.88
9	07 교통	111.0	100.00	97.79	101.29
10	08 통신	54.8	100.00	100.09	100.38
11	09 오락 및 문화	57.2	100.00	101.84	101.90
12	10 교육	97.0	100.00	101.64	102.80
13	11 음식 및 숙박	129.4	100.00	102.51	104.97
14	12 기타 상품 및 서비스	55.4	100.00	103.44	106.31
15					
16				상승기여율	
17			2015	2016	2017
18	총지수				
19	01 식료품 · 비주류음료				
20	02 주류 및 담배				
21	03 의류 및 신발				
22	04 주택·수도·전기 및 연료				
23	05 가정용품 및 가사 서비스				
24	06 보건				
25	07 교통				
26	08 통신				
27	09 오락 및 문화				
28	10 교육				
29	11 음식 및 숙박				
30	12 기타 상품 및 서비스				
31					
32				상승기여도	
33			2015	2016	2017
34	총지수				
35	01 식료품 · 비주류음료				
36	02 주류 및 담배				
37	03 의류 및 신발				
38	04 주택·수도·전기 및 연료				
39	05 가정용품 및 가사 서비스				
40	06 보건				
41	07 교통				
42	08 통신				
43	09 오락 및 문화				
44	10 교육				
45	11 음식 및 숙박				
46	12 기타 상품 및 서비스				

〈그림 4-20〉 소비자물가지수(2015-2017)

한편, 소비자물가지수의 지출목적별 상승기여율 및 상승기여도를 R을 이용하여 계산하는 〈b3-ch4-9.R〉을 실행해 보면 Excel로 한 결과와 동일함을 알 수 있다.

---

b3-ch4-9.R의 실행결과

```
> sample1<-read.xlsx("http://kanggc.iptime.org/book/data/cpi-e.xlsx")

> weight<-read.xlsx("http://kanggc.iptime.org/book/data/cpi-weight-e.xlsx")
# 지출항목별 가중치 파일

> all<-ts(sample1$all, start=2015, end=2017, frequency=1)

> fo<-ts(sample1$food, start=2015, end=2017, frequency=1)

> al<-ts(sample1$alcohol, start=2015, end=2017, frequency=1)

> cl<-ts(sample1$clothing, start=2015, end=2017, frequency=1)

> ho<-ts(sample1$housing, start=2015, end=2017, frequency=1)

> hou<-ts(sample1$household, start=2015, end=2017, frequency=1)

> he<-ts(sample1$health, start=2015, end=2017, frequency=1)

> tr<-ts(sample1$transport, start=2015, end=2017, frequency=1)

> co<-ts(sample1$communication, start=2015, end=2017, frequency=1)

> re<-ts(sample1$recreation, start=2015, end=2017, frequency=1)

> ed<-ts(sample1$education, start=2015, end=2017, frequency=1)

> res<-ts(sample1$restaurant, start=2015, end=2017, frequency=1)

> ot<-ts(sample1$others, start=2015, end=2017, frequency=1)

> w1<-weight[1,2]
```

> w2<-weight[2,2]

> w3<-weight[3,2]

> w4<-weight[4,2]

> w5<-weight[5,2]

> w6<-weight[6,2]

> w7<-weight[7,2]

> w8<-weight[8,2]

> w9<-weight[9,2]

> w10<-weight[10,2]

> w11<-weight[11,2]

> w12<-weight[12,2]

> w13<-weight[13,2]

> z0<-as.matrix(cbind(all,fo,al,cl,ho,hou,he,tr,co,re,ed,res,ot))

> z0
Time Series:
Start = 2015
End = 2017
Frequency = 1
          all   fo   al   cl   ho   hou   he   tr   co   re   ed   res
2015   100.00 100.00 100.00 100.0 100.00 100.00 100.00 100.00 100.00 100.00 100.00 100.00
2016   100.97 102.31 100.69 101.8 99.19 101.55 100.99 97.79 100.09 101.84 101.64 102.51
2017   102.93 105.78 102.20 102.9 100.87 102.67 101.88 101.29 100.38 101.90 102.80 104.97
          ot

```
2015 100.00
2016 103.44
2017 106.31

> z1<-matrix(data=NA, nrow=2, ncol=12, byrow=T)

> w<-as.matrix(cbind(w1,w2,w3,w4,w5,w6,w7,w8,w9,w10,w11,w12,w13))

> for(i in 1:2) {
+   for(j in 1:12) {
+     z1[i,j]<-(((z0[i+1,j+1]-z0[i,j+1])*w[j+1])/((z0[i+1,1]-z0[i,1])*w1))*100
+   }
+ }

> (z1<-round(z1, digits=4))
        [,1]    [,2]    [,3]     [,4]    [,5]    [,6]     [,7]    [,8]    [,9]   [,10]   [,11]
[1,] 32.7925 1.1026 11.3938 -14.2126 6.6634 7.0116 -25.2897 0.5085 10.8503 16.4000
33.4839
[2,] 24.3785 1.1941  3.4459  14.5886 2.3829 3.1195  19.8214 0.8108  0.1751  5.7408
16.2410
       [,12]
[1,] 19.6470
[2,]  8.1121

> z2<-matrix(data=NA, nrow=2, ncol=12, byrow=T)

> for(i in 1:2) {
+   for(j in 1:12) {
+     z2[i,j]<-(z0[i+1,1]-z0[i,1])/(z0[i,1])*z1[i,j]
+   }
+ }

> (z2<-round(z2, digits=4))
       [,1]   [,2]   [,3]    [,4]   [,5]   [,6]    [,7]   [,8]   [,9]  [,10]  [,11]  [,12]
[1,] 0.3181 0.0107 0.1105 -0.1379 0.0646 0.0680 -0.2453 0.0049 0.1052 0.1591 0.3248
0.1906
[2,] 0.4732 0.0232 0.0669  0.2832 0.0463 0.0606  0.3848 0.0157 0.0034 0.1114 0.3153
0.1575
```

제5절

입지계수 및 지역전문화지수
---

1. 입지계수

입지계수(Location Quotient: LQ)는 특정 지역의 산업에 대해 전국의 동일산업에 대한 상대적인 중요도를 측정하는 것인데 그 산업의 상대적인 특화도를 나타내는 지수이다.

입지계수는 다음의 식과 같이 특정 산업 i가 지역에서 차지하는 비율과 그 산업이 전국에서 차지하는 비율을 비교하여 측정한다.

$$LQ = \frac{V_{ij}/V_j}{V_i/V}$$

단, V_{ij} : j지역 i산업의 부가가치 (또는 취업자 수)
  V_j : j지역 전 산업의 부가가치 (또는 취업자 수)
  V_i : 전국 i산업의 부가가치 (또는 취업자 수)
  V : 전국 전 산업의 부가가치 (또는 취업자 수)

입지계수가 1보다 큰 산업은 지역에서 그 산업이 차지하는 비율이 전국의 비율보다 높다는 것으로 이는 지역의 산업이 전국에 비해 특화되었음을 의미하며, 이를 기반산업이라고 한다. 입지계수가 1보다 작은 산업의 경우 전국에 비해 특화되지 않았음을 나타내므로 비기반산업이라고 하며, 입지계수가 1인 산업의 경우 자립산업이라고 한다.

〈그림 4-21〉은 통계청의 국가통계포탈(www.kosis.kr)에서 전국 및 제주지역의 2016년 산업별 사업체수 및 종사자수 자료를 다운 받은 자료(lq.xlsx)인데 이를 이용하여 사업체수LQ 및 종사자수LQ를 구해보자.

	A	B	C	D
1	행정구역	산업명	2016	
2			사업체수 (개)	종사자수 (명)
3	전 국	전체산업	3,950,192	21,259,243
4		1.농업,임업및어업	3,638	39,741
5		2.광업	2,006	15,739
6		3.제조업	416,493	4,045,121
7		4.전기,가스,증기및수도사업	2,129	77,381
8		5.하수·폐기물처리,원료재생및환경복원업	7,945	85,391
9		6.건설업	136,074	1,381,454
10		7.도매및소매업	1,019,388	3,147,606
11		8.운수업	385,837	1,109,949
12		9.숙박및음식점업	729,395	2,165,772
13		10.출판,영상,방송통신및정보서비스업	42,472	566,674
14		11.금융및보험업	42,710	725,554
15		12.부동산업및임대업	158,882	568,022
16		13.전문,과학및기술서비스업	102,713	996,596
17		14.사업시설관리및사업지원서비스업	52,008	1,094,344
18		15.공공행정,국방및사회보장행정	12,452	691,216
19		16.교육서비스업	180,295	1,552,822
20		17.보건업및사회복지서비스업	138,319	1,612,816
21		18.예술,스포츠및여가관련서비스업	110,443	399,317
22		19.협회및단체,수리 및기타개인서비스업	406,993	983,728
23	제 주	전체산업	57,791	258,188
24		1.농업,임업및어업	386	3,066
25		2.광업	15	210
26		3.제조업	2,208	11,071
27		4.전기,가스,증기및수도사업	35	1,138
28		5.하수·폐기물처리,원료재생및환경복원업	100	953
29		6.건설업	2,544	22,378
30		7.도매및소매업	14,114	41,727
31		8.운수업	5,761	14,267
32		9.숙박및음식점업	15,571	50,701
33		10.출판,영상,방송통신및정보서비스업	340	4,632
34		11.금융및보험업	664	8,633
35		12.부동산업및임대업	2,125	6,049
36		13.전문,과학및기술서비스업	1,087	6,676
37		14.사업시설관리및사업지원서비스업	1,243	10,673
38		15.공공행정,국방및사회보장행정	214	11,831
39		16.교육서비스업	2,567	19,335
40		17.보건업및사회복지서비스업	1,821	20,733
41		18.예술,스포츠및여가관련서비스업	1,572	10,769
42		19.협회및단체,수리 및기타개인서비스업	5,424	13,346

〈그림 4-21〉 산업별 사업체수 및 종사자수(2016)

id	산업명	사업체수LQ	종사자수LQ
1	1.농업,임업및어업	7.3	6.4
2	2.광업	0.5	1.1
3	3.제조업	0.4	0.2
4	4.전기,가스,증기및수도사업	1.1	1.2
5	5.하수·폐기물처리,원료재생및환경복원업	0.9	0.9
6	6.건설업	1.3	1.3
7	7.도매및소매업	0.9	1.1
8	8.운수업	1.0	1.1
9	9.숙박및음식점업	1.5	1.9
10	10.출판,영상,방송통신및정보서비스업	0.5	0.7
11	11.금융및보험업	1.1	1.0
12	12.부동산업및임대업	0.9	0.9
13	13.전문,과학및기술서비스업	0.7	0.6
14	14.사업시설관리및사업지원서비스업	1.6	0.8
15	15.공공행정,국방및사회보장행정	1.2	1.4
16	16.교육서비스업	1.0	1.0
17	17.보건업및사회복지서비스업	0.9	1.1
18	18.예술,스포츠및여가관련서비스업	1.0	2.2
19	19.협회및단체,수리및기타개인서비스업	0.9	1.1

〈그림 4-22〉 사업체수LQ 및 종사자수LQ(2016)

먼저, 사업체수LQ를 계산하는 방법은 다음과 같다.

- 농업, 임업 및 어업의 사업체수LQ를 계산하기 위해서 H4에 다음의 식을 입력한다.
  =(C24/C$23)/(C4/C$3)을 입력한다.
- H4를 선택하고 선택된 영역의 오른쪽 맨 아래로 마우스 포인터를 이동하여 H22까지 마우스를 끌어서 클릭하여 복사한다.

다음으로, 종사자수LQ를 계산하는 방법은 다음과 같다.

- 농업, 임업 및 어업의 종사자수LQ를 계산하기 위해서 I4에 다음의 식을 입력한다.
  =(D24/D$23)/(D4/D$3)을 입력한다.
- I4를 선택하고 선택된 영역의 오른쪽 맨 아래로 마우스 포인터를 이동하여 I22까지 마우스를 끌어서 클릭하여 복사하면 〈그림 4-22〉와 같다.

위에서 계산된 제주지역의 산업별 사업체수 및 종사자수 입지계수를 이용하여 산업을 〈표 4-2〉와 같이 4가지 유형을 구분하고 이를 앞에서 그린 포지셔닝 맵으로 그려 보면 〈그림 4-23〉과 같다.(이 그림은 편의상 LQ 계수가 너무 큰 농업, 임업 및 어업을 제외하고 그렸고, 모든 산업의 id를 그리지 않았음)

〈표 4-2〉 산업별 유형 분류

완전특화산업	종사자수 입지계수 〉1 및 사업체수 입지계수 〉1
종사자수 특화산업	종사자수 입지계수 〉1 및 사업체수 입지계수 〈1
사업체수 특화산업	종사자수 입지계수 〈1 및 사업체수 입지계수 〉1
비특화산업	종사자수 입지계수 〈1 및 사업체수 입지계수 〈1

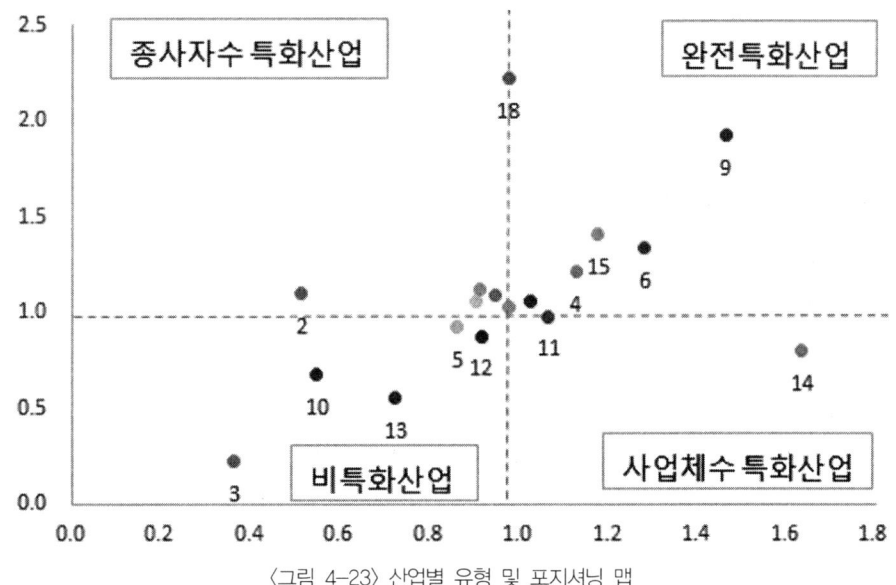

〈그림 4-23〉 산업별 유형 및 포지셔닝 맵

한편, 산업별 사업체수 및 종사자수 입지계수를 R을 이용하여 계산하고 포지셔닝 맵을 그리는 〈b3-ch4-10.R〉을 실행해 보면 Excel로 한 결과와 동일함을 알 수 있다.

b3-ch4-10.R의 실행결과

```
> library(openxlsx)

> df<-read.xlsx("http://kanggc.iptime.org/book/data/lq-e.xlsx")

> industry<-df$industry

> id<-df$id[2:20]

> nfirm<-df$nfirm

> nemp<-df$nemp

> jfirm<-df$jfirm

> jemp<-df$jemp

> lqfirm<-rep(NA, 19)

> lqemp<-rep(NA, 19)

> for(i in 1:19) {
+    lqfirm[i]<-(jfirm[i+1]/jfirm[1])/(nfirm[i+1]/nfirm[1])
+ }

> for(i in 1:19) {
+    lqemp[i]<-(jemp[i+1]/jemp[1])/(nemp[i+1]/nemp[1])
+ }

> lqfirm
 [1] 7.2524143 0.5111146 0.3623676 1.1237000 0.8603281 1.2779091 0.9463866
 1.0205916 1.4591896
[10] 0.5471850 1.0626653 0.9142021 0.7233727 1.6336498 1.1747154 0.9731957
 0.8998831 0.9729093
[19] 0.9109420

> lqemp
 [1] 6.3525063 1.0986362 0.2253549 1.2109318 0.9189514 1.3338180 1.0915623
```

```
   1.0583794  1.9275939
[10] 0.6730495  0.9797240  0.8768598  0.5515805  0.8030533  1.4093518  1.0252605
   1.0584956  2.2205948
[19] 1.1170891

> plot(lqfirm,lqemp,type="n",cex=1.5, xlim=c(0,8),ylim=c(0,8))

> points(lqfirm,lqemp, pch=16,cex=1.5,col="blue")

> with(df,text(lqemp~lqfirm, pos=1))

> abline(v=1, h=1, col="blue",lty=2)

> legend("center",legend=industry[2:20])
```

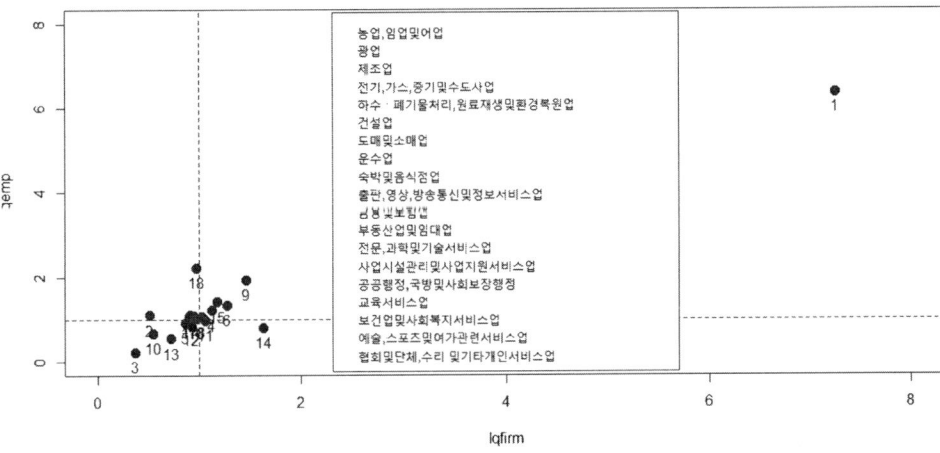

2. 지역전문화지수

지역전문화지수(Regional Specialization Index : RSI)는 지역산업의 전문화 및 집중화를 측정하는 것인데 특정 지역의 산업구조가 전국의 산업구조에 비해 어느 정도 편향되어 있는 지를 나타내는 지수이다.

지역전문화지수는 다음의 식과 같이 전국 i산업의 부가가치 구성비와 특정지역 i산업의 부가가치 구성비의 차를 지수화한 값이다.

$$RSI = \sum_{i=1}^{n} \left| \frac{E_i^j}{E^j} - \frac{E_i}{E} \right| / 2$$

단, E_i^j : j지역 i산업의 부가가치

E^j : j지역 총부가가치

E_i : 전국 i산업의 부가가치

E : 전국 총부가가치

지역전문화지수의 값이 클수록 특정산업의 집중정도가 높다는 것을 의미하고, 작을수록 전국의 산업구조와 비슷하다는 것을 의미한다.

	A	B	C	D	E	F	G	H	I	J
1	id	name	k1986	k1996	k2006	k2016	jj1986	jj1996	jj2006	jj2016
2	0	합계	94,101,212	437,391,320	871,001,468	1,490,047,123	833,856	4,324,188	7,836,546	15,469,564
3	1	농림어업	10,951,396	25,181,627	26,063,202	31,664,251	322,378	1,059,902	1,234,623	1,808,435
4	2	광업	1,121,735	1,838,086	2,031,892	2,761,750	792	19,646	12,611	24,810
5	3	제조업	25,936,240	116,479,865	242,670,330	439,064,653	29,464	122,739	213,474	519,551
6	4	전기,가스,증기및수도사업	2,791,457	7,975,431	18,014,986	39,860,019	13,899	44,910	195,281	504,769
7	5	건설업	5,316,258	39,126,004	55,006,504	85,132,577	50,158	411,334	633,918	1,757,922
8	6	도매및소매업	12,514,478	39,897,472	74,565,120	124,843,699	74,798	357,899	628,015	1,263,449
9	7	운수업	4,484,484	21,007,647	36,517,273	59,138,191	42,279	248,568	397,162	961,163
10	8	숙박및음식점업	2,627,258	12,721,518	23,562,984	41,035,758	24,814	297,117	456,672	1,031,414
11	9	출판,영상,방송통신 및 정보서비스업	2,565,906	15,872,407	40,527,711	56,649,470	18,277	115,745	205,336	588,257
12	10	금융및보험업	3,969,325	27,063,817	55,871,145	81,117,774	24,464	250,287	505,525	698,313
13	11	부동산업및임대업	4,880,372	38,519,650	75,167,732	118,214,996	45,033	379,420	728,818	1,243,821
14	12	사업서비스업	2,839,936	21,915,628	54,546,356	110,700,987	10,276	61,452	212,666	608,620
15	13	공공행정,국방및사회보장행정	5,848,783	25,768,161	60,170,028	107,963,472	70,580	390,063	986,471	1,888,696
16	14	교육서비스업	4,310,779	21,239,840	50,097,626	77,640,691	59,744	264,653	610,528	986,147
17	15	보건업및사회복지서비스업	1,659,987	10,001,912	29,554,148	68,196,649	15,694	118,070	367,653	779,817
18	16	문화 및 기타서비스업	2,282,818	12,782,255	26,634,431	46,062,186	31,206	182,383	447,793	804,380

〈그림 4-24〉 전국 및 제주의 산업별-10년 단위별 부가가치

〈그림 4-24〉에 나타나 있는 전국 및 제주의 산업별-10년 단위별 부가가치에 관한 자료(rsi-jj.xlsx)를 이용하여 지역전문화지수를 구해보자.

- 먼저 1896년 RSI를 계산하기 위해 K3에 다음의 식을 입력한다.
  =ABS((G3/G$2)-(C3/C$2))
- K3을 선택하고 선택된 영역의 오른쪽 맨 아래로 마우스 포인터를 이동하여 N3까지 마우스를 끌어서 클릭하여 복사한다.

- K3부터 N3까지 블록으로 선택하고 블록으로 선택된 영역의 오른쪽 맨 아래로 마우스 포인터를 이동하여 K18부터 N18까지 마우스를 끌어서 클릭하여 복사하면 전국 i산업의 부가가치 구성비와 제주지역 i산업의 부가가치 구성비의 차이를 계산한다.
- K2에 =sum(K3:K18)/2를 구하여 확인해 보고 N2까지 복사하면 〈그림 4-25〉와 같이 10년 단위별 제주지역 RSI를 계산해 주는데 1986년 0.343589에서 2016년 0.30769로 하락하였다. 이는 특정산업(예를 들면, 농림어업)의 집중정도가 낮아지고 있음을 의미한다.

	A	B	K	L	M	N
1	id	name	rsi1986	rsi1996	rsj2006	rsj2016
2	0	합계	0.343589	0.303954	0.313377	0.30769
3	1	농림어업	0.270232	0.187538	0.127624	0.095652
4	2	광업	0.010971	0.000341	0.000724	0.00025
5	3	제조업	0.240286	0.237922	0.25137	0.26108
6	4	전기,가스,증기및수도사업	0.012996	0.007848	0.004236	0.005879
7	5	건설업	0.003657	0.005671	0.017739	0.056503
8	6	도매및소매업	0.043288	0.00845	0.005469	0.002112
9	7	운수업	0.003047	0.009454	0.008755	0.022444
10	8	숙박및음식점업	0.001839	0.039625	0.031222	0.039134
11	9	출판,영상, 방송통신 및 정보서비스업	0.005349	0.009522	0.020328	8.16E-06
12	10	금융및보험업	0.012843	0.003995	0.000363	0.009299
13	11	부동산업및임대업	0.002143	0.000323	0.006702	0.001068
14	12	사업서비스업	0.017856	0.035894	0.035487	0.034951
15	13	공공행정,국방및사회보장행정	0.022489	0.031292	0.056799	0.049635
16	14	교육서비스업	0.025838	0.012643	0.020391	0.011641
17	15	보건업및사회복지서비스업	0.001181	0.004437	0.012984	0.004642
18	16	문화 및 기타서비스업	0.013165	0.012954	0.026563	0.021084

〈그림 4-25〉 제주의 10년 단위별 RSI

한편, 산업별 비중을 구하고 산업구성비를 크기 순으로 정렬한 후 누적률을 그린 것을 지방전문화곡선(localization curve)이라고 하는데 45°선에서 좌측 상방으로 멀어질수록 전문화되고 있다는 것을 의미한다.

〈그림 4-24〉에 자료를 이용하여 지방전문화곡선을 그려보자.

- 먼저 농림어업의 비중을 구하기 위해 C20에 다음의 식을 입력한다.
  =C3/C$2*100

- C20을 선택하고 선택된 영역의 오른쪽 맨 아래로 마우스 포인터를 이동하여 J20까지 마우스를 끌어서 클릭하여 복사한다.
- C20부터 J20까지 블록으로 선택하고 블록으로 선택된 영역의 오른쪽 맨 아래로 마우스 포인터를 이동하여 C35부터 J35까지 마우스를 끌어서 클릭하여 복사하면 〈그림 4-26〉과 같이 전국 및 제주의 산업별-10년 단위별 비중을 계산한다.

A	B	C	D	E	F	G	H	I	J
20	농림어업	11.63789	5.75723062	2.99232584	2.12505031	38.66111	24.51101	15.75468	11.690278
21	광업	1.1920516	0.42023833	0.23328227	0.185346487	0.09498	0.454328	0.160925	0.1603794
22	제조업	27.562068	26.6305845	27.8610701	29.46649446	3.533464	2.838429	2.724083	3.3585368
23	전기,가스,증기및수도사업	2.9664411	1.82340861	2.06830719	2.675084458	1.666835	1.038576	2.491927	3.2629814
24	건설업	5.6495107	8.94530875	6.31531703	5.713415078	6.015187	9.512399	8.089253	11.363746
25	도매및소매업	13.298955	9.1216881	8.56084895	8.378506765	8.970134	8.276675	8.013926	8.1673213
26	운수업	4.7655964	4.80294099	4.19256159	3.968880587	5.0703	5.748316	5.068075	6.213252
27	숙박및음식점업	2.7919492	2.90849805	2.70527489	2.75399062	2.975814	6.871047	5.827465	6.667376
28	출판,영상, 방송통신 및 정보서비스업	2.7267513	3.6288802	4.65300146	3.801857614	2.191865	2.676688	2.620236	3.8026734
29	금융및보험업	4.2181444	6.18755237	6.41458678	5.443973734	2.93384	5.788069	6.450865	4.5141091
30	부동산업및임대업	5.1863009	8.80667911	8.63003505	7.933641438	5.400573	8.774364	9.300245	8.0404399
31	사업서비스업	3.017959	5.01053107	6.26248726	7.429361481	1.232347	1.421122	2.713772	3.9343061
32	공공행정,국방및사회보장행정	6.2154173	5.89132884	6.90814312	7.245641452	8.464291	9.020491	12.58808	12.209109
33	교육서비스업	4.5810026	4.85602686	5.75172693	5.210619839	7.164786	6.120294	7.790779	6.3747563
34	보건업및사회복지서비스업	1.7640442	2.28671936	3.39312264	4.576811562	1.8821	2.730455	4.691518	5.0409759
35	문화 및 기타서비스업	2.4259177	2.92238424	3.05790885	3.091324112	3.742373	4.21774	5.714163	5.1997587

〈그림 4-26〉 전국 및 제주의 산업별-10년 단위별 비중

〈그림 4-26〉의 자료를 이용하여 산업별-10년 단위별 비중을 내림차순으로 정렬하면 〈그림 4-27〉과 같게 된다.

A	B	C	D	E	F	G	H	I	J
38	1		27.562068	26.6305845	27.8610701	29.46649446	38.66111	24.51101	15.75468	12.209109
39	2		13.298955	9.1216881	8.63003505	8.378506765	8.970134	9.512399	12.58808	11.690278
40	3		11.63789	8.94530875	8.56084895	7.933641438	8.464291	9.020491	9.300245	11.363746
41	4		6.2154173	8.80667911	6.90814312	7.429361481	7.164786	8.774364	8.089253	8.1673213
42	5		5.6495107	6.18755237	6.41458678	7.245641452	6.015187	8.276675	8.013926	8.0404399
43	6		5.1863009	5.89132884	6.31531703	5.713415078	5.400573	6.871047	7.790779	6.667376
44	7		4.7655964	5.75723062	6.26248726	5.443973734	5.0703	6.120294	6.450865	6.3747563
45	8		4.5810026	5.01053107	5.75172693	5.210619839	3.742373	5.788069	5.827465	6.213252
46	9		4.2181444	4.85602686	4.65300146	4.576811562	3.533464	5.748316	5.714163	5.1997587
47	10		3.017959	4.80294099	4.19256159	3.968880587	2.975814	4.21774	5.068075	5.0409759
48	11		2.9664411	3.6288802	3.39312264	3.801857614	2.93384	2.838429	4.691518	4.5141091
49	12		2.7919492	2.92238424	3.05790885	3.091324112	2.191865	2.730455	2.724083	3.9343061
50	13		2.7267513	2.90849805	2.99232584	2.75399062	1.8821	2.676688	2.713772	3.8026734
51	14		2.4259177	2.28671936	2.70527489	2.675084458	1.666835	1.421122	2.620236	3.3585368
52	15		1.7640442	1.82340861	2.06830719	2.12505031	1.232347	1.038576	2.491927	3.2629814
53	16		1.1920516	0.42023833	0.23328227	0.185346487	0.09498	0.454328	0.160925	0.1603794

〈그림 4-27〉 산업별-10년 단위별 비중의 내림차순 정렬

〈그림 4-27〉의 자료를 이용하여 산업별-10년 단위별 비중의 누적률은 다음과 같이 계산한다.

- C56부터 J56까지 0을 입력하고, C57에 =C38를 입력한 후 C57을 선택하고 선택된 영역의 오른쪽 맨 아래로 마우스 포인터를 이동하여 J57까지 마우스를 끌어서 클릭하여 복사한다.
- C58에 =C57+C39를 입력한 후 C58을 선택하고 선택된 영역의 오른쪽 맨 아래로 마우스 포인터를 이동하여 J58까지 마우스를 끌어서 클릭하여 복사한다.
- C58부터 J58까지 블록으로 선택하고 블록으로 선택된 영역의 오른쪽 맨 아래로 마우스 포인터를 이동하여 C72부터 J72까지 마우스를 끌어서 클릭하여 복사하면 〈그림 4-28〉과 같이 전국 및 제주의 산업별-10년 단위별 비중의 누적률을 계산한다.

	A	B	C	D	E	F	G	H	I	J
56	0		0	0	0	0	0	0	0	0
57	1		27.562068	26.6305845	27.8610701	29.46649446	38.66111	24.51101	15.75468	12.209109
58	2		40.861023	35.7522726	36.4911052	37.84500123	47.63125	34.02341	28.34277	23.899387
59	3		52.498914	44.6975813	45.0519541	45.77864267	56.09554	43.0439	37.64301	35.263133
60	4		58.714331	53.5042604	51.9600973	53.20800415	63.26032	51.81826	45.73227	43.430455
61	5		64.363842	59.6918128	58.374684	60.4536456	69.27551	60.09494	53.74619	51.470895
62	6		69.550142	65.5831417	64.6900011	66.16706068	74.67608	66.96598	61.53697	58.138271
63	7		74.315739	71.3403723	70.9524883	71.61103441	79.74638	73.08628	67.98784	64.513027
64	8		78.896742	76.3509034	76.7042153	76.82165425	83.48876	78.87435	73.8153	70.726279
65	9		83.114886	81.2069302	81.3572167	81.39846581	87.02222	84.62266	79.52946	75.926038
66	10		86.132845	86.0098712	85.5497783	85.3673464	89.99803	88.8404	84.59754	80.967014
67	11		89.099286	89.6387514	88.942901	89.16920401	92.93187	91.67883	89.28906	85.481123
68	12		91.891235	92.5611356	92.0008098	92.26052813	95.12374	94.40929	92.01314	89.415429
69	13		94.617986	95.4696337	94.9931356	95.01451875	97.00584	97.08597	94.72691	93.218102
70	14		97.043904	97.7563531	97.6984105	97.6896032	98.67267	98.5071	97.34715	96.576639
71	15		98.807948	99.5797617	99.7667177	99.81465351	99.90502	99.54567	99.83907	99.839621
72	16		100	100	100	100	100	100	100	100

〈그림 4-28〉 산업별-10년 단위별 비중의 누적률

〈그림 4-28〉의 자료를 이용하여 지방전문화곡선을 그릴 수 있는데 1986년 및 2016년 전국 및 제주의 누적률로 그림을 그려보면 각각 〈그림 4-29〉 및 〈그림 4-30〉과 같은데 그림에서 보듯이 1986년의 경우 제주가 전국보다 더 전문화되어 있고, 2016년의 경우 전국이 제주보다 더 전문화되어 있음을 보여주고 있다.

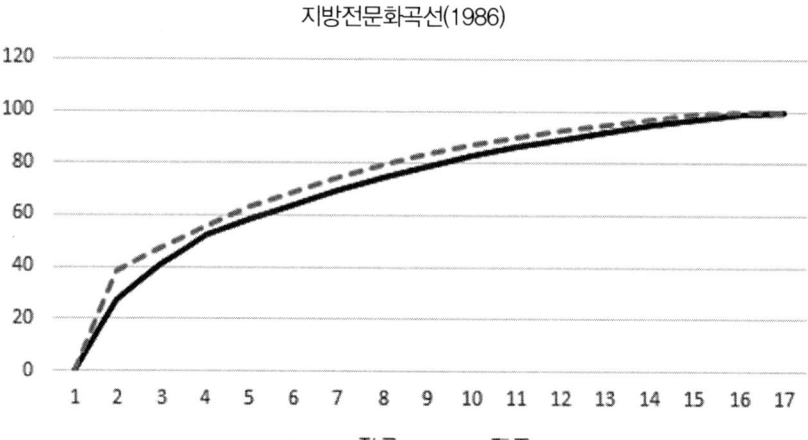

〈그림 4-29〉 제주지역 지방전문화곡선(1986)

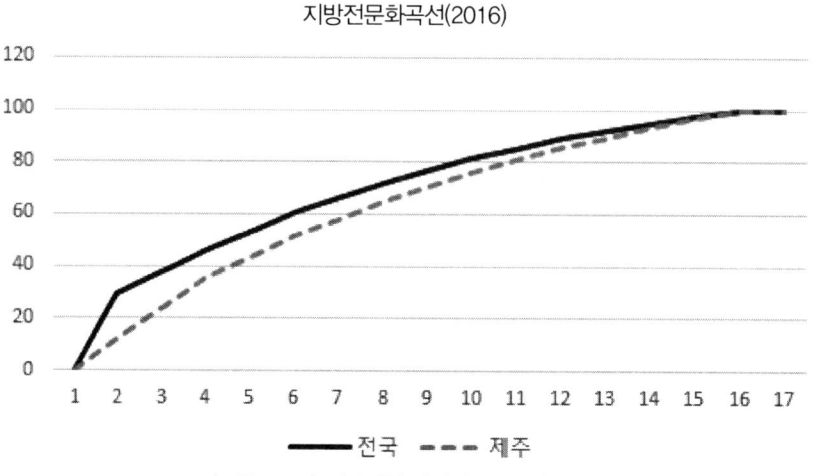

〈그림 4-30〉 제주지역 지방전문화곡선(2016)

한편, 전국 및 제주의 산업별-10년 단위별 지역전문화지수를 R을 이용하여 계산하고 지방전문화곡선을 그리는 〈b3-ch4-11.R〉을 실행해 보면 Excel로 한 결과와 동일함을 알 수 있다.

b3-ch4-11.R의 실행결과
〉 library(openxlsx)

```
> data<-read.xlsx("http://kanggc.iptime.org/book/data/rsi-jj-e.xlsx")

> id<-data$id

> name<-data$name

> k1986<-data$k1986

> k1996<-data$k1996

> k2006<-data$k2006

> k2016<-data$k2016

> jj1986<-data$jj1986

> jj1996<-data$jj1996

> jj2006<-data$jj2006

> jj2016<-data$jj2016

> B<-matrix(data=NA, nrow=16, ncol=4, byrow=T)

> for(i in 1:16) {
+   for(j in 1:4) {
+     B[i,1]<-abs((jj1986[i+1]/jj1986[1])-(k1986[i+1]/k1986[1]))
+     B[i,2]<-abs((jj1996[i+1]/jj1996[1])-(k19 .... [TRUNCATED]

> BB<-round(B,digits=3)

> BB
      [,1]  [,2]  [,3]  [,4]
 [1,] 0.270 0.188 0.128 0.096
 [2,] 0.011 0.000 0.001 0.000
 [3,] 0.240 0.238 0.251 0.261
 [4,] 0.013 0.008 0.004 0.006
 [5,] 0.004 0.006 0.018 0.057
 [6,] 0.043 0.008 0.005 0.002
```

```
 [7,] 0.003 0.009 0.009 0.022
 [8,] 0.002 0.040 0.031 0.039
 [9,] 0.005 0.010 0.020 0.000
[10,] 0.013 0.004 0.000 0.009
[11,] 0.002 0.000 0.007 0.001
[12,] 0.018 0.036 0.035 0.035
[13,] 0.022 0.031 0.057 0.050
[14,] 0.026 0.013 0.020 0.012
[15,] 0.001 0.004 0.013 0.005
[16,] 0.013 0.013 0.027 0.021

> RSI<-colSums(B)/2

> RSI
[1] 0.3435891 0.3039540 0.3133775 0.3076903

> A<-matrix(data=NA, nrow=16, ncol=8, byrow=T)

> for(i in 1:16) {
+   for(j in 1:4) {
+     A[i,1]<-(k1986[i+1]/k1986[1])*100
+     A[i,2]<-(k1996[i+1]/k1996[1])*100
+     A[i,3]<-(k2006[i+1]/k2006[ .... [TRUNCATED]

> for(i in 1:16) {
+   for(j in 5:8) {
+     A[i,5]<-(jj1986[i+1]/jj1986[1])*100
+     A[i,6]<-(jj1996[i+1]/jj1996[1])*100
+     A[i,7]<-(jj2006[i+1]/ .... [TRUNCATED]

> AA<-round(A,digits=3)

> AA
        [,1]    [,2]    [,3]    [,4]    [,5]    [,6]    [,7]    [,8]
[1,]  11.638   5.757   2.992   2.125  38.661  24.511  15.755  11.690
[2,]   1.192   0.420   0.233   0.185   0.095   0.454   0.161   0.160
[3,]  27.562  26.631  27.861  29.466   3.533   2.838   2.724   3.359
[4,]   2.966   1.823   2.068   2.675   1.667   1.039   2.492   3.263
[5,]   5.650   8.945   6.315   5.713   6.015   9.512   8.089  11.364
```

```
 [6,]  13.299  9.122  8.561  8.379  8.970  8.277  8.014  8.167
 [7,]   4.766  4.803  4.193  3.969  5.070  5.748  5.068  6.213
 [8,]   2.792  2.908  2.705  2.754  2.976  6.871  5.827  6.667
 [9,]   2.727  3.629  4.653  3.802  2.192  2.677  2.620  3.803
[10,]   4.218  6.188  6.415  5.444  2.934  5.788  6.451  4.514
[11,]   5.186  8.807  8.630  7.934  5.401  8.774  9.300  8.040
[12,]   3.018  5.011  6.262  7.429  1.232  1.421  2.714  3.934
[13,]   6.215  5.891  6.908  7.246  8.464  9.020 12.588 12.209
[14,]   4.581  4.856  5.752  5.211  7.165  6.120  7.791  6.375
[15,]   1.764  2.287  3.393  4.577  1.882  2.730  4.692  5.041
[16,]   2.426  2.922  3.058  3.091  3.742  4.218  5.714  5.200
```

> k1986<-A[,1]

> k1986_1<-sort(k1986, decreasing=T)

> k1986_2<-cumsum(k1986_1)

> k1986_3<-c(0,k1986_2)

> jj1986<-A[,5]

> jj1986_1<-sort(jj1986, decreasing=T)

> jj1986_2<-cumsum(jj1986_1)

> jj1986_3<-c(0,jj1986_2)

> k1996<-A[,2]

> k1996_1<-sort(k1996, decreasing=T)

> k1996_2<-cumsum(k1996_1)

> k1996_3<-c(0,k1996_2)

> jj1996<-A[,6]

> jj1996_1<-sort(jj1996, decreasing=T)

```
> jj1996_2<-cumsum(jj1996_1)

> jj1996_3<-c(0,jj1996_2)

> k2006<-A[,3]

> k2006_1<-sort(k2006, decreasing=T)

> k2006_2<-cumsum(k2006_1)

> k2006_3<-c(0,k2006_2)

> jj2006<-A[,7]

> jj2006_1<-sort(jj2006, decreasing=T)

> jj2006_2<-cumsum(jj2006_1)

> jj2006_3<-c(0,jj2006_2)

> k2016<-A[,4]

> k2016_1<-sort(k2016, decreasing=T)

> k2016_2<-cumsum(k2016_1)

> k2016_3<-c(0,k2016_2)

> jj2016<-A[,8]

> jj2016_1<-sort(jj2016, decreasing=T)

> jj2016_2<-cumsum(jj2016_1)

> jj2016_3<-c(0,jj2016_2)

> C<-cbind(k1986_1,jj1986_1,k1996_1,jj1996_1,k2006_1,jj2006_1,k2016_1,jj2016_1)
```

```
> CC<-round(C,digits=3)

> CC
```

	k1986_1	jj1986_1	k1996_1	jj1996_1	k2006_1	jj2006_1	k2016_1	jj2016_1
[1,]	27.562	38.661	26.631	24.511	27.861	15.755	29.466	12.209
[2,]	13.299	8.970	9.122	9.512	8.630	12.588	8.379	11.690
[3,]	11.638	8.464	8.945	9.020	8.561	9.300	7.934	11.364
[4,]	6.215	7.165	8.807	8.774	6.908	8.089	7.429	8.167
[5,]	5.650	6.015	6.188	8.277	6.415	8.014	7.246	8.040
[6,]	5.186	5.401	5.891	6.871	6.315	7.791	5.713	6.667
[7,]	4.766	5.070	5.757	6.120	6.262	6.451	5.444	6.375
[8,]	4.581	3.742	5.011	5.788	5.752	5.827	5.211	6.213
[9,]	4.218	3.533	4.856	5.748	4.653	5.714	4.577	5.200
[10,]	3.018	2.976	4.803	4.218	4.193	5.068	3.969	5.041
[11,]	2.966	2.934	3.629	2.838	3.393	4.692	3.802	4.514
[12,]	2.792	2.192	2.922	2.730	3.058	2.724	3.091	3.934
[13,]	2.727	1.882	2.908	2.677	2.992	2.714	2.754	3.803
[14,]	2.426	1.667	2.287	1.421	2.705	2.620	2.675	3.359
[15,]	1.764	1.232	1.823	1.039	2.068	2.492	2.125	3.263
[16,]	1.192	0.095	0.420	0.454	0.233	0.161	0.185	0.160

```
> D<-cbind(k1986_3,jj1986_3,k1996_3,jj1996_3,k2006_3,jj2006_3,k2016_3,jj2016_3)

> DD<-round(D,digits=3)

> DD
```

	k1986_3	jj1986_3	k1996_3	jj1996_3	k2006_3	jj2006_3	k2016_3	jj2016_3
[1,]	0.000	0.000	0.000	0.000	0.000	0.000	0.000	0.000
[2,]	27.562	38.661	26.631	24.511	27.861	15.755	29.466	12.209
[3,]	40.861	47.631	35.752	34.023	36.491	28.343	37.845	23.899
[4,]	52.499	56.096	44.698	43.044	45.052	37.643	45.779	35.263
[5,]	58.714	63.260	53.504	51.818	51.960	45.732	53.208	43.430
[6,]	64.364	69.276	59.692	60.095	58.375	53.746	60.454	51.471
[7,]	69.550	74.676	65.583	66.966	64.690	61.537	66.167	58.138
[8,]	74.316	79.746	71.340	73.086	70.952	67.988	71.611	64.513
[9,]	78.897	83.489	76.351	78.874	76.704	73.815	76.822	70.726
[10,]	83.115	87.022	81.207	84.623	81.357	79.529	81.398	75.926
[11,]	86.133	89.998	86.010	88.840	85.550	84.598	85.367	80.967
[12,]	89.099	92.932	89.639	91.679	88.943	89.289	89.169	85.481

```
[13,]   91.891   95.124   92.561   94.409   92.001   92.013   92.261   89.415
[14,]   94.618   97.006   95.470   97.086   94.993   94.727   95.015   93.218
[15,]   97.044   98.673   97.756   98.507   97.698   97.347   97.690   96.577
[16,]   98.808   99.905   99.580   99.546   99.767   99.839   99.815   99.840
[17,]  100.000  100.000  100.000  100.000  100.000  100.000  100.000  100.000
```

> par(mfrow=c(1,2))

> plot(id,k1986_3, type="l", xlab="", ylab="cumulative sum", col="black",main="지방전문화곡선(1986년)")

> lines(id,jj1986_3, col="blue",lty=2)

> legend("bottomright", legend=c("전국","제주"), col=c("black","blue"), lty=c(1,2))

> plot(id,k2016_3, type="l", xlab="",ylab="cumulative sum", col="black",main="지방전문화곡선(2016년)")

> lines(id,jj2016_3, col="blue",lty=2)

> legend("bottomright", legend=c("전국","제주"), col=c("black","blue"), lty=c(1,2))

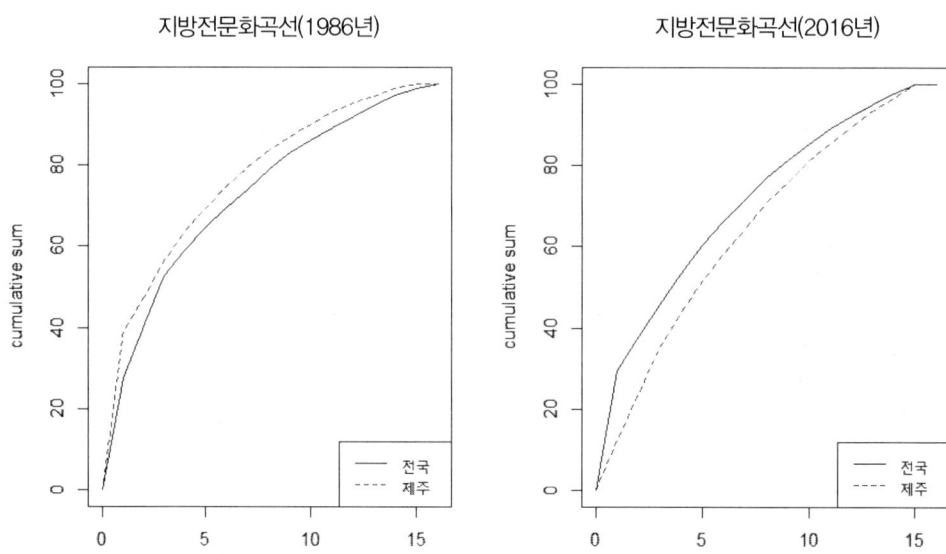

제6절
변화할당분석 및 지역성장률시차분석

1. 변화할당분석

변화할당분석(shift-share analysis)은 두 시점간 지역의 성장요인을 분석하는 방법인데 지역산업의 성장요인을 전국의 산업성장효과, 지역의 산업구조효과, 그리고 지역할당효과로 구분한다. 즉, 지역성장률과 국가성장률의 성장격차를 국가성장효과(National Growth Effect: NGE), 산업혼합효과(Industrial Mix Effect: IME), 지역할당효과(Regional Share Effect: RSE)로 분해하는데 계산식은 다음과 같다.

$$NGE_{ij} = S_{ij,0} \times G$$
$$IME_{ij} = S_{ij,0} \times (G_i - G)$$
$$RSE_{ij} = S_{ij,0} \times (G_{ij} - G_i)$$

단, $S_{ij,0}$는 기준 연도 j지역 i산업 부가가치, G는 기준 연도와 비교 연도간 전국 전산업 부가가치 성장률, G_i는 기준 연도와 비교연도간 전국 i산업 부가가치 성장률, G_{ij}는 기준 연도와 비교연도간 j지역 i산업 부가가치 성장률을 각각 나타낸다

국가성장효과는 일정기간동안 국가 전체의 산업성장이 지역에도 똑같이 유발되었다고 가정하고 그 지역산업이 국가 전체의 성장률로 성장했을 때 지역에서 발생할 것으로 기대되는 성장효과로 j지역 i산업의 부가가치 총증가량 중에서 국가 전체 모든 산업의 평균성장으로 유발된 부가가치 증가분을 의미한다.

산업구조효과는 한 지역이 전국적으로 급격히 성장하는 산업의 구성비가 큰 경우 그 지역은 유리한 산업구조를 가졌다고 보고 그 산업의 구성비가 작은 지역보다 크게 성장하는 효과로 전국 i산업의 성장률에서 전국 전산업 성장률을 뺀 전국 i산업의 순

성장률이 j지역 i산업에 대하여 유발한 부가가치 증가를 의미한다.

지역할당효과는 특정산업의 해당지역 성장률과 전국 성장률의 차이로 나타나는 효과로 j지역 i산업의 성장률에서 전국의 i산업의 성장률을 뺀 j지역 i산업의 순 성장률이 j지역 i산업에 대하여 유발한 부가가치 증가를 의미한다.

	A	B	C	D	E	F	G	H	I
1		전국(12)	전국(17)	증가액(12-17)	증가율	제주(12)	제주(17)	증가액(12-17)	증가율
2	전체	25,255,728	42,223,318	16,967,590	0.671831	348,049	3,117,570	2,769,522	7.9573
3	식품	2,470,599	2,963,973	493,374	0.199698	115	2,337	2,222	19.3229
4	도·소매(유통)	13,427,179	18,219,484	4,792,305	0.356911	14,658	33,260	18,601	1.2690
5	숙박·음식점	1,421,094	4,265,845	2,844,751	2.001804	69,598	1,569,717	1,500,119	21.5541
6	부동산	3,520,162	7,061,345	3,541,183	1.005972	196,151	1,299,366	1,103,215	5.6243
7	사업지원·임대	780,376	1,233,123	452,747	0.580165	1,279	48,242	46,963	36.7040
8	연구개발·전문·과학기술	2,361,300	5,498,108	3,136,808	1.328424	580	36,843	36,263	62.5175
9	여가·스포츠·오락	296,501	637,510	341,009	1.150111	62,927	122,276	59,349	0.9431
10	종합건설	891,170	2,204,714	1,313,544	1.473954	291	2,938	2,647	9.0987
11	전문직별 공사	87347	139216	51,869	0.593827	2,450	2,593	143	0.0582

⟨그림 4-31⟩ 전국 및 제주의 외국인직접투자(2012-2017)

⟨그림 4-31⟩에 나타나 있는 전국과 제주의 2012년 및 2017년 외국인직접투자에 관한 자료(ss-fdi.xlsx)를 이용하여 변이할당분석으로 국가성장효과, 산업혼합효과, 지역할당효과를 구해보자.

- 먼저 국가성장효과를 계산하기 위해 J3에 =F3*E$2를 입력하고, 산업혼합효과를 계산하기 위해 K3에 =F3*(E3-E$2)를 입력하고, 지역할당효과를 계산하기 위해 L3에 =F3*(I3-E3)를 각각 입력한다.
- J3부터 L3까지 블록으로 선택하고 블록으로 선택된 영역의 오른쪽 맨 아래로 마우스 포인터를 이동하여 J11부터 L11까지 마우스를 끌어서 클릭하여 복사하면 ⟨그림 4-32⟩와 같이 3가지 효과를 각각 계산한다.
- J2에 =sum(J3:J11)을 구하여 확인해 보고 L2까지 복사하면 3가지 효과의 합을 계산한다.

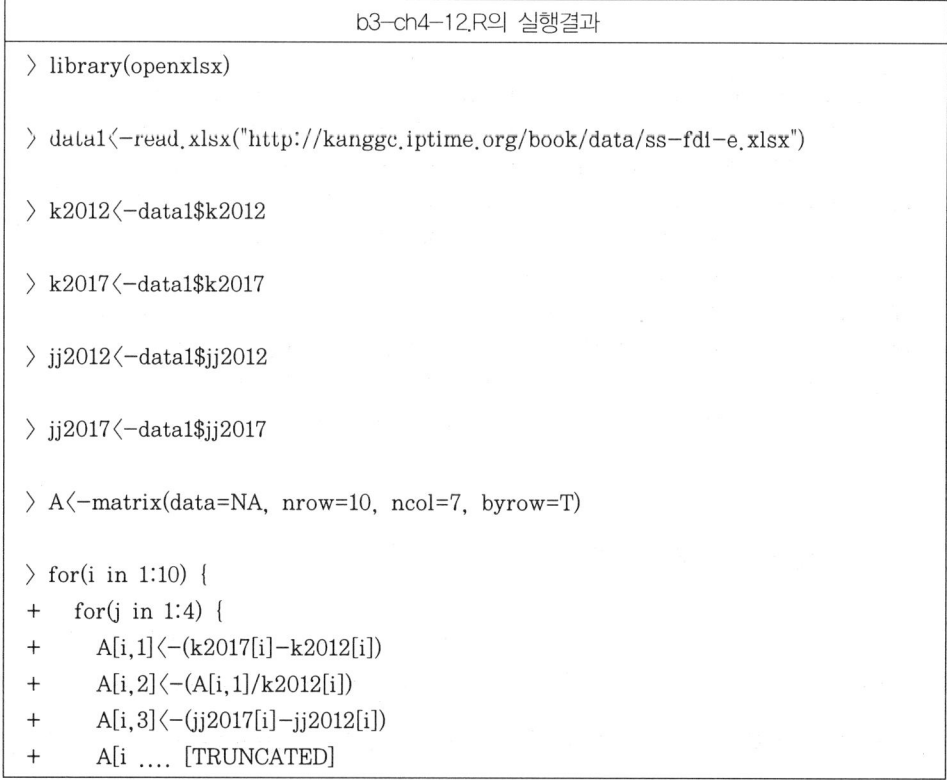

	A	J	K	L
1		국가성장효과	산업혼합효과	지역할당효과
2	전체	233,830	183,837	2,351,855
3	식품	77	-54	2,199
4	도·소매(유통)	9,848	-4,616	13,370
5	숙박·음식점	46,758	92,563	1,360,798
6	부동산	131,780	65,542	905,893
7	사업지원·임대	860	-117	46,220
8	연구개발·전문·과학기술	390	381	35,492
9	여가·스포츠·오락	42,276	30,097	-13,024
10	종합건설	195	233	2,218
11	전문직별 공사	1,646	-191	-1,312

〈그림 4-32〉 변화할당분석 결과

한편, 지역 실제성장변화의 국가성장효과, 산업구조효과, 지역할당효과 분해를 R을 이용하여 계산하는 〈b3-ch4-12.R〉을 실행해 보면 Excel로 한 결과와 동일함을 알 수 있다.

```
                           b3-ch4-12.R의 실행결과
> library(openxlsx)

> data1<-read.xlsx("http://kanggc.iptime.org/book/data/ss-fd1-e.xlsx")

> k2012<-data1$k2012

> k2017<-data1$k2017

> jj2012<-data1$jj2012

> jj2017<-data1$jj2017

> A<-matrix(data=NA, nrow=10, ncol=7, byrow=T)

> for(i in 1:10) {
+    for(j in 1:4) {
+       A[i,1]<-(k2017[i]-k2012[i])
+       A[i,2]<-(A[i,1]/k2012[i])
+       A[i,3]<-(jj2017[i]-jj2012[i])
+       A[i .... [TRUNCATED]
```

```
> for(i in 1:9) {
+   for(j in 5:7) {
+     A[i+1,5]<-(-(jj2012[i+1])*A[1,2]
+     A[i+1,6]<-jj2012[i+1]*(A[i+1,2]-A[1,2])
+     A[i+1,7]<-jj2012[i+1]*(A .... [TRUNCATED]

> CS<-colSums(A[,5:7], na.rm=T)

> A[1,5]<-CS[1]

> A[1,6]<-CS[2]

> A[1,7]<-CS[3]

> AA<-round(A,digits=3)

> AA
          [,1]   [,2]      [,3]    [,4]       [,5]       [,6]       [,7]
 [1,] 16967590 0.672 2769521.577   7.957 233830.135 183836.697 2351854.745
 [2,]   493374 0.200    2222.128  19.323     77.261    -54.295    2199.163
 [3,]  4792305 0.357   18601.242   1.269   9847.915  -4616.205   13369.532
 [4,]  2844751 2.002 1500118.806  21.554  46757.927  92563.025 1360797.854
 [5,]  3541183 1.006 1103215.190   5.624 131780.181  65541.838  905893.171
 [6,]   452747 0.580   46962.705  36.704    859.608   -117.287   46220.384
 [7,]  3136808 1.328   36262.962  62.517    389.692    380.853   35492.416
 [8,]   341009 1.150   59349.160   0.943  42276.138  30096.552  -13023.529
 [9,]  1313544 1.474    2646.695   9.099    195.426    233.326    2217.942
[10,]    51869 0.594     142.689   0.058   1645.987   -191.111   -1312.187
```

2. 지역성장률시차분석

지역성장률시차분석(regional growth rate differential analysis)은 산업별 성장기여수치를 성장률로 표시하는 방법인데 변화할당분석의 확장모형이다. 지역 총성장률시차(TR)는 지역의 산업별 성장률에 해당 산업의 구성비를 가중하여 구하는 지역 실질변화성장률(RR)과 전국의 산업별 성장률에 해당 산업의 구성비를 가중하여 구하는 전국

실질변화성장률(NR)의 차이로 계산된다. 한편, 지역 총성장률시차(TR)은 가중요인(weight part: WP)과 경쟁력요인(rate part: RP)로 분해되는데 WP는 변화할당분석에서 산업혼합효과를 나타내고, RP는 지역할당효과를 나타내는데 계산식은 다음과 같다.

$$RR = G_{ij} \times (\frac{S_{ij,0}}{S_{.j,0}})$$

$$NR = G_i \times (\frac{S_{i.,0}}{S_{..,0}})$$

$$WP = G_i \times (\frac{S_{ij,0}}{S_{.j,0}} - \frac{S_{i.,0}}{S_{..,0}})$$

$$RP = (G_{ij} - G_i) \times (\frac{S_{ij,0}}{S_{.j,0}})$$

단, $S_{ij,0}$는 기준 연도 j지역 i산업 부가가치, $S_{.j,0}$는 기준 연도 j지역 전산업 부가가치, $S_{i.,0}$는 기준 연도 전국 i산업 부가가치, $S_{..,0}$는 기준 연도 전국 전산업 부가가치, G는 기준 연도와 비교 연도간 전국 전산업 부가가치 성장률, G_i는 기준 연도와 비교연도간 전국 i산업 부가가치 성장률, G_{ij}는 기준 연도와 비교연도간 j지역 i산업 부가가치 성장률을 각각 나타낸다.

	A	B	C	D	E	F
1	2010-2017년(명목)					
2		2010	2017		2010	2017
3	전국	1,145,266,068	1,570,225,280	제주	10,168,054	16,408,322
4	농림어업	28,312,873	33,926,126	농림어업	1,675,966	1,916,582
5	광업	2,336,558	2,877,843	광업	22,257	23,125
6	제조업	352,338,087	475,758,967	제조업	329,424	537,641
7	전기,가스,증기및수도사업	19,371,036	35,073,388	전기,가스,증	191,195	423,101
8	건설업	58,500,525	93,870,741	건설업	689,746	2,095,413
9	도매및소매업	102,743,893	129,077,693	도매및소매	924,903	1,339,623
10	운수업	44,316,272	57,264,796	운수업	467,363	765,274
11	숙박및음식점업	29,873,155	40,794,312	숙박및음식	605,984	1,037,279
12	출판,영상, 방송통신 및 정보서비스업	45,220,906	57,407,175	출판,영상,	224,812	753,680
13	금융및보험업	71,687,333	85,854,480	금융및보험	568,939	762,458
14	부동산업및임대업	90,821,825	122,118,153	부동산업및	891,229	1,288,928
15	사업서비스업	78,029,771	119,085,157	사업서비스	342,434	634,765
16	공공행정,국방및사회보장행정	78,748,172	114,635,368	공공행정,국	1,332,605	2,159,967
17	교육서비스업	63,845,860	79,427,765	교육서비스	782,199	1,018,455
18	보건업및사회복지서비스업	43,861,483	74,439,269	보건업및사	540,209	851,427
19	문화 및 기타서비스업	35,258,319	48,614,047	문화 및 기타	578,789	800,604

〈그림 4-33〉 전국 및 제주의 산업별 부가가치

〈그림 4-33〉에 나타나 있는 전국 및 제주의 산업별 부가가치에 관한 자료(rgda.xlsx)를 이용하여 지역성장률시차분석으로 가중요인 및 경쟁력요인을 구해보자.

- 먼저 제주의 총성장률을 계산하기 위해 G3에 =(F3-E3)/E3*100을 입력하고, 전국의 총성장률을 계산하기 위해 H3에 =(C3-B3)/B3*100을 각각 입력한다.
- G3부터 H3까지 블록으로 선택하고 블록으로 선택된 영역의 오른쪽 맨 아래로 마우스 포인터를 이동하여 G19부터 H19까지 마우스를 끌어서 클릭하여 복사한다.
- 제주의 산업비중을 계산하기 위해 I4에 =E4/$E$3*100을 입력하고, 전국의 산업비중을 계산하기 위해 J4에 =B4/$B$3*100을 각각 입력한다.
- I4부터 J4까지 블록으로 선택하고 블록으로 선택된 영역의 오른쪽 맨 아래로 마우스 포인터를 이동하여 I19부터 J19까지 마우스를 끌어서 클릭하여 복사하고, I3에 =sum(I4:I19), J3에 =sum(J4:J19)를 각각 입력하여 합계를 구한다.
- 제주의 성장기여도를 계산하기 위해 K4에 =G4*I4/100을 입력하고, 전국의 성장기여도를 계산하기 위해 L4에 =H4*J4/100을 각각 입력한다.
- K4부터 L4까지 블록으로 선택하고 블록으로 선택된 영역의 오른쪽 맨 아래로 마우스 포인터를 이동하여 K19부터 L19까지 마우스를 끌어서 클릭하여 복사하고, K3에 =sum(K4:K19), L3에 =sum(L4:L19)를 각각 입력하여 합계를 구한다.
- 지역 총성장률시차를 계산하기 위해 M3에 =K3-L3*100을 입력하고, M3을 블록으로 선택하고 블록으로 선택된 영역의 오른쪽 맨 아래로 마우스 포인터를 이동하여 M19까지 마우스를 끌어서 클릭하여 복사한다.
- 가중요인을 계산하기 위해 N4에 =(E4/$E$3-B4/$B$3)*(C4-B4)/B4*1000을 입력하고, N4를 블록으로 선택하고 블록으로 선택된 영역의 오른쪽 맨 아래로 마우스 포인터를 이동하여 N19까지 마우스를 끌어서 클릭하여 복사하고, N3에 =sum(N4:N19)를 입력하여 합계를 구한다.
- 경쟁력요인을 계산하기 위해 O4에 =E4/$E$3*((F4-E4)/E4-(C4-B4)/B4)*100을 입력하고, O4를 블록으로 선택하고 블록으로 선택된 영역의 오른쪽 맨 아래로 마우스 포인터를 이동하여 O19까지 마우스를 끌어서 클릭하여 복사하고, O3에 =sum(O4:O19)를 입력하여 합계를 구하면 〈그림 4-34〉와 같다.

	A	G	H	I	J	K	L	M	N	O
1	2010-2017년(명목)	총성장률		산업비중		성장기여도		10-17		
2		제주	전국	제주	전국	제주(A)	전국(B)	A-B(TR)	WP	RP
3	전국	61.37131	37.10572	100	100	61.37131	37.10572	24.27	-0.97	25.24
4	농림어업	14.35685	19.8258	16.48266	2.472166	2.366392	0.490127	1.88	2.78	-0.90
5	광업	3.899897	23.16591	0.218891	0.204019	0.008537	0.047263	-0.04	0.00	-0.04
6	제조업	63.20638	35.02911	3.239794	30.76474	2.047757	10.77661	-8.73	-9.64	0.91
7	전기,가스,증기및수도사업	121.2929	81.06098	1.88035	1.6914	2.280731	1.371066	0.91	0.15	0.76
8	건설업	203.7949	60.46137	6.783461	5.108029	13.82435	3.088384	10.74	1.01	9.72
9	도매및소매업	44.8393	25.63053	9.096165	8.971181	4.078657	2.299361	1.78	0.03	1.75
10	운수업	63.74296	29.21844	4.596386	3.869518	2.929872	1.130613	1.80	0.21	1.59
11	숙박및음식점업	71.17267	36.55843	5.959685	2.608403	4.241667	0.953591	3.29	1.23	2.06
12	출판,영상,방송통신 및 정보서비스업	235.249	26.94831	2.210964	3.948507	5.201271	1.064056	4.14	-0.47	4.61
13	금융및보험업	34.01402	19.76241	5.595358	6.259448	1.903206	1.237018	0.67	-0.13	0.80
14	부동산업및임대업	44.62366	34.45904	8.764991	7.930194	3.91126	2.732669	1.18	0.29	0.89
15	사업서비스업	85.36857	52.61503	3.367744	6.813244	2.874995	3.58479	-0.71	-1.81	1.10
16	공공행정,국방및사회보장행정	62.08606	45.5721	13.1058	6.875972	8.136877	3.133525	5.00	2.84	2.16
17	교육서비스업	30.20408	24.40551	7.692711	5.574762	2.323512	1.360549	0.96	0.52	0.45
18	보건및사회복지서비스업	57.61067	69.71444	5.312806	3.829807	3.060743	2.669929	0.39	1.03	-0.64
19	문화 및 기타서비스업	38.32398	37.87965	5.69223	3.078614	2.181489	1.166168	1.02	0.99	0.03

〈그림 4-34〉 지역성장률시차분석 결과

한편, 지역 총성장률시차의 가중요인 및 경쟁력요인 분해를 R을 이용하여 계산하는 〈b3-ch4-13.R〉을 실행해 보면 Excel로 한 결과와 동일함을 알 수 있다.

b3-ch4-13.R의 실행결과
> library(openxlsx)
> sample1<-read.xlsx("http://kanggc.iptime.org/book/data/rgda-e.xlsx")
> k<-sample1$Korea
> k2010<-sample1$K2010
> k2017<-sample1$K2017
> jj<-sample1$Jeju
> jj2010<-sample1$J2010
> jj2017<-sample1$J2017
> A<-matrix(data=NA, nrow=17, ncol=9, byrow=T)
> for(i in 1:17) {

```
+   for(j in 1:7) {
+       A[i,1]<-(-((jj2017[i]-jj2010[i])/jj2010[i])*100
+       A[i,2]<-(-((k2017[i]-k2010[i])/k2010[i])*100
+       A[i,3 .... [TRUNCATED]

> for(i in 1:16) {
+   for(j in 8:9) {
+
+
A[i+1,8]<-(-((jj2010[i+1]/jj2010[1])-(k2010[i+1]/k2010[1]))*(k2017[i+1]-k2010[i+1])/k2010[i+1]*100
+ .... [TRUNCATED]

> CS<-colSums(A[,8:9], na.rm=T)

> CS
[1] -0.969673 25.235264

> A[1,8]<-CS[1]

> A[1,9]<-CS[2]

> AA<-round(A,digits=3)

> AA
         [,1]    [,2]    [,3]    [,4]    [,5]    [,6]    [,7]    [,8]    [,9]
 [1,]  61.371  37.106 100.000 100.000  61.371  37.106  24.266  -0.970  25.235
 [2,]  14.357  19.826  16.483   2.472   2.366   0.490   1.876   2.778  -0.901
 [3,]   3.900  23.166   0.219   0.204   0.009   0.047  -0.039   0.003  -0.042
 [4,]  63.206  35.029   3.240  30.765   2.048  10.777  -8.729  -9.642   0.913
 [5,] 121.293  81.061   1.880   1.691   2.281   1.371   0.910   0.153   0.757
 [6,] 203.795  60.461   6.783   5.108  13.824   3.088  10.736   1.013   9.723
 [7,]  44.839  25.631   9.096   8.971   4.079   2.299   1.779   0.032   1.747
 [8,]  63.743  29.218   4.596   3.870   2.930   1.131   1.799   0.212   1.587
 [9,]  71.173  36.558   5.960   2.608   4.242   0.954   3.288   1.225   2.063
[10,] 235.249  26.948   2.211   3.949   5.201   1.064   4.137  -0.468   4.605
[11,]  34.014  19.762   5.595   6.259   1.903   1.237   0.666  -0.131   0.797
[12,]  44.624  34.459   8.765   7.930   3.911   2.733   1.179   0.288   0.891
[13,]  85.369  52.615   3.368   6.813   2.875   3.585  -0.710  -1.813   1.103
```

[14,]	62.086	45.572	13.106	6.876	8.137	3.134	5.003	2.839	2.164
[15,]	30.204	24.406	7.693	5.575	2.324	1.361	0.963	0.517	0.446
[16,]	57.611	69.714	5.313	3.830	3.061	2.670	0.391	1.034	−0.643
[17,]	38.324	37.880	5.692	3.079	2.181	1.166	1.015	0.990	0.025

제5장

Excel 및 R : 상관 및 회귀분석

제1절 상관분석
제2절 회귀분석

제1절

상관분석

상관분석은 독립변수와 종속변수의 구분이 없는 두 확률변수 간의 선형성의 정도를 측정한 상관계수를 추정하고 검정하는 것을 말한다.

상관계수는 두 변수 간 선형관계의 밀접도를 측정하는 통계량으로 상관관계수의 부호가 양수이면 두 변수들이 서로 같은 방향으로 변하고, 음수이면 두 변수들이 서로 반대 방향으로 변한다. 또한 상관계수는 두 변수의 측정단위에 영향을 받지 않으며 상관계수는 -1과 1사이의 값을 가진다.

한편, 상관계수를 구하는 과정에서 계산되는 공분산은 두 변수의 측정단위에 따라 달라지는데 공분산의 부호가 양수이면 두 변수들이 서로 같은 방향으로 변하고, 음수이면 두 변수들이 서로 반대 방향으로 변한다.

제3장의 기술통계량 계산 시 사용한 describe.xlsx로 우리나라 주요 거시경제변수의 상관계수 및 공분산계수를 각각 구해보자.

데이터-분석-데이터 분석을 실행하면 나타나는 통계 데이터분석 대화상자에서 상관분석(공분산분석)을 실행하면 선택된 자료에 관한 상관계수(공분산계수)를 계산한다.

이때 계열이름이 있는 셀과 자료가 입력되어 있는 셀을 모두 선택한 후 다음의 〈그림 5-1〉과 같은 상관분석 대화상자에서 첫째 행 이름표 사용에 ☑한다.

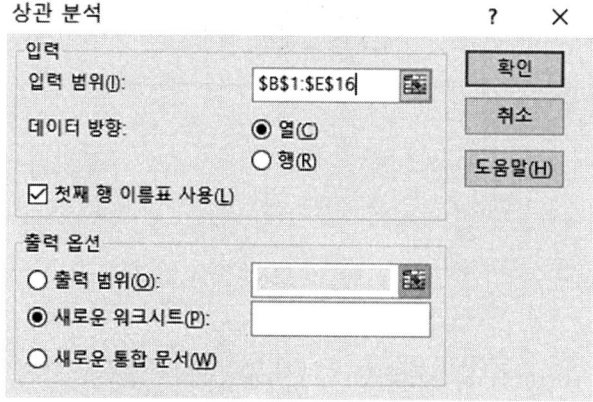

〈그림 5-1〉 상관분석 대화상자

〈그림 5-2〉는 변수 간 상관계수를 나타내고 있는데 모든 상관계수가 양의 부호를 가지고 있고, 소비자물가상승률과 주택담보대출금리 간 상관계수가 0.817로 가장 크고, GDP성장률과 GDP디플레이터상승률 간 상관계수가 0.071로 가장 작다.

	A	B	C	D	E
1		소비자물가상승률	주택담보대출금리	GDP성장률	GDP디플레이터상승률
2	소비자물가상승률	1			
3	주택담보대출금리	0.81741785	1		
4	GDP성장률	0.149846229	0.370305341	1	
5	GDP디플레이터상승률	0.459095054	0.44016748	0.071075847	1

〈그림 5-2〉 주요 거시경제지표의 상관계수

〈그림 5-3〉은 변수 간 공분산을 나타내고 모든 공분산이 상관계수와 마찬가지로 양의 부호를 가지고 있고, 대각행렬에 있는 값은 각 변수의 분산이다.

	A	B	C	D	E
1		소비자물가상승률	주택담보대출금리	GDP성장률	GDP디플레이터상승률
2	소비자물가상승률	1.215822222			
3	주택담보대출금리	1.122755556	1.551715556		
4	GDP성장률	0.279866667	0.781333333	2.869066667	
5	GDP디플레이터상승률	0.568488889	0.615755556	0.1352	1.261155556

〈그림 5-3〉 주요 거시경제지표의 공분산계수

한편, 변수 간 공분산과 상관계수를 R을 이용하여 계산하는 〈b3-ch5-1.R〉을 실행해 보면 Excel로 한 결과와 동일함을 알 수 있다.

b3-ch5-1.R의 실행결과
> library(openxlsx)
> df<-read.xlsx("http://kanggc.iptime.org/book/data/describe-e.xlsx")
> df_dat<-data.matrix(df)
> cpi<-df_dat[,2]
> interest<-df_dat[,3]
> gdp<-df_dat[,4]
> deflator<-df_dat[,5]
> df_new<-cbind(cpi, interest, gdp, deflator)
> df_new
cpi interest gdp deflator
1 2.8   6.67 7.4   3.1
2 3.5   6.21 2.9   3.4
3 3.6   5.86 4.9   3.0
4 2.8   5.39 3.9   1.0
5 2.2   5.64 5.2 −0.1
6 2.5   6.34 5.5   2.4
7 4.7   7.00 2.8   3.0
8 2.8   5.54 0.7   3.5
9 2.9   5.00 6.5   3.2
10 4.0   4.92 3.7   1.6
11 2.2   4.63 2.3   1.0
12 1.3   3.86 2.9   0.9
13 1.3   3.55 3.3   0.6
14 0.7   3.03 2.8   2.4
15 1.0   2.91 2.8   1.8
> (var<-var(df_new))

```
              cpi    interest      gdp   deflator
cpi      1.3026667 1.2029524 0.2998571 0.6090952
interest 1.2029524 1.6625524 0.8371429 0.6597381
gdp      0.2998571 0.8371429 3.0740000 0.1448571
deflator 0.6090952 0.6597381 0.1448571 1.3512381


> df_var<-data.matrix(var)

> (sd<-sqrt(diag(df_var)))
# 분산-공분산 행렬인 df_var에서 대각행렬 원소의 제곱근이 표준편차임

    cpi  interest      gdp  deflator
1.141344 1.289400 1.753283 1.162428

> corr<-cor(df_new)

> corr
              cpi    interest        gdp    deflator
cpi      1.0000000 0.8174179 0.14984623 0.45909505
interest 0.8174179 1.0000000 0.37030534 0.44016748
gdp      0.1498462 0.3703053 1.00000000 0.07107585
deflator 0.4590951 0.4401675 0.07107585 1.00000000
```

제2절
회귀분석

회귀분석이란 한 변수와 다른 변수 사이의 관계를 분석하는 방법을 말하며 회귀분석에서 변수는 영향을 주는 독립변수와 영향을 받는 종속변수로 나누어지는데 독립변수는 확정변수로 가정하고 종속변수는 확률변수로 가정한다. 회귀분석의 목적은 독립변수의 주어진 값으로 종속변수의 평균값을 추정하고 예측하는 것이다.

1. 보통최소자승법

잔차(=실제치-추정치)의 합계가 최소가 되도록 하는 것이 바람직한데 잔차의 합이 0이 되는 식은 유일하지가 않으므로 잔차의 제곱의 합이 최소가 되게 하는 회귀식을 구하게 되는데 이러한 추정방법을 보통최소자승법(Ordinary Least Squares: OLS)이라고 한다.

〈그림 5-4〉는 단순회귀모형, 추정 회귀선 및 잔차를 나타내 주고 있는데 이를 요약하면 다음과 같다.

- 모형 : $Y_i = \beta_0 + \beta_1 X_i + u_i$
- 추정된 회귀선 : $\widehat{Y_i} = \widehat{\beta_0} + \widehat{\beta_1} X_i$
- 잔차 : $e_i = Y_i - \widehat{Y_i}$

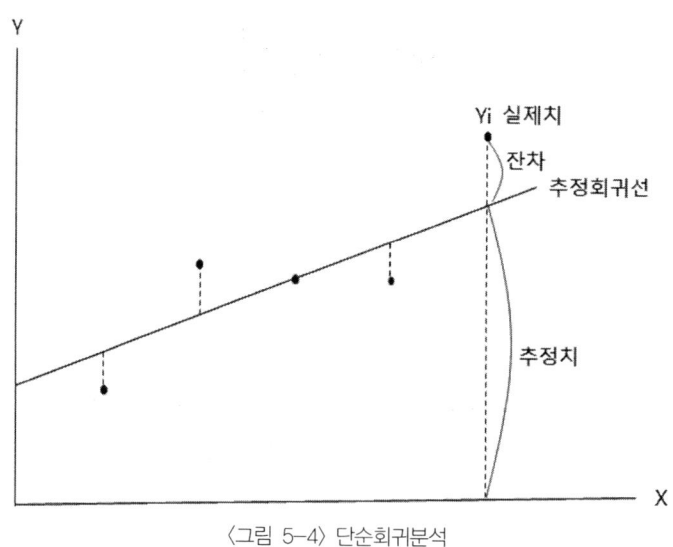

〈그림 5-4〉 단순회귀분석

보통최소자승법은 다음의 잔차의 제곱의 합을 최소화하는 회귀계수 $\hat{\beta}_0$ 및 $\hat{\beta}_1$을 구하는 것이다.

$$\operatorname*{Min}_{(\hat{\beta}_0, \hat{\beta}_1)} \sum_{i=1}^{n} e_i^2 = \sum_{i=1}^{n} (Y_i - \hat{Y}_i)^2 = \sum_{i=1}^{n} (Y_i - \hat{\beta}_0 - \hat{\beta}_1 X_i)^2$$

최소화 문제의 1계 조건은 다음의 두 식과 같다.

① $\dfrac{\partial \sum_{i=1}^{n} e_i^2}{\partial \hat{\beta}_0} = \dfrac{\partial \sum_{i=1}^{n} (Y_i - \hat{\beta}_0 - \hat{\beta}_1 X_i)^2}{\partial \hat{\beta}_0} = 2\sum_{i=1}^{n} (Y_i - \hat{\beta}_0 - \hat{\beta}_1 X_i)(-1) = 0$

② $\dfrac{\partial \sum_{i=1}^{n} e_i^2}{\partial \hat{\beta}_1} = \dfrac{\partial \sum_{i=1}^{n} (Y_i - \hat{\beta}_0 - \hat{\beta}_1 X_i)^2}{\partial \hat{\beta}_1} = 2\sum_{i=1}^{n} (Y_i - \hat{\beta}_0 - \hat{\beta}_1 X_i)(-X_i) = 0$

①과 ②식에서 다음의 두 식이 유도되는데 이를 정규방정식(normal equation)이라고 한다.

③ $\sum_{i=1}^{n} Y_i = n\widehat{\beta_0} + \widehat{\beta_1}\sum_{i=1}^{n} X_i$

④ $\sum_{i=1}^{n} X_i Y_i = \widehat{\beta_0}\sum_{i=1}^{n} X_i + \widehat{\beta_1}\sum_{i=1}^{n} X_i^2$

위 정규방정식을 연립으로 풀면, 회귀계수 $\widehat{\beta_1}$ 및 $\widehat{\beta_0}$를 구할 수 있다.

④ $-\overline{X}$③ => $\sum_{i=1}^{n} X_i Y_i = \widehat{\beta_0}\sum_{i=1}^{n} X_i + \widehat{\beta_1}\sum_{i=1}^{n} X_i^2$

$-\overline{X}\sum_{i=1}^{n} Y_i = n\widehat{\beta_0}\overline{X} + \widehat{\beta_1}\overline{X}\sum_{i=1}^{n} X_i$

$$\sum_{i=1}^{n} X_i Y_i - \overline{X}\sum_{i=1}^{n} Y_i = \widehat{\beta_1}(\sum_{i=1}^{n} X_i^2 - \overline{X}\sum_{i=1}^{n} X_i)$$

$\therefore \widehat{\beta_1} = \dfrac{\sum_{i=1}^{n} X_i Y_i - \overline{X}\sum_{i=1}^{n} Y_i}{\sum_{i=1}^{n} X_i^2 - \overline{X}\sum_{i=1}^{n} X_i} = \dfrac{cov(X, Y)}{var(X)}$

또는 $\widehat{\beta_1} = \dfrac{\sum_{i=1}^{n} (X_i - \overline{X})(Y_i - \overline{Y})}{\sum_{i=1}^{n} (X_i - \overline{X})^2} = \dfrac{\sum_{i=1}^{n} x_i y_i}{\sum_{i=1}^{n} x_i^2}$

③/n => $\overline{Y} = \widehat{\beta_0} + \widehat{\beta_1}\overline{X}$

$\therefore \widehat{\beta_0} = \overline{Y} - \widehat{\beta_1}\overline{X}$

〈표 5-1〉과 같이 X와 Y에 대한 데이터가 다음과 같을 때 〈그림 5-5〉와 같이 최소자승법으로 추정할 회귀계수를 각각 계산해 보자.

〈표 5-1〉 회귀분석 데이터

X	Y
2	4
3	4
4	6
5	6
6	10

- A2부터 A6셀에 X 데이터를 입력하고, B2부터 B6셀에 Y 데이터를 입력한다.
- A7에 =sum(a2:a6)을 입력하여 $\sum_{i=1}^{5} X_i$를 구하고, A8에 =average(a2:a6)를 입력하여 $\overline{X}$를 구한다.
- 동일한 방법으로 B7에 $\sum_{i=1}^{5} Y_i$를 구하고, B8에 $\overline{Y}$를 구한다.
- C2부터 C6셀에 X^2를 계산하고, D2부터 D6셀에 XY를 계산한다.
- C7에 =sum(c2:c6)을 입력하여 $\sum_{i=1}^{5} X_i^2$를 구하고, D7에 =sum(d2:d6)을 입력하여 $\sum_{i=1}^{5} X_i Y_i$를 구한다.
- $\hat{\beta}_1 = \dfrac{\sum_{i=1}^{n} X_i Y_i - \overline{X}\sum_{i=1}^{n} Y_i}{\sum_{i=1}^{n} X_i^2 - \overline{X}\sum_{i=1}^{n} X_i}$를 계산하기 위해 C10에 =(D7−A8*B7)/(C7−A8*A7)을 입력하면 1.4가 계산된다.
- $\hat{\beta}_0 = \overline{Y} - \hat{\beta}_1 \overline{X}$를 계산하기 위해 C11에 =B8−C10*A8을 입력하면 0.4가 계산된다.

〈그림 5-5〉 회귀계수의 계산

행렬을 이용하면 회귀계수는 다음과 같이 추정할 수 있다.

$$\begin{pmatrix} \hat{\beta}_0 \\ \hat{\beta}_1 \end{pmatrix} = (X'X)^{-1} X'Y$$

- A14부터 B18셀에 X 행렬을 만드는데, A14부터 A18까지는 상수항 $\hat{\beta}_0$ 추정에 필요한 1을 입력하고, B14부터 B18까지는 $\hat{\beta}_1$ 추정에 필요한 X 데이터를 A2부터 A6셀에 복사해 온다.
- E14부터 H15셀에 X의 전치행렬을 만들고, A22부터 B23에 $X'X$, A22부터 B23에 $(X'X)^{-1}$, A26부터 A27에 $X'Y$를 만든다.
- D26부터 D27을 선택하고 =MMULT(D22:E23,A26:A27) 입력하여 [Ctrl]+[Shift]+[Enter↵]를 누르면 회귀계수를 계산해 준다.

	A	B	C	D	E	F	G	H
1	X	Y	X^2	X*Y				
12								
13	X			X'				
14	1	2		1	1	1	1	1
15	1	3		2	3	4	5	6
16	1	4						
17	1	5						
18	1	6						
19								
20								
21	X'X			(X'X)^-1				
22	5	20		1.8	-0.4			
23	20	90		-0.4	0.1			
24								
25	X'Y							
26	30		beta0=	0.4				
27	134		beta1=	1.4				

〈그림 5-6〉 행렬을 이용한 회귀계수 계산

2. 단순회귀모형

〈표 5-1〉에 있는 데이터로 다음의 단순회귀모형을 추정해 보자.

$$Y_i = \beta_o + \beta_1 X_i + u_i$$

데이터-분석-데이터 분석을 실행하면 나타나는 통계 데이터분석 대화상자에서 회귀분석을 실행하면 다음의 〈그림 5-7〉과 같은 회귀분석 대화상자가 나타난다.

먼저 종속변수의 데이터 범위를 나타내는 Y축 입력 범위에 $B$2:$B$6을 입력하고, 독립변수의 데이터 범위를 나타내는 X축 입력 범위에 $A$2:$A$6을 입력하며, 회귀분석의 결과를 인쇄할 영역을 나타내는 출력 범위에 $B$29를 입력하고 확인을 누르면 다음의 〈그림 5-8〉와 같은 회귀 분석 결과를 준다.

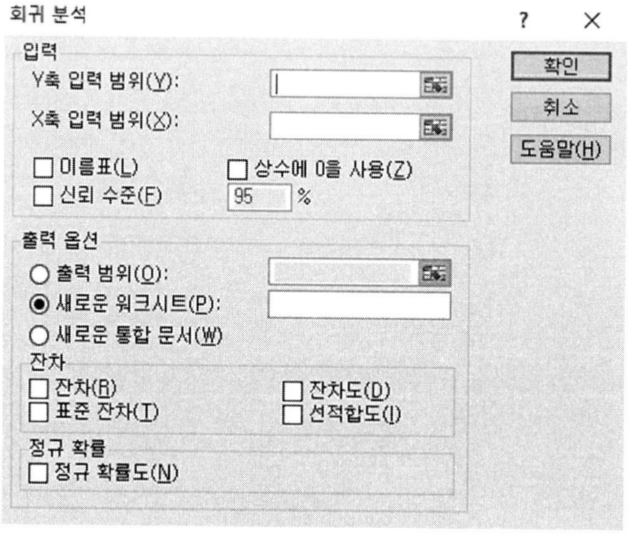

〈그림 5-7〉 회귀 분석 대화상자

	A	B	C	D	E	F	G	H	I	J
1	X	Y	X^2	X*Y						
29		요약 출력								
30										
31		회귀분석 통계량								
32		다중 상관	0.903696							
33		결정계수	0.816667							
34		조정된 결	0.755556							
35		표준 오차	1.21106							
36		관측수	5							
37										
38		분산 분석								
39			자유도	제곱합	제곱 평균	F 비	유의한 F			
40		회귀	1	19.6	19.6	13.36364	0.035353			
41		잔차	3	4.4	1.466667					
42		계	4	24						
43										
44			계수	표준 오차	t 통계량	P-값	하위 95%	상위 95%	하위 95.0%	상위 95.0%
45		Y 절편	0.4	1.624808	0.246183	0.821423	-4.77086	5.570863	-4.77086	5.570863
46		X 1	1.4	0.382971	3.655631	0.035353	0.181216	2.618784	0.181216	2.618784
47										

〈그림 5-8〉 회귀 분석 결과

한편, 보통최소자승법에 의한 회귀계수 추정을 R을 이용하여 계산하는 〈b3-ch5-2.R〉을 실행해 보면 Excel로 한 결과와 동일함을 알 수 있다.

b3-ch5-2의 실행결과
> x<-c(2,3,4,5,6)
> y<-c(4,4,6,6,10)
> x;y
[1] 2 3 4 5 6
[1] 4 4 6 6 10
> (n<-length(x)) # x벡터의 원소의 수
[1] 5
> (sumx<-sum(x)) # x벡터 원소의 합
[1] 20

```
> (sumy<-sum(y)) # y벡터 원소의 합
[1] 30

> (mx=mean(x))
[1] 4

> (my=mean(y))
[1] 6

> (xy<-x*y) # x벡터 원소와 y벡터 원소의 곱
[1]  8 12 24 30 60

> (sumxy<-sum(xy))
[1] 134

> (sumxsq<-sum(x^2))
[1] 90

> (sumysq<-sum(y^2))
[1] 204

> beta1<-(sumxy-mx*sumy)/(sumxsq-mx*sumx)

> beta0<-my-beta1*mx

> beta0;beta1
[1] 0.4
[1] 1.4

> (b1hat<-cov(x,y)/var(x))
[1] 1.4

> (b0hat<-mean(y)-b1hat*mean(x))
[1] 0.4

> X<-matrix(c(1,1,1,1,1,2,3,4,5,6), nrow=5, ncol=2)

> Y<-matrix(c(4,4,6,6,10), nrow=5)
```

```
> N<-length(Y)

> X # 기울기 $\hat{\beta_1}$을 추정하기 위한 (2,3,4,5,6) 벡터가 있으므로 상수항 $\hat{\beta_0}$를 추정하기 위한
상수항 벡터 (1,1,1,1,1)이 필요함
     [,1] [,2]
[1,]   1    2
[2,]   1    3
[3,]   1    4
[4,]   1    5
[5,]   1    6

> (XPX<-t(X)%*%X)
# t(X)는 X행렬의 전치행렬을 나타내고 행렬의 곱 연산자는 %*%임
     [,1] [,2]
[1,]   5   20
[2,]  20   90

> (XPXINV<-solve(XPX)) # solve는 괄호 안 행렬의 역행렬을 구하는 함수
      [,1]  [,2]
[1,]   1.8  -0.4
[2,]  -0.4   0.1

> (XPY<-t(X)%*%Y)
     [,1]
[1,]  30
[2,] 134

> (beta<-XPXINV%*%XPY)
     [,1]
[1,]  0.4
[2,]  1.4

> ols<-lm(y~x)
# 선형모형을 추정하는 데 상용되는 함수로 y는 종속변수, x는 독립변수를 각각 나타냄

> summary(ols) # 선형모형 추절 결과를 요약

Call:
```

```
lm(formula = y ~ x)

Residuals:
        1          2          3          4          5
 8.000e-01 -6.000e-01 -4.441e-16 -1.400e+00  1.200e+00

Coefficients:
            Estimate  Std. Error  t value  Pr(>|t|)
(Intercept)   0.400      1.625      0.246   0.8214    # $\hat{\beta_0}$=0.4를 나타냄
x             1.400      0.383      3.656   0.0354  * # $\hat{\beta_1}$=1.4를 나타냄
---
Signif. codes:  0 '***' 0.001 '**' 0.01 '*' 0.05 '.' 0.1 ' ' 1

Residual standard error: 1.211 on 3 degrees of freedom # 오차항 표준오차
Multiple R-squared:  0.8167,    Adjusted R-squared:  0.7556
F-statistic: 13.36 on 1 and 3 DF,  p-value: 0.03535
```

predict3d 패키지를 이용한 〈b3-ch5-3.R〉을 실행해 보면 실제 데이터, 추정회귀선, 잔차를 시각적으로 보여 준다.

```
                        b3-ch5-3의 실행결과
> library(predict3d)

> x<-c(2,3,4,5,6)

> y<-c(4,4,6,6,10)

> x;y
[1] 2 3 4 5 6
[1] 4 4 6 6 10

> ols<-lm(y~x)

> summary(ols)

Call:
```

```
lm(formula = y ~ x)

Residuals:
        1          2          3          4          5
 8.000e-01 -6.000e-01 -4.441e-16 -1.400e+00  1.200e+00

Coefficients:
            Estimate Std. Error t value Pr(>|t|)
(Intercept)   0.400      1.625    0.246   0.8214
x             1.400      0.383    3.656   0.0354 *
---
Signif. codes:  0 '***' 0.001 '**' 0.01 '*' 0.05 '.' 0.1 ' ' 1

Residual standard error: 1.211 on 3 degrees of freedom
Multiple R-squared:  0.8167,    Adjusted R-squared:  0.7556
F-statistic: 13.36 on 1 and 3 DF,  p-value: 0.03535

> ggPredict(ols, xpos=0.74, vjust=1.5, show.error=T)
```

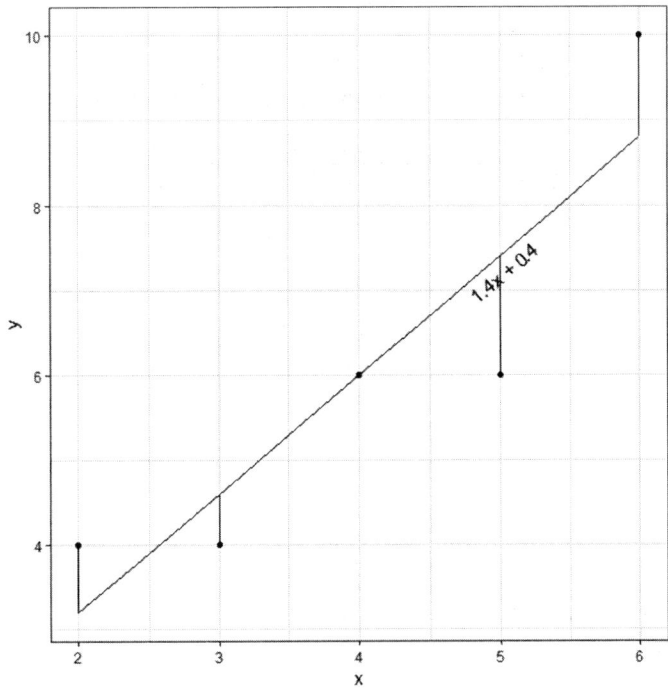

⟨그림 5-9⟩와 같은 소비(단위 : 10억 원)와 소득(단위 : 10억 원)의 자료(consumption. xlsx)로 소비함수를 추정하는 회귀분석을 해보자.

A	B	C
연도	국민총소득	최종소비지출
2000	630,614.30	413,461.20
2001	683,447.10	460,668.30
2002	758,862.60	515,616.00
2003	807,778.00	535,967.40
2004	874,238.70	562,020.30
2005	912,608.60	602,345.40
2006	962,446.60	643,408.00
2007	1,040,091.80	691,740.40
2008	1,104,414.30	740,804.60
2009	1,148,981.80	769,588.60
2010	1,266,579.80	819,821.20
2011	1,340,529.80	873,522.60
2012	1,391,595.50	911,938.20
2013	1,439,644.40	942,267.20
2014	1,490,763.90	972,924.90
2015	1,568,383.10	1,006,005.60
2016	1,639,066.50	1,047,482.40

⟨그림 5-9⟩ 소비함수 추정을 위한 자료

먼저, 소비(C_t)는 소득(Y_t)의 함수라는 단순회귀모형을 추정하고, 2017년 소득이 1700조라고 할 때 2017년 소비를 예측해 보자.

$$C_t = \beta_0 + \beta_1 Y_t + u_t$$

- 데이터–분석–데이터 분석을 실행하여 통계 데이터분석 대화상자에서 회귀분석을 선택하면 나타나는 회귀분석 대화상자에서 Y축 입력범위에 $C$2:$C$18을 선택하고, X축 입력 범위에 $B$2:$B$18을 선택하여 확인을 클릭하면 ⟨그림 5-10⟩과 같은 소비함수 추정 결과가 나타난다.

- 2017년 소비를 예측하기 위하여 B21셀에 식 =b17+b18*1700000을 입력하면 2017년 소비 예측치가 1099983인 것으로 나타난다.

	A	B	C	D	E	F	G	H	I
1	요약 출력								
2									
3	회귀분석 통계량								
4	다중 상관	0.99871							
5	결정계수	0.997421							
6	조정된 결	0.99725							
7	표준 오차	10600.86							
8	관측수	17							
9									
10	분산 분석								
11		자유도	제곱합	제곱 평균	F 비	유의한 F			
12	회귀	1	6.52E+11	6.52E+11	5802.256	7.81E-21			
13	잔차	15	1.69E+09	1.12E+08					
14	계	16	6.54E+11						
15									
16		계수	표준 오차	t 통계량	P-값	하위 95%	상위 95%	하위 95.0%	상위 95.0%
17	Y 절편	30545.6	9609.735	3.17861	0.006231	10062.94	51028.27	10062.94	51028.27
18	X 1	0.629081	0.008259	76.17254	7.81E-21	0.611478	0.646684	0.611478	0.646684
19									
20		2017년 소비							
21		1099983							

〈그림 5-10〉 단순회귀 소비함수 추정 결과

3. 다중회귀모형

설명변수가 2개 이상인 회귀모형을 다중회귀모형이라고 한다. 현재소비(C_t)는 현재소득(Y_t)과 전년도 소비(C_{t-1})의 함수라는 다중회귀모형을 추정하고, 2017년도 소득이 1700조라고 할 때 2017년도 소비를 추정하고 예측해 보자.

$$C_t = \beta_0 + \beta_1 Y_t + \beta_2 C_{t-1} + u_t$$

- 위의 다중회귀모형은 현재소비(C_t)의 시차변수인 전년도 소비(C_{t-1})가 독립변수에 포함되어 있으므로 이 데이터를 만들어야 한다.

- E2셀부터 E18셀까지 현재소득(Y_t)을 복사하고, 전년도 소비(C_{t-1})를 만들기 위해 F3셀에 식 =C2를 입력한고, 이를 F18셀까지 복사한다.
- 위 모형은 동태모형으로 회귀분석에서 2001년부터 2016년까지 데이터가 이용되므로 데이터-분석-데이터 분석을 실행하여 통계 데이터분석 대화상자에서 회귀분석을 선택하면 나타나는 회귀분석 대화상자에서 Y축 입력범위에 $C$3:$C$18을 선택하고, X축 입력 범위에 $E$3:$F$18을 선택하여 확인을 클릭하면 〈그림 5-11〉과 같은 소비함수 추정 결과가 나타난다.
- 2017년 소비를 예측하기 위하여 B21셀에 식 =B17+B18*1700000+B19*1047482를 입력하면 2017년 소비 예측치가 1092084인 것으로 나타난다.

	A	B	C	D	E	F	G	H	I
1	요약 출력								
2									
3	회귀분석 통계량								
4	다중 상관	0.999157							
5	결정계수	0.998315							
6	조정된 결	0.998056							
7	표준 오차	8390.698							
8	관측수	16							
9									
10	분산 분석								
11			자유도	제곱합	제곱 평균	F 비	유의한 F		
12	회귀		2	5.42E+11	2.71E+11	3851.938	9.38E-19		
13	잔차		13	9.15E+08	70403808				
14	계		15	5.43E+11					
15									
16			계수	표준 오차	t 통계량	P-값	하위 95%	상위 95%	하위 95.0%	상위 95.0%
17	Y 절편		40295.23	8523.49	4.727551	0.000395	21881.35	58709.11	21881.35	58709.11
18	X 1		0.33455	0.105585	3.168532	0.007403	0.106447	0.562653	0.106447	0.562653
19	X 2		0.461157	0.167887	2.74683	0.016638	0.098459	0.823855	0.098459	0.823855
20									
21				2017년 소비					
22				1092084					

〈그림 5-11〉 다중회귀 소비함수 추정 결과

한편, 다중회귀모형의 추정 및 예측을 이용하여 계산하는 〈b3-ch5-4.R〉을 실행해 보면 Excel로 한 결과와 동일함을 알 수 있다.

b3-ch5-4.R의 실행결과

```
> library(openxlsx)
>
> df<-read.xlsx("http://kanggc.iptime.org/book/data/consumption-e.xlsx")
> year<-df[,1]
> gdp<-df[,2]
> consumption<-df[,3]
>
> y<-ts(gdp, start=c(2000), frequency=1)
> c<-ts(consumption, start=c(2000), frequency=1)
>
> n<-length(y)
>
> ny<-y[2:n]
> nc<-c[2:n]
> lagc<-c[1:n-1]
>
> lm_s<-lm(c~y)
> ols_s<-summary(lm_s)
> ols_s

Call:
lm(formula = c ~ y)

Residuals:
    Min      1Q  Median      3Q     Max
-18492.0 -7505.3   179.3  6893.1 16240.8

Coefficients:
             Estimate Std. Error t value Pr(>|t|)
(Intercept) 3.055e+04  9.610e+03   3.179  0.00623 **
y           6.291e-01  8.259e-03  76.173  < 2e-16 ***
---
Signif. codes:  0 '***' 0.001 '**' 0.01 '*' 0.05 '.' 0.1 ' ' 1

Residual standard error: 10600 on 15 degrees of freedom
Multiple R-squared:  0.9974,    Adjusted R-squared:  0.9972
F-statistic:  5802 on 1 and 15 DF,  p-value: < 2.2e-16
```

```
> y0<-1700000
> (chat_s<-summary(lm_s)$coef[1]+summary(lm_s)$coef[2]*y0)
# summary(lm_s)$coef[1]은 $\hat{\beta}_0$, summary(lm_s)$coef[2]는 $\hat{\beta}_1$을 나타냄
[1] 1099983
>
> lm_m<-lm(nc~ny+lagc)
> ols_m<-summary(lm_m)
> ols_m

Call:
lm(formula = nc ~ ny + lagc)

Residuals:
     Min      1Q   Median      3Q     Max
-17916.8  -3104.4   972.8   4184.4  12026.4

Coefficients:
             Estimate Std. Error t value Pr(>|t|)
(Intercept) 4.030e+04  8.523e+03   4.728 0.000395 ***
ny          3.346e-01  1.056e-01   3.169 0.007403 **
lagc        4.612e-01  1.679e-01   2.747 0.016638 *
---
Signif. codes:  0 '***' 0.001 '**' 0.01 '*' 0.05 '.' 0.1 ' ' 1

Residual standard error: 8391 on 13 degrees of freedom
Multiple R-squared:  0.9983,    Adjusted R-squared:  0.9981
F-statistic:  3852 on 2 and 13 DF,  p-value: < 2.2e-16

>
(chat_m<-summary(lm_m)$coef[1]+summary(lm_m)$coef[2]*y0+summary(lm_m)$coef[3]*c[17])
# summary(lm_m)$coef[1]은 $\hat{\beta}_0$, summary(lm_m)$coef[2]는 $\hat{\beta}_1$, summary(lm_m)$coef[3]은 $\hat{\beta}_2$를 나타냄
[1] 1092084
```

제6장

Excel 및 R : 거시경제모형

제1절 거시경제모형의 개요
제2절 단순모형
제3절 IS-LM모형
제4절 다국간 모형

제1절
거시경제모형의 개요

거시경제학에서는 복잡한 현실의 경제를 단순화시키기 위하여 생산물(상품)시장, 화폐시장, 노동시장, 금융시장 등 4개의 시장으로 구성되어 있다고 가정하고, 각 시장에서 수요와 공급이 일치할 때 균형이 달성된다고 본다.

생산물에 대한 수요와 생산물에 대한 공급이 일치할 때 생산물시장의 균형이 달성되는데 균형에서 결정되는 것이 무엇이고, 균형이 어떠한 요인에 의해 변하는 지 등 비교정태분석을 하는 모형을 케인즈의 단순모형이라고 하고 다음과 같이 나타낼 수 있다.

$$Y = C(Y) + I + G + X - M(Y)$$

단, Y, C, I, G, X, M은 각각 국민소득, 소비, 투자, 정부지출, 수출, 수입을 나타낸다.

생산물시장 균형 외에 화폐수요와 화폐공급이 일치할 때 달성되는 화폐시장의 균형을 동시에 고려하는 모형을 IS-LM모형이라고 한다. 이 모형을 이용하면 생산물시장 및 화폐시장에서 각각 결정되는 것이 무엇이고, 이것들이 다른 시장에 어떤 경로를 통해 영향을 주고받는 지, 그리고 두 시장의 동시 균형이 어떠한 요인에 의해 변하는 지 등 비교정태분석을 할 수 있는데 다음과 같이 나타낼 수 있다.

$$Y = C(Y) + I(r) + G + X - M(Y) \quad \text{(IS 균형)}$$
$$\frac{M_d(Y,r)}{\overline{P}} = M_s \quad \text{(LM 균형)}$$

단, P, r, M_d, M_s는 각각 물가, 이자율, 화폐수요, 화폐공급을 나타낸다.

노동시장 역시 노동수요와 노동공급이 일치할 때 균형이 달성되는데 균형에서 결정되는 것이 무엇이고, 균형이 어떠한 요인에 의해 변하는 지 등 비교정태분석을 할 수 있다. 노동시장에서 결정되는 균형 노동의 고용량과 총생산함수를 이용하면 총공급곡선을 도출할 수 있다.

$$Pf'(L) = P^e g(L) \quad \text{(노동시장 균형)}$$
$$Y = F(\overline{K}, L) \quad \text{(총생산함수)}$$

단, P, P^e, L는 각각 물가, 예상물가 및 노동고용량을 나타낸다.

IS-LM모형에서 물가가 변하는 경우 총수요곡선이 도출되는데 총수요곡선과 총공급곡선에 의해 균형의 결정과 변화를 살펴볼 수 있는 것이 총수요-총공급모형이다.

한편, 경제모형을 부분균형모형 및 일반균형모형을 구분되는데 부분균형모형이란 다른 시장은 변화가 없다고 가정하고 특정 시장의 균형을 분석한 것으로 〈그림 6-1〉의 단순모형 및 IS-LM모형은 모두 부분균형모형이다. 일반균형모형은 모든 시장이 서로 영향을 주고받는 것을 고려하면서 모든 시장의 균형을 동시에 분석하는 것인데 총수요-총공급모형은 일반균형모형이다.

총수요-총공급모형은 생산물시장, 화폐시장, 노동시장 등 3개 시장의 동시균형을 분석한 모형임에도 불구하고 일반균형모형인 이유는 N개 시장(여기서는 N=4임)이 있을 때 N-1개 시장이 균형을 이루면 나머지 시장은 자동적으로 균형이 달성된다는 왈라스 법칙(Walras' Law) 때문이다.

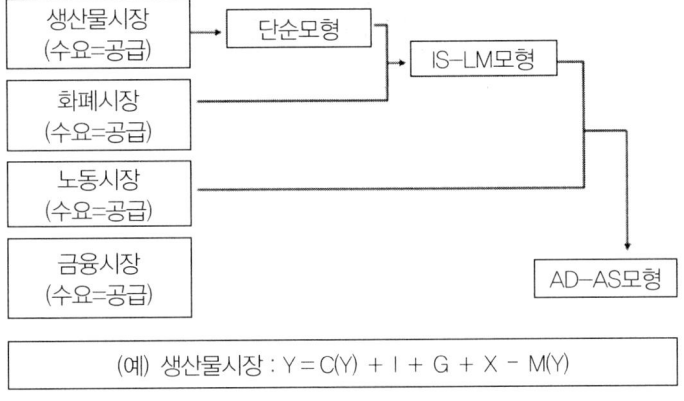

〈그림 6-1〉 시장과 거시경제모형

제2절
단순모형

 생산물시장의 균형을 나타내 주는 단순모형의 경우 생산물에 대한 수요와 생산물에 대한 공급이 일치하는 균형에서 균형국민소득이 결정되고, 이에 따라 소비와 수입도 결정되는데 이를 모형 내에서 결정되는 내생변수라고 하고, 투자, 정부지출, 수출은 모형 밖에서 결정되어 모형에 주어지므로 외생변수라고 한다.

 한편, 투자, 정부지출 등 외생변수가 변할 때 내생변수가 어떻게 변하는 지를 분석하는 것을 비교정태분석이라고 하는데 특히, 외생변수 변화의 크기에 대한 국민소득 변화의 크기를 승수라고 한다.

 가계와 기업과 정부로 구성된 국내모형이 다음의 (예제 1)과 같다고 하자.

(예제 1) 단순모형

$Y = C + I + G$
$C = 200 + 0.75\,Y_d$
$Y_d = Y - T$
$T = 100$
$I = 40$
$G = 100$

 이 모형에서 Y는 국민소득, Y_d는 가처분 국민소득, C는 소비, T는 조세, I는 투자(독립투자), G는 정부지출을 각각 나타내는데 내생변수는 Y, Y_d, C 이고, 외생변수는 T, I, G 이다.

 이 모형은 다음과 같이 나타낼 수 있다.

$$Y - C - I - G = 0$$
$$C - 0.75 Y_d = 200$$
$$Y_d - Y + T = 0$$
$$T = 100$$
$$I = 40$$
$$G = 100$$

이를 AX = H로 나타내면 A, X 및 H는 각각 다음과 같다.

$$A = \begin{bmatrix} 1 & -1 & 0 & 0 & -1 & -1 \\ 0 & 1 & -0.75 & 0 & 0 & 0 \\ -1 & 0 & 1 & 1 & 0 & 0 \\ 0 & 0 & 0 & 1 & 0 & 0 \\ 0 & 0 & 0 & 0 & 1 & 0 \\ 0 & 0 & 0 & 0 & 0 & 1 \end{bmatrix}, \quad X = \begin{bmatrix} Y \\ C \\ Y_d \\ T \\ I \\ G \end{bmatrix}, \quad H = \begin{bmatrix} 0 \\ 200 \\ 0 \\ 100 \\ 40 \\ 100 \end{bmatrix}$$

단순모형의 해는 $X = A^{-1} H$와 같이 구할 수 있다.

- A행렬은 A2부터 F7까지 입력하고, H벡터는 H2부터 H7까지 입력하며, 해를 구할 X벡터의 변수명을 H11부터 H16까지 입력한다.
- 다음의 〈그림 6-2〉와 같이 A행렬과 H벡터를 입력한 후 A행렬의 역행렬의 결과가 구해질 영역(A11부터 F16)을 마우스로 끌어서 연속되게 선택하고, =MINVERSE(A2:F7)의 식을 입력하고 Ctrl+Shift+Enter를 동시에 눌러 역행렬을 구한다.
- 다음으로 연립방정식의 해를 구할 영역(I11부터 I16)을 마우스로 끌어서 연속되게 선택한 후 =MMULT(A11:F16,H2:H7)의 식을 입력하고 Ctrl+Shift+Enter를 동시에 눌러 해를 구한다.

	A	B	C	D	E	F	G	H	I
1	Y	C	Yd	T	I	G		상수(H)	
2	1	-1	0	0	-1	-1		0	
3	0	1	-0.75	0	0	0		200	
4	-1	0	1	1	0	0		0	
5	0	0	0	1	0	0		100	
6	0	0	0	0	1	0		40	
7	0	0	0	0	0	1		100	
8									
9									
10								해(X)	
11	4	4	3	-3	4	4		Y=	1060
12	3	4	3	-3	3	3		C=	920
13	4	4	4	-4	4	4		Yd=	960
14	0	0	0	1	0	0		T=	100
15	0	0	0	0	1	0		I=	40
16	0	0	0	0	0	1		G=	100

〈그림 6-2〉 단순모형의 해 구하기

단순모형에서 균형국민소득의 결정을 그림으로 그려보면 〈그림 6-3〉과 같다.

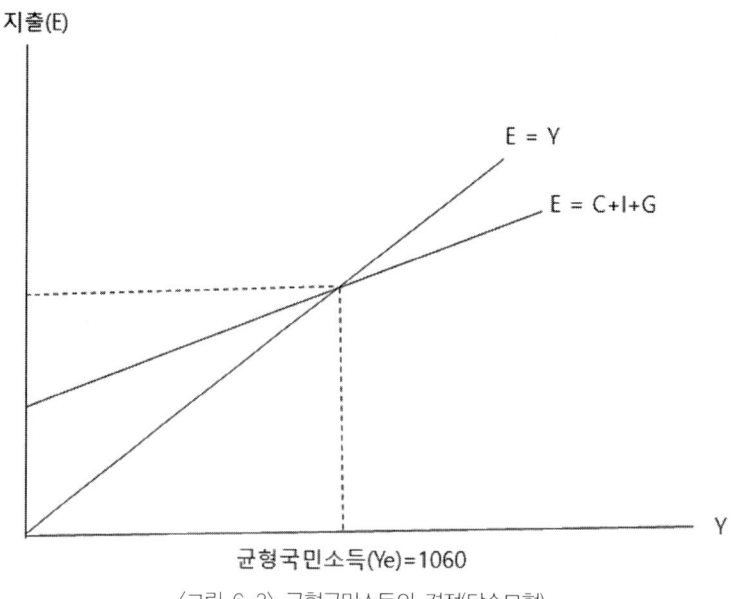

〈그림 6-3〉 균형국민소득의 결정(단순모형)

단순모형에서 투자(I)가 40에서 80으로 증가된 다음의 (예제 1-1)에서 투자지출승수를 구해보자.

(예제 1-1) 단순모형 + $\Delta I = 40$

$Y - C - I - G = 0$
$C - 0.75 Y_d = 200$
$Y_d - Y + T = 0$
$T = 100$
$I = 80$
$G = 100$

- 투자(I)를 종전의 40에서 40이 증가한 80을 대입하여 해를 다시 구하면 국민소득(Y)은 1060에서 160이 증가한 1220이 된다.
- 투자지출승수는 투자증가분 분의 국민소득증가분 즉, $\frac{\Delta Y}{\Delta I} = \frac{160}{40} = 4$이므로 투자지출승수는 4가 된다.

	A	B	C	D	E	F	G	H	I	J	K
1	Y	C	Yd	T	I	G		상수(H)			
2	1	-1	0	0	-1	-1		0			
3	0	1	-0.75	0	0	0		200			
4	-1	0	1	1	0	0		0			
5	0	0	0	1	0	0		100			
6	0	0	0	0	1	0		80	-------->	I 증가분=40	
7	0	0	0	0	0	1		100			
8											
9											
10								해(X)			
11	4	4	3	-3	4	4		Y=	1220	-------->	Y 증가분=160
12	3	4	3	-3	3	3		C=	1040		
13	4	4	4	-4	4	4		Yd=	1120		
14	0	0	0	1	0	0		T=	100		
15	0	0	0	0	1	0		I=	80		
16	0	0	0	0	0	1		G=	100		

〈그림 6-4〉 투자지출승수 구하기

단순모형에서 투자지출 증가에 따른 균형국민소득의 변화를 그림으로 그려보면 〈그림 6-5〉와 같다.

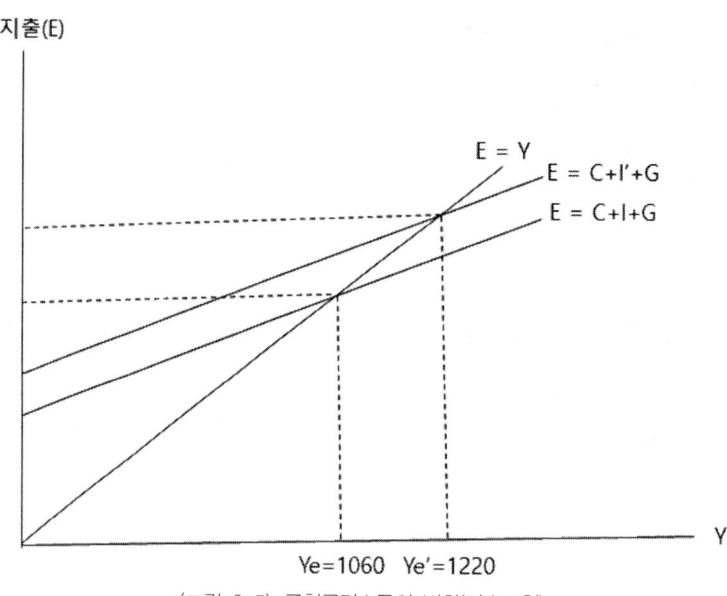

〈그림 6-5〉 균형국민소득의 변화(단순모형)

단순모형에서 정부지출이 100에서 200으로 증가된 다음의 (예제 1-2)에서 정부지출승수를 구하고 투자지출승수와 비교해 보자.

(예제 1-2) 단순모형 + $\Delta G = 100$

$Y - C - I - G = 0$
$C - 0.75 Y_d = 200$
$Y_d - Y + T = 0$
$T = 100$
$I = 40$
$G = 200$

- 투자(I)는 원래 40으로 수정하고, 정부지출(G)을 종전의 100에서 100이 증가한 200을 대입하여 해를 다시 구하면 국민소득(Y)은 1060에서 400이 증가한 1460이 된다.
- 정부지출승수는 정부지출증가분 분의 국민소득증가분 즉, $\frac{\Delta Y}{\Delta G} = \frac{400}{100} = 4$ 이므로 정부지출승수는 4가 되고, 투자지출승수와 같게 된다.

	A	B	C	D	E	F	G	H	I	J	K
1	Y	C	Yd	T	I	G		상수(H)			
2	1	-1	0	0	-1	-1		0			
3	0	1	-0.75	0	0	0		200			
4	-1	0	1	1	0	0		0			
5	0	0	0	1	0	0		100			
6	0	0	0	0	1	0		40			
7	0	0	0	0	0	1		200	-------->	G 증가분=100	
8											
9											
10								해(X)			
11	4	4	3	-3	4	4		Y=	1460	-------->	Y 증가분=400
12	3	4	3	-3	3	3		C=	1220		
13	4	4	4	-4	4	4		Yd=	1360		
14	0	0	0	1	0	0		T=	100		
15	0	0	0	0	1	0		I=	40		
16	0	0	0	0	0	1		G=	200		

〈그림 6-6〉 정부지출 승수 구하기

한편, 단순모형의 균형국민소득 결정 및 외생변수의 변화에 대한 균형국민소득의 변화를 R을 이용하여 계산하는 〈b3-ch6-1.R〉을 실행해 보면 Excel로 한 결과와 동일함을 알 수 있다.

```
                    b3-ch6-1.R의 실행결과
> library(openxlsx)

> dat<-read.xlsx("http://kanggc.iptime.org/book/data/macro-simple-e.xlsx")

> A<-as.matrix(dat)

> H<-matrix(c(0,200,0,100,40,100), nrow=6)

> H
     [,1]
[1,]    0
[2,]  200
[3,]    0
[4,]  100
[5,]   40
[6,]  100
```

```
> X<-t(solve(A)%*%H)

> XV<-as.vector(X)

> names(XV)<-c("Y=","C=","Yd=","T=","I=","G=")

> XV
  Y=   C=   Yd=   T=   I=   G=
1060  920  960   100   40  100

> IH<-matrix(c(0,200,0,100,80,100), nrow=6)

> IX<-t(solve(A)%*%IH)

> IXV<-as.vector(IX)

> names(IXV)<-c("Y=","C=","Yd=","T=","I=","G=")

> IXV
  Y=   C=   Yd=   T=   I=   G=
1220 1040 1120   100   80  100

> IM<-(IXV[1]-X[1,1])/(IXV[5]-H[5,1])

> names(IM)<-c("dY/dI=")

> IM
dY/dI=
     4

> GH<-matrix(c(0,200,0,100,40,200), nrow=6)

> GX<-t(solve(A)%*%GH)

> GXV<-as.vector(GX)

> names(GXV)<-c("Y=","C=","Yd=","T=","I=","G=")

> GXV
```

```
   Y=    C=   Yd=    T=    I=    G=
1460  1220  1360   100    40   200

> GM<-(GXV[1]-X[1,1])/(GXV[6]-H[6,1])

> names(GM)<-c("dY/dG=")

> GM
dY/dG=
     4
```

제3절

IS-LM모형

생산물시장과 화폐시장의 동시 균형을 나타내 주는 IS-LM모형의 경우 생산물시장의 균형을 나타내는 IS곡선과 화폐시장의 균형을 나타내는 LM곡선이 만나는 점에서 균형이자율과 균형국민소득이 결정되고, 이에 따라 소비, 수입 및 투자도 결정되므로 내생변수이고, 정부지출, 수출, 화폐공급은 외생변수이다.

한편, 정부지출, 투자 등 외생변수가 변할 때 내생변수가 어떻게 변하는 지를 분석하는 것을 비교정태분석이라고 하는데 특히, 정부지출 변화의 크기에 대한 국민소득 변화의 크기를 정부지출 승수라고 한다.

가계와 기업과 정부로 구성된 국내모형이 다음의 (예제 2)와 같다고 하자.

(예제 2)

$Y = C + I + G$
$M_d = M_s$
$C = 200 + 0.75(Y - T)$
$I = 200 - 25r$
$T = 100$
$G = 100$
$\dfrac{M_d}{P} = Y - 100r \,(P = 2 가정)$
$M_s = 1000$

이 모형에서 내생변수는 $Y,\ Y_d,\ C,\ r$ 이고, 외생변수는 $T,\ G,\ M_s$ 이다.

이 모형은 다음과 같이 나타낼 수 있다.

$$Y - C - I - G = 0$$
$$M_d - M_s = 0$$
$$C - 0.75Y + 0.75T = 200$$
$$I + 25r = 200$$
$$G = 100$$
$$T = 100$$
$$M_d = 2Y - 200r$$
$$M_s = 1000$$

IS-LM모형의 해 역시 $X = A^{-1}H$와 같이 구할 수 있다.

- 다음의 〈그림 6-7〉과 같이 A행렬과 H벡터를 입력한 후 A행렬의 역행렬의 결과가 구해질 영역(A11부터 H18)을 마우스로 끌어서 연속되게 선택하고, =MINVERSE(A2:H9) 의 식을 입력하고 Ctrl+Shift+Enter를 동시에 눌러 역행렬을 구한다.
- 다음으로 연립방정식의 해를 구할 영역(K11부터 K18)을 마우스로 끌어서 연속되게 선택한 후 =MMULT(A11:H18,J2:J9)의 식을 입력하고 Ctrl+Shift+Enter를 동시에 눌러 해를 구한다.

	A	B	C	D	E	F	G	H	I	J	K
1	Y	C	I	G	T	r	Md	Ms		상수	
2	1	-1	-1	-1	0	0	0	0		0	균형
3	0	0	0	0	0	0	1	-1		0	균형
4	-0.75	1	0	0	0.75	0	0	0		200	
5	0	0	1	0	0	25	0	0		200	
6	0	0	0	1	0	0	0	0		100	
7	0	0	0	0	1	0	0	0		100	
8	-2	0	0	0	0	200	1	0		0	
9	0	0	0	0	0	0	0	1		1000	
10											
11	2	0.25	2	2	2	-1.5	-0.25	0.25		Y=	1100
12	1.5	0.1875	2.5	1.5	1.5	-1.875	-0.1875	0.1875		C=	950
13	-0.5	0.0625	-0.5	0.5	-0.5	0.375	-0.0625	0.0625		I=	50
14	0	0	0	0	1	0	0	0		G=	100
15	0	0	0	0	0	1	0	0		T=	100
16	0.02	-0.0025	0.02	0.02	0.02	-0.015	0.0025	-0.0025		r=	6
17	0	1	0	0	0	0	0	1		Md=	1000
18	0	0	0	0	0	0	0	1		Ms=	1000

〈그림 6-7〉 IS-LM모형의 해 구하기

IS-LM모형에서 균형이자율과 균형국민소득의 결정을 그림으로 그려보면 〈그림 6-8〉과 같다.

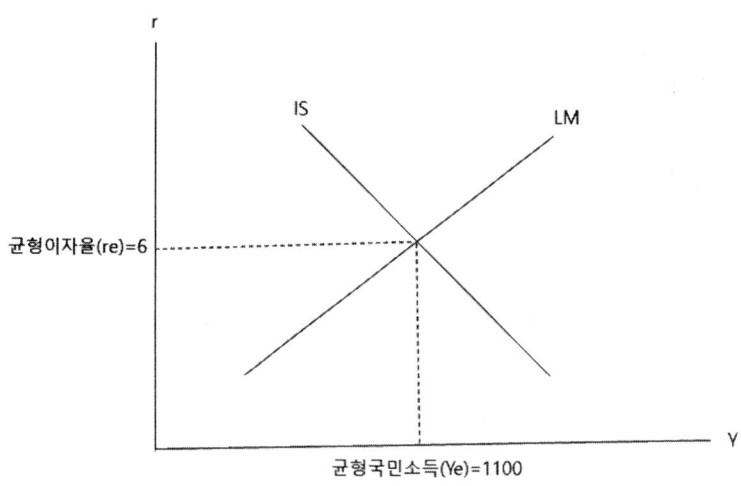

〈그림 6-8〉 균형이자율 및 균형국민소득의 결정(IS-LM모형)

IS-LM모형에서 정부지출이 100에서 150으로 증가된 (예제 2-1)에 대해 비교정태분석을 수행하여 균형국민소득과 균형이자율의 변화를 살펴보고, 정부지출승수를 구하라.

(예제 2-1) IS-LM모형 + $\Delta G = 50$

$Y = C + I + G$
$M_d = M_s$
$C = 200 + 0.75(Y - T)$
$I = 200 - 25r$
$T = 100$
$G = 150$
$\dfrac{M_d}{P} = Y - 100r \, (P = 2 \text{가정})$
$M_s = 1000$

- 정부지출(G)을 종전의 100에서 50이 증가한 150을 대입하여 해를 다시 구하면 균형국민소득은 1100에서 100이 증가한 1200이 되고, 균형이자율은 6%에서 1%p 상승한 7%가 되는 것을 확인할 수 있다.
- 정부지출승수는 정부지출증가분 분의 국민소득증가분 즉, $\dfrac{\Delta Y}{\Delta G} = \dfrac{100}{50} = 2$ 이므로 정부지출승수는 2가 된다.

	A	B	C	D	E	F	G	H	I	J	K	L	M	N
1	Y	C	I	G	T	r	Md	Ms		상수				
2	1	-1	-1	-1	0	0	0	0		0	균형			
3	0	0	0	0	0	0	1	-1		0	균형			
4	-0.75	1	0	0	0.75	0	0	0		200				
5	0	0	1	0	0	25	0	0		200				
6	0	0	0	1	0	0	0	0		150	--------> G 증가분=50			
7	0	0	0	0	1	0	0	0		100				
8	-2	0	0	0	0	200	1	0		0				
9	0	0	0	0	0	0	0	1		1000				
10														
11	2	0.25	2	2	2	-1.5	-0.25	0.25	Y=	1200	--------> Y 증가분=100			
12	1.5	0.1875	2.5	1.5	1.5	-1.875	-0.1875	0.1875	C=	1025				
13	-0.5	0.0625	-0.5	0.5	-0.5	0.375	-0.0625	0.0625	I=	25				
14	0	0	0	0	1	0	0	0	G=	150				
15	0	0	0	0	0	1	0	0	T=	100				
16	0.02	-0.0025	0.02	0.02	0.02	-0.015	0.0025	-0.0025	r=	7	--------> r 증가분=1(%p)			
17	0	1	0	0	0	0	0	1	Md=	1000				
18	0	0	0	0	0	0	0	1	Ms=	1000				

〈그림 6-9〉 IS-LM모형에서 확장적 재정정책의 비교정태분석

IS-LM에서 정부지출 증가에 따른 균형이자율 및 균형국민소득의 변화를 그림으로 그려보면 〈그림 6-10〉과 같다.

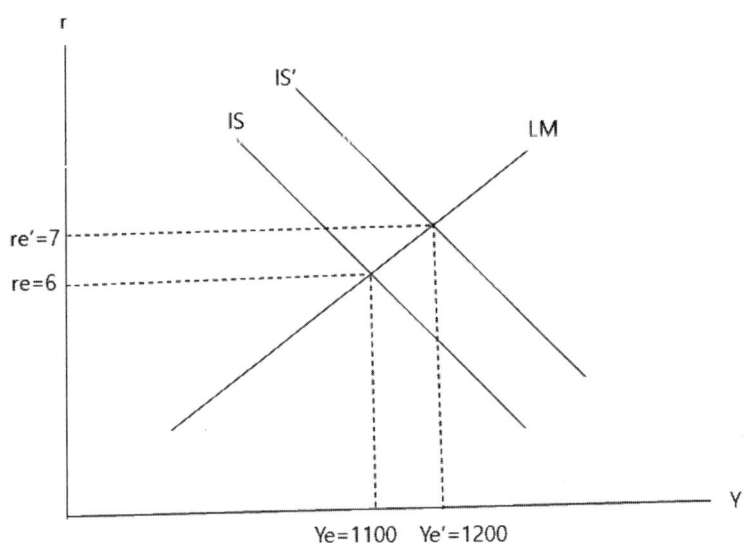

〈그림 6-10〉 정부지출 증가에 따른 균형의 변화(IS-LM모형)

IS-LM모형에서 통화량이 1000에서 1200으로 증가된 다음의 (예제 2-2)에 대해 비교정태분석을 수행하여 균형국민소득과 균형이자율의 변화를 살펴보라.

(예제 2-2) IS-LM모형 + $\Delta M_s = 200$

$Y = C + I + G$
$M_d = M_s$
$C = 200 + 0.75(Y - T)$
$I = 200 - 25r$
$T = 100$
$G = 100$
$\dfrac{M_d}{P} = Y - 100r \, (P = 2 \text{가정})$
$M_s = 1200$

- 정부지출은 원래 100으로 수정하고, 통화량을 종전의 1000에서 200이 증가한 1200을 대입하여 해를 다시 구하면 균형국민소득은 11000에서 500이 증가한 11500이 되고, 균형이자율은 6%에서 0.5%p 하락한 5.5%가 되는 것을 확인할 수 있다.

	A	B	C	D	E	F	G	H	I	J	K	L	M	N
1	Y	C	I	G	T	r	Md	Ms		상수				
2	1	-1	-1	-1	0	0	0	0		0	균형			
3	0	0	0	0	0	0	1	-1		0	균형			
4	-0.75	1	0	0	0.75	0	0	0		200				
5	0	0	1	0	0	25	0	0		200				
6	0	0	0	1	0	0	0	0		100				
7	0	0	0	0	1	0	0	0		100				
8	-2	0	0	0	0	200	1	0		0				
9	0	0	0	0	0	0	0	1		1200	-------->	Ms 증가분=200		
10														
11	2	0.25	2	2	2	-1.5	-0.25	0.25	Y=	1150	-------->	Y 증가분=50		
12	1.5	0.1875	2.5	1.5	1.5	-1.875	-0.1875	0.1875	C=	987.5				
13	-0.5	0.0625	-0.5	0.5	-0.5	0.375	-0.0625	0.0625	I=	62.5				
14	0	0	0	0	1	0	0	0	G=	100				
15	0	0	0	0	0	1	0	0	T=	100				
16	0.02	-0.0025	0.02	0.02	0.02	-0.015	0.0025	-0.0025	r=	5.5	-------->	r 감소분=0.5(%p)		
17	0	1	0	0	0	0	0	0	Md=	1200				
18	0	0	0	0	0	0	0	1	Ms=	1200				

〈그림 6-11〉 IS-LM모형에서 확장적 금융정책의 비교정태분석

IS-LM에서 통화량 증가에 따른 균형이자율 및 균형국민소득의 변화를 그림으로 그려보면 〈그림 6-12〉와 같다.

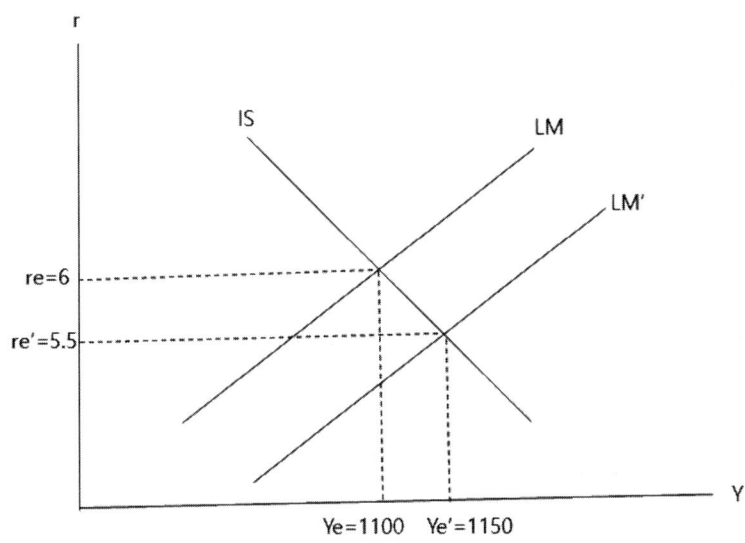

〈그림 6-12〉 통화량 증가에 따른 균형의 변화(IS-LM모형)

한편, IS-LM모형의 균형이자율과 균형국민소득 결정 및 외생변수의 변화에 대한 균형이자율 및 균형국민소득의 변화를 R을 이용하여 계산하는 〈b3-ch6-2.R〉을 실행해 보면 Excel로 한 결과와 동일함을 알 수 있다.

b3-ch6-2.R의 실행결과
> library(openxlsx)
> dat<-read.xlsx("http://kanggc.iptime.org/book/data/macro-islm-e.xlsx")
> A<-as.matrix(dat)
> H<-matrix(c(0,0,200,200,100,100,0,1000), nrow=8)
> H
[,1]
[1,]   0
[2,]   0
[3,] 200
[4,] 200
[5,] 100

```
[6,]  100
[7,]    0
[8,] 1000

> X<-t(solve(A)%*%H)

> XV<-as.vector(X)

> names(XV)<-c("Y=","C=","I=","G=","T=","r=","Md=","Ms=")

> XV
  Y=   C=   I=   G=   T=   r=  Md=  Ms=
1100  950   50  100  100    6 1000 1000

> GH<-matrix(c(0,0,200,200,150,100,0,1000), nrow=8)

> GX<-t(solve(A)%*%GH)

> GXV<-as.vector(GX)

> names(GXV)<-c("Y=","C=","I=","G=","T=","r=","Md=","Ms=")

> GXV
  Y=   C=   I=   G=   T=   r=  Md=  Ms=
1200 1025   25  150  100    7 1000 1000

> GM<-(GXV[1]-X[1,1])/(GXV[4]-H[5,1])

> names(GM)<-c("dY/dG=")

> GM
dY/dG=
    2

> MH<-matrix(c(0,0,200,200,100,100,0,1200), nrow=8)

> MX<-t(solve(A)%*%MH)

> MXV<-as.vector(MX)
```

```
> names(MXV)<-c("Y=","C=","I=","G=","T=","r=","Md=","Ms=")

> MXV
    Y=     C=     I=     G=     T=      r=     Md=     Ms=
1150.0  987.5   62.5  100.0  100.0    5.5  1200.0  1200.0

> MM<-(MXV[1]-X[1,1])/(MXV[8]-H[8,1])

> names(MM)<-c("dY/dM=")

> MM
dY/dM=
  0.25
```

제4절
다국간 모형

2개국 개방모형을 가정할 때 각 국의 거시경제 균형조건, 소비함수, 수입함수, 수출함수는 다음과 같다.

각 국의 거시경제 균형조건은 다음과 같다.
- $Y_1 = C_1 + I_1 + G_1 + X_1 - M_1$
- $Y_2 = C_2 + I_2 + G_2 + X_2 - M_2$

각 국의 소비함수는 다음과 같다
- $C_1 = a_1 + b_1 Y_1$
- $C_2 = a_2 + b_2 Y_2$

각 국의 수입함수는 다음과 같다
- $M_1 = m_{12} Y_1$
- $M_2 = m_{21} Y_2$

단, m_{ij}를 i국의 j국 상품에 대한 한계수입성향이다.
각 국의 수출함수는 다음과 같다.
- $X_1 = m_{21} Y_2$
- $X_2 = m_{12} Y_1$

2개국 개방모형이 (예제 3)과 같다고 하자.

(예제 3) 2개국 모형

$Y_1 = C_1 + I_1 + G_1 + X_1 - M_1$
$Y_2 = C_2 + I_2 + G_2 + X_2 - M_2$
$C_1 = 350 + 0.65\,Y_1$
$C_2 = 450 + 0.6\,Y_2$
$I_1 = 1200$
$I_2 = 600$
$G_1 = 450$
$G_2 = 280$
$M_1 = 0.2\,Y_1$
$M_2 = 0.3\,Y_2$
$X_1 = 0.3\,Y_2$
$X_2 = 0.2\,Y_1$

2개국 모형의 해 역시 $X = A^{-1}H$와 같이 구할 수 있다.

- 다음의 〈그림 6-13〉과 같이 A행렬과 H벡터를 입력한 후 A행렬의 역행렬의 결과가 구해질 영역(B15부터 M26)을 마우스로 끌어서 연속되게 선택하고, =MINVERSE(B2:M13)의 식을 입력하고 [Ctrl]+[Shift]+[Enter]를 동시에 눌러 역행렬을 구한다.
- 다음으로 연립방정식의 해를 구할 영역(R15부터 R26)을 마우스로 끌어서 연속되게 선택한 후 =MMULT(A18:O32,R18:R32)의 식을 입력하고 [Ctrl]+[Shift]+[Enter]를 동시에 눌러 해를 구한다.

	A	B	C	D	E	F	G	H	I	J	K	L	M	N	O
1		Y1	Y2	C1	C2	I1	I2	G1	G2	M1	M2	X1	X2	상수	
2	Y1	1	0	-1	0	-1	0	-1	0	1	0	-1	0	0	
3	Y2	0	1	0	-1	0	-1	0	-1	0	1	0	-1	0	
4	C1	-0.65	0	1	0	0	0	0	0	0	0	0	0	350	
5	C2	0	-0.6	0	1	0	0	0	0	0	0	0	0	450	
6	I1	0	0	0	0	1	0	0	0	0	0	0	0	1200	
7	I2	0	0	0	0	0	1	0	0	0	0	0	0	600	
8	G1	0	0	0	0	0	0	1	0	0	0	0	0	450	
9	G2	0	0	0	0	0	0	0	1	0	0	0	0	280	
10	M1	-0.2	0	0	0	0	0	0	0	1	0	0	0	0	
11	M2	0	-0.3	0	0	0	0	0	0	0	1	0	0	0	
12	X1	0	-0.3	0	0	0	0	0	0	0	0	1	0	0	
13	X2	-0.2	0	0	0	0	0	0	0	0	0	0	1	0	
14															
15		2.153846	0.923077	2.153846	0.923077	2.153846	0.923077	2.153846	0.923077	-2.15385	-0.92308	2.153846	0.923077	Y1=	5535
16		0.615385	1.692308	0.615385	1.692308	0.615385	1.692308	0.615385	1.692308	-0.61538	-1.69231	0.615385	1.692308	Y2=	3482
17		1.4	0.6	2.4	0.6	1.4	0.6	1.4	0.6	-1.4	-0.6	1.4	0.6	C1=	3948
18		0.369231	1.015385	0.369231	2.015385	0.369231	1.015385	0.369231	1.015385	-0.36923	-1.01538	0.369231	1.015385	C2=	2539
19		0	0	0	0	1	0	0	0	0	0	0	0	I1=	1200
20		0	0	0	0	0	1	0	0	0	0	0	0	I2=	600
21		0	0	0	0	0	0	1	0	0	0	0	0	G1=	450
22		0	0	0	0	0	0	0	1	0	0	0	0	G2=	280
23		0.430769	0.184615	0.430769	0.184615	0.430769	0.184615	0.430769	0.184615	0.569231	-0.18462	0.430769	0.184615	M1=	1107
24		0.184615	0.507692	0.184615	0.507692	0.184615	0.507692	0.184615	0.507692	-0.18462	0.492308	0.184615	0.507692	M2=	1044
25		0.184615	0.507692	0.184615	0.507692	0.184615	0.507692	0.184615	0.507692	-0.18462	-0.50769	1.184615	0.507692	X1=	1044
26		0.430769	0.184615	0.430769	0.184615	0.430769	0.184615	0.430769	0.184615	-0.43077	-0.18462	0.430769	1.184615	X2=	1107

〈그림 6-13〉 다국간모형의 해 구하기

2개국 모형에서 제1국의 정부지출이 450에서 550으로 증가한 다음의 (예제 3-1)에 대해 비교정태분석을 수행하여 국가별 균형국민소득의 변화를 살펴보라.

(예제 3-1) 2개국 모형 + $\Delta G_1 = 100$

$Y_1 = C_1 + I_1 + G_1 + X_1 - M_1$
$Y_2 = C_2 + I_2 + G_2 + X_2 - M_2$
$C_1 = 350 + 0.65 Y_1$
$C_2 = 450 + 0.6 Y_2$
$I_1 = 1200$
$I_2 = 600$
$G_1 = 550$
$G_2 = 280$
$M_1 = 0.2 Y_1$
$M_2 = 0.3 Y_2$
$X_1 = 0.3 Y_2$
$X_2 = 0.2 Y_1$

제1국의 정부지출이 450에서 550으로 100증가함에 따라 제1국의 국민소득은 5535에서 5751로 215가 증가하여 정부지출 승수는 2.15로 나타난 반면에, 제2국의 국민소득은 3482에서 3543으로 62가 증가하여 정부지출 승수는 0.62로 나타났다.

〈그림 6-14〉 제1국의 정부지출 증대에 따른 비교정태분석

한편, 2개국 모형에서 제1국의 정부지출 증가에 따른 제1국 및 제2국의 균형국민소

득의 변화를 R을 이용하여 계산하는 〈b3-ch6-3.R〉을 실행해 보면 Excel로 한 결과와 동일함을 알 수 있다.

---

b3-ch6-3.R의 실행결과

```
> library(openxlsx)

> dat<-read.xlsx("http://kanggc.iptime.org/book/data/macro-country-e.xlsx")

> A<-as.matrix(dat)

> H<-matrix(c(0,0,350,450,1200,600,450,280,0,0,0,0), nrow=12)

> H
       [,1]
 [1,]     0
 [2,]     0
 [3,]   350
 [4,]   450
 [5,]  1200
 [6,]   600
 [7,]   450
 [8,]   280
 [9,]     0
[10,]     0
[11,]     0
[12,]     0

> X<-t(solve(A)%*%H)

> XV<-as.vector(X)

> names(XV)<-c("Y1=","Y2=","C1=","C2=","I1=","I2=","G1=","G2=","M1=","M2=","X1=","X2=")

> XV
     Y1=      Y2=      C1=      C2=      I1=      I2=      G1=      G2=      M1=
```

제3절 IS-LM모형

```
     M2=
5535.385 3481.538 3948.000 2538.923 1200.000  600.000  450.000  280.000 1107.077
1044.462
     X1=      X2=
1044.462 1107.077

> IH<-matrix(c(0,0,350,450,1200,600,550,280,0,0,0,0), nrow=12)

> IX<-t(solve(A)%*%IH)

> IXV<-as.vector(IX)

> names(IXV)<-c("Y1=","Y2=","C1=","C2=","I1=","I2=","G1=","G2=","M1=","M2=","X1=","X2=")

> IXV
      Y1=      Y2=       C1=      C2=       I1=       I2=      G1=      G2=       M1=
      M2=
5750.769 3543.077 4088.000 2575.846 1200.000  600.000  550.000  280.000 1150.154
1062.923
     X1=      X2=
1062.923 1150.154

> I1Y1M<-(IXV[1]-XV[1])/(IH[7]-H[7,1])

> names(I1Y1M)<-c("dY1/dG1=")

> I1Y1M
dY1/dG1=
2.153846

> I1Y2M<-(IXV[2]-XV[2])/(IH[7]-H[7,1])

> names(I1Y2M)<-c("dY2/dG1=")

> I1Y2M
 dY2/dG1=
0.6153846
```

제7장
Excel 및 R : 산업연관분석

제1절 산업연관분석 개요
제2절 각종 계수

제1절
산업연관분석개요

1. 산업연관분석

한 나라의 국민경제에서는 재화와 서비스가 생산되고 그 생산과정에서 각 산업은 원재료의 거래관계를 토대로 직접, 간접으로 연관을 맺게 되는데, 이와 같이 생산 활동을 통하여 이루어지는 산업 간의 상호연관관계를 수량적으로 파악하는 분석방법을 산업연관분석 또는 투입산출분석(input-output analysis)이라고 한다.

산업연관분석은 일정기간(보통 1년) 동안 한 나라에서 생산되는 모든 재화와 서비스의 산업간 거래관계를 일정한 원칙과 형식에 따라 체계적으로 기록한 종합적인 통계표인 산업연관표의 작성으로부터 출발한다.

산업연관분석은 거시적 분석이 미치지 못하는 산업과 산업 간의 상호연관관계까지도 분석이 가능하기 때문에 구체적인 경제구조를 분석하는데 유리할 뿐만 아니라 최종수요에 의한 생산, 고용, 소득 등 국민경제에 미치는 각종 파급효과를 산업부문별로 나누어서 분석할 수 있어 산업구조정책방향 설정이나 조정 등에 유용한 분석도구로 활용될 수 있다.

2. 산업연관표

산업연관표는 한 나라 경제에 있어서 일정 기간에 이루어진 재화나 서비스의 산업 간 중간거래 및 최종거래를 일정한 형식과 원칙에 따라 기록한 종합적인 통계표를 말한다.

⟨그림 7-1⟩은 2000년 전국의 산업연관표로 투입산출표라고 하는데 이를 통해 상품의 공급내역과 사용내역을 한 눈에 볼 수 있다.

투입산출표의 세로 방향은 각 상품의 생산을 위해 사용한 중간재와 부가가치가 기록되어 상품별 투입구조를 보여주고, 가로 방향은 다른 상품의 중간재로 사용되거나 최종재로 사용된 내역을 나타내는 상품별 배분구조를 보여준다.

모든 산업은 각 산업으로부터 투입물을 구입하여 산출물을 생산하고, 이를 각 산업의 투입물 및 최종생산물로 판매한다. 각 산업의 산출물 가운데 최종수요자에게 판매되지 않고 다른 산업(그 산업을 포함하여)에 판매되는 것을 중간투입물이라고 한다. 한편, 각 산업의 투입물 가운데 노동과 같이 그 산업 또는 다른 산업의 산출물이 아닌 투입물이 필요한데 이를 기초투입물이라고 한다.

	A	B	C	D	E	F	G
1		산출		산업간수요			
2	투입		농업	제조업	서비스업	최종수요	총산출물
3	농업		1842	25440	3167	7838	38287
4	제조업		8522	359803	114617	167051	649993
5	서비스업		4023	85978	189892	424756	704649
6	노동		23900	178772	396973		
7	총투입물		38287	649993	704649		

⟨그림 7-1⟩ 산업연관표(2000년)

제2절

각종 계수

1. 투입계수

〈그림 7-1〉의 투입산출표로부터 산출되는 계수들은 경제분석에 널리 사용되고 있다. 투입계수는 각 상품의 생산에 투입된 중간재와 생산요소의 가치를 총투입액(또는 총산출액)으로 나누어 산출하는데 이는 중간재/총투입물인 중간투입계수(이를 투입계수행렬이라고도 함) 및 생산요소의 가치(=부가가치)/총투입물인 부가가치계수로 나누어진다.

- 농업의 투입계수를 구하기 위해 C11셀에 식 =C3/C$7을 입력하고, 다른 산업의 투입계수를 구하기 위해 C11셀을 선택하여 E11까지 복사한다.
- 제조업, 서비스업, 노동의 투입계수를 구하기 위해 C11셀부터 E11셀까지 선택하고, C14셀부터 E14셀까지 복사하면 〈그림 7-2〉와 같이 투입계수가 계산된다.

	A	B	C	D	E
8					
9			투입계수		
10	투입		농업	제조업	서비스업
11	농업		0.0481	0.0391	0.0045
12	제조업		0.2226	0.5535	0.1627
13	서비스업		0.1051	0.1323	0.2695
14	노동		0.6242	0.2750	0.5634
15	총투입계		1.0000	1.0000	1.0000

〈그림 7-2〉 투입계수

$X_i(i=1,2,3)$를 i산업의 총산출물, $d_i(i=1,2,3)$를 i산업의 산출물에 대한 최종수요라고 하면 다음의 관계가 성립한다.

$$0.0481X_1 + 0.0391X_2 + 0.0045X_3 + d_1 = X_1$$
$$0.22226X_1 + 0.5535X_2 + 0.1627X_3 + d_2 = X_2$$
$$0.1051X_1 + 0.1323X_2 + 0.2695X_3 + d_3 = X_3$$

이를 행렬로 나타내면 $AX+d=X$ 또는 $AX+d=IX$이므로 산출량벡터 X는 다음과 같이 구할 수 있다.

$$X = (I-A)^{-1}d$$

2. 기술행렬

항등행렬에서 투입계수행렬을 뺀 $(I-A)$를 기술행렬이라고 하는데 〈그림 7-3〉과 같다.

	A	B	C	D	E
16					
17			기술행렬		
18	투입		농업	제조업	서비스업
19	농업		0.9519	-0.0391	-0.0045
20	제조업		-0.2226	0.4465	-0.1627
21	서비스업		-0.1051	-0.1323	0.7305

〈그림 7-3〉 기술행렬

3. 생산유발계수행렬

기술행렬의 역행렬 즉, $(I-A)^{-1}$를 생산유발계수행렬 또는 레온티에프 역행렬이라고 하는데 〈그림 7-4〉와 같다.

	A	B	C	D	E
22					
23			생산유발계수행렬		
24	농업		1.077963	0.10328	0.029629
25	제조업		0.635867	2.459014	0.551442
26	서비스업		0.270188	0.460112	1.473008

〈그림 7-4〉 생산유발계수행렬

생산유발계수행렬은 다음과 같이 나타낼 수 있으므로 최종수요 1단위 증가에 따라 유발되는 직접 및 간접 생산파급효과를 합한 것이다.

$$(I-A)^{-1} = I + A + A^2 + A^3 + A^4 + \cdots\cdots$$

위 식에서 I는 각 산업의 생산물에 대한 최종수요가 1단위씩 발생하였을 때 이를 충족시키기 위한 각 산업부문의 직접생산효과를 나타낸다.

A는 각 산업부문 생산물 1단위 생산에 필요한 중간재 투입액을 나타내는데 이를 1차 생산파급효과라고 한다.

A^2는 1차 생산파급효과로 나타난 각 산업부문 생산물 생산에 필요한 중간재 투입액, 즉 2차 생산파급효과를 나타내며, $A^3, A^4 \cdots$는 각각 3차, 4차, …. 생산파급효과를 각각 나타낸다.

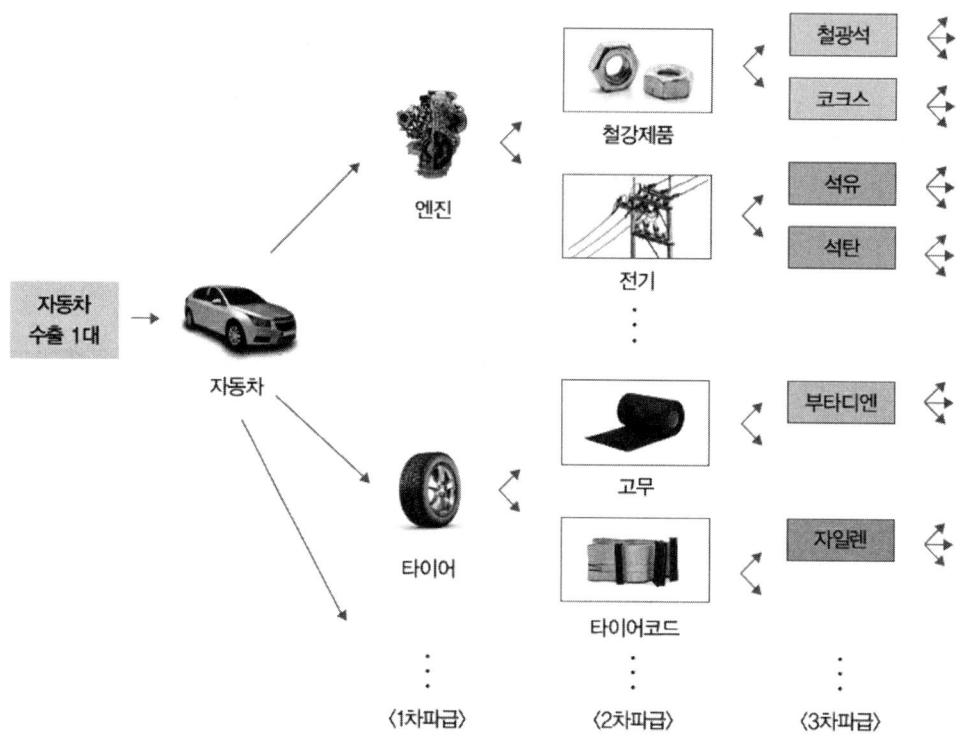

〈그림 7-5〉 생산의 파급과정
출처: 산업연관분석해설(한국은행, 2014)

한편, 각 산업에 대한 최종수요의 변화(산업별 이전 대비 1.5배 증가)가 총산출물의 변화(농업 19143.5 증가, 제조업 424996.5 증가, 서비스업 352324.5 증가)를 〈그림 7-6〉이 나타내고 있다.

농업의 경우 총산출물 19143.5 증가 중 직접생산효과는 5875.5, 간접생산효과는 13265인 것으로 나타났고, 제조업의 경우 총산출물 424996.5 증가 중 직접생산효과는 125288.3, 간접생산효과는 199708.3인 것으로 나타났으며, 서비스업의 경우 총산출물 352324.5 증가 중 직접생산효과는 318567, 간접생산효과는 33757.5로 나타났다.

	A	B	C	D	E	F	G	H
1		산출		산업간수요				
2	투입		농업	제조업	서비스업	최종수요	총산출물	
3	농업		1842	25440	3167	11757	38287	
4	제조업		8522	359803	114617	250576.5	649993	
5	서비스업		4023	85978	189892	637134	704649	
6	노동		23900	178772	396973			
7	총투입물		38287	649993	704649			
8								
9			투입계수					
10	투입		농업	제조업	서비스업			
11	농업		0.0481	0.0391	0.0045			
12	제조업		0.2226	0.5535	0.1627			
13	서비스업		0.1051	0.1323	0.2695			
14	노동		0.6242	0.2750	0.5634			
15	총투입계		1.0000	1.0000	1.0000			
16								
17			기술행렬					
18	투입		농업	제조업	서비스업			
19	농업		0.9519	-0.0391	-0.0045			
20	제조업		-0.2226	0.4465	-0.1627			
21	서비스업		-0.1051	-0.1323	0.7305			
22								
23			생산유발계수행렬					
24	농업		1.077963	0.10328	0.029629	농업=	57430.5	
25	세소업		0.635867	2.459014	0.551442	제조업=	974989.5	
26	서비스업		0.270188	0.460112	1.473008	서비스업	1056974	

user:
농업:7838->11757
제조업:167051->250576.5
서비스업:424756->637134

〈그림 7-6〉 최종수요 변화에 따른 총산출물의 변화

〈그림 7-7〉은 〈그림 7-4〉의 생산유발계수행렬의 의미를 설명하고 있다.

	1부문	2부문	3부문	행합계
1부문	r_{11} 1부문의 최종수요 한 단위를 충족하기 위하여 직·간접적으로 필요한 1부문의 산출단위	r_{12} 2부문의 최종수요 한 단위를 충족하기 위하여 간접적으로 필요한 1부문의 산출단위	r_{13} 3부문의 최종수요 한 단위를 충족하기 위하여 간접적으로 필요한 1부문의 산출단위	$r_{11}+r_{12}+r_{13} : S_1$ 각 부문의 최종수요가 한 단위씩 증가하였을 때 이를 충족하기 위하여 필요한 1부문의 산출단위
2부문	r_{21} 1부문의 최종수요 한 단위를 충족하기 위하여 간접적으로 필요한 2부문의 산출단위	r_{22} 2부문의 최종수요 한 단위를 충족하기 위하여 직·간접적으로 필요한 2부문의 산출단위	r_{23} 3부문의 최종수요 한 단위를 충족하기 위하여 간접적으로 필요한 2부문의 산출단위	$r_{21}+r_{22}+r_{23} : S_2$ 각 부문의 최종수요가 한 단위씩 증가하였을 때 이를 충족하기 위하여 필요한 2부문의 산출단위
3부문	r_{31} 1부문의 최종수요 한 단위를 충족하기 위하여 간접적으로 필요한 3부문의 산출단위	r_{32} 2부문의 최종수요 한 단위를 충족하기 위하여 간접적으로 필요한 3부문의 산출단위	r_{33} 3부문의 최종수요 한 단위를 충족하기 위하여 직·간접적으로 필요한 3부문의 산출단위	$r_{31}+r_{32}+r_{33} : S_3$ 각 부문의 최종수요가 한 단위씩 증가하였을 때 이를 충족하기 위하여 필요한 3부문의 산출단위
열합계	$r_{11}+r_{21}+r_{31} : R_1$ 1부문의 최종수요 한 단위를 충족하기 위하여 직·간접적으로 필요한 전부문의 산출단위	$r_{12}+r_{22}+r_{32} : R_2$ 2부문의 최종수요 한 단위를 충족하기 위하여 직·간접적으로 필요한 전부문의 산출단위	$r_{13}+r_{23}+r_{33} : R_3$ 3부문의 최종수요 한 단위를 충족하기 위하여 직·간접적으로 필요한 전부문의 산출단위	

〈그림 7-7〉 생산유발계수표의 의미
출처 : 산업연관분석해설(한국은행, 2014)

4. 영향력계수 및 감응도 계수

생산유발계수를 이용하여 각 산업의 전·후방연쇄효과를 파악할 수 있는데 후방연쇄효과의 정도는 영향력계수에 의해, 전방연쇄효과의 정도는 감응도계수로 알 수 있다.

영향력계수는 어떤 산업의 생산물에 대한 최종수요가 1단위 발생하였을 경우 전 산업에서 생산해야 하는 크기를 전 산업 평균에 대한 상대적 크기로 나타낸 것으로, 어느 산업의 생산에 다른 산업의 생산물이 중간재로 많이 사용되는 경우에는 영향력계수가 높아지므로 후방연쇄효과가 커지게 된다.

감응도계수는 모든 산업의 생산물에 대하여 각각 1단위씩의 최종수요가 발생하였을 경우 어떤 산업에서 생산해야 하는 크기를 전 산업 평균에 대한 상대적인 크기로 나타낸 것인데, 어떤 산업의 생산물이 다른 산업의 생산에 중간재로 많이 사용되는 경우에는 감응도계수가 높아져 전방연쇄효과가 커지게 된다.

- 열 합계를 구하기 위해 C28셀에 식 =sum(c25:c27)을 입력하고, 동 셀을 선택하여 E28까지 복사하고, 행 합계를 구하기 위해 F25셀에 식 =sum(c25:e25)을 입력하고, 동 셀을 선택하여 F28까지 복사한다.
- 영향력계수를 구하기 위해 C29셀에 식 =C28/($F$28)/3)을 입력하고, 동 셀을 선택하여 E29까지 복사하고, 감응도계수를 구하기 위해 G25셀에 식 =F25/($F$28)/3)을 입력하고, 동 셀을 선택하여 G27까지 복사하면 〈그림 7-8〉과 같게 된다.

농업은 후방연쇄효과가 큰 것으로 나타났고, 제조업은 전후방연쇄효과 모두 큰 것으로 나타났으며, 서비스업은 전후방연쇄효과 모두 작은 것으로 나타났다.

	A	B	C	D	E	F	G
22							
23			생산유발계수행렬				
24			농업	제조업	서비스업	행합계	감응도계수
25	농업		1.077963	0.10328	0.029629	1.210871	0.514498
26	제조업		0.635867	2.459014	0.551442	3.646323	1.549319
27	서비스업		0.270188	0.460112	1.473008	2.203308	0.936183
28	열합계		1.984017	3.022406	2.054079	7.060502	3
29	영향력계수		0.843007	1.284217	0.872776	3	

〈그림 7-8〉 영향력계수 및 감응도계수

한편, 투입산출표로 투입계수, 기술행렬, 생산유발계수행렬, 감응도계수, 영향력계수 등을 R을 이용하여 계산하는 〈b3-ch7-1.R〉을 실행해 보면 Excel로 한 결과와 동일함을 알 수 있다.

```
                              b3-ch7-1.R의 실행결과
> A<-matrix(c(1842,25440,3167,8522,359803,114617,4023,85978,189892), nrow=3,
ncol=3, byrow=T)

> A
     [,1]   [,2]   [,3]
[1,] 1842  25440   3167
[2,] 8522 359803 114617
[3,] 4023  85978 189892

> d<-matrix(c(7838,167051,424756), nrow=3)

> d
       [,1]
[1,]   7838
[2,] 167051
[3,] 424756

> X<-matrix(c(38287,649993,704649), nrow=3)

> X
       [,1]
[1,]  38287
[2,] 649993
[3,] 704649

> IC<-matrix(data=NA, nrow=3, ncol=3, byrow=T)

> for(i in 1:3) {
+   for(j in 1:3) {
+     IC[i,j]<-(A[i,j]/X[j])
+   }
+ }

> IC
            [,1]       [,2]        [,3]
[1,] 0.04811032 0.03913888 0.004494436
[2,] 0.22258208 0.55354904 0.162658288
```

```
[3,] 0.10507483 0.13227527 0.269484524

> I3<-matrix(c(1,0,0,0,1,0,0,0,1), nrow=3)

> I3
     [,1] [,2] [,3]
[1,]   1    0    0
[2,]   0    1    0
[3,]   0    0    1

> TM<-I3-IC

> TM
           [,1]         [,2]         [,3]
[1,]  0.9518897  -0.03913888  -0.004494436
[2,] -0.2225821   0.44645096  -0.162658288
[3,] -0.1050748  -0.13227527   0.730515476

> PIC<-solve(TM)

> PIC
          [,1]       [,2]       [,3]
[1,] 1.0779626 0.1032798 0.02962861
[2,] 0.6358669 2.4590142 0.55144199
[3,] 0.2701876 0.4601119 1.47300830

> dd<-1.5*d

> Xd<-PIC%*%dd

> Xd
          [,1]
[1,]    57430.5
[2,]   974989.5
[3,]  1056973.5

> de<-dd-d

> de
```

```
             [,1]
[1,]    3919.0
[2,]   83525.5
[3,]  212378.0

> ie<-Xd-X-de

> ie
             [,1]
[1,]   15224.5
[2,]  241471.0
[3,]  139946.5

> (rp<-rowSums(PIC)) # PIC 행렬에서 행의 합
[1] 1.210871 3.646323 2.203308

> (cp<-colSums(PIC)) # PIC 행렬에서 열의 합
[1] 1.984017 3.022406 2.054079

> (m<-mean(rp))
[1] 2.353501

> (senstivity<-rp/m)
[1] 0.5144979 1.5493189 0.9361832

> (impact<-cp/m)
[1] 0.8430068 1.2842172 0.8727760
```

참고문헌

강기춘(2010), 『계량경제학 : 이론과 실습』, 온누리.
_____(2019), 『R 기초 및 통계분석』, 신아문화사.
_____(2019), 『R 응용 및 계량경제분석』, 신아문화사.
김영우(2017), 『Do it! 쉽게 배우는 R 데이터 분석』, 이지스퍼브리싱.
박범조(2013), 『응용 계량경제학: R 활용』, 시그마프레스.
이석민(2019), 『인문사회과학을 위한 빅데이터 분석방법론』, 윤성사.
이성근·이춘근(2008), 『최신 지역경제론』, 법문사.
이용구·김삼용(2016), 『통계학의 이해 : EXCEL 실습 -제8판-』, 율곡출판사.
이재길(2017), 『R 프로그램에 기반한 시계열 자료 분석』, 황소걸음 아카데미.
폴 티터 지음·이제원 옮김(2012), 『R Cookbook : 데이터 분석과 통계 그래픽스를 위한 실전 예제』, 인사이트.
한국은행(2014), 『산업연관분석해설』.
한치록(2017), 『계량경제학 강의』, 박영사.
Cowpertwait, P.S.P and A.V. Metcalfe(2009), Introductory Time Series with R, Springer.
Heiss, F.(2016), Using R for Introductory Econometrics, John Wiley & Sons,Inc.
Schmuller, J.(2017), Statistical Analysis with R For Dummies, John Wiley & Sons,Inc.

부록 1
R 코드

제1장

Excel 및 R : 초급사용

---

b3-ch1-1.R

```
x<-c(1:10)
x
sort(x)
sort(x, decreasing=T)
mean(x)
median(x)
quantile(x)
diff(range(x))
var(x)
sd(x)
```

---

b3-ch1-2.R

```
library(openxlsx)
sample1<-read.xlsx("http://kanggc.iptime.org/book/data/score.xlsx")
sample1
```

---

b3-ch1-3.R

```
name<-c("김기훈","박수동","원선희","위계영","최동팔","최종열","최종수","김기팔","이상수","강창수")
prin<-c(98,100,50,50,80,90,30,80,65,95)
micro<-c(82,92,45,100,95,60,30,25,70,90)
macro<-c(95,80,75,100,95,60,30,25,70,90)
df<-data.frame(name,prin,micro,macro)

df$sum<-df$prin+df$micro+df$macro
```

```
df$mean<-df$sum/3
df$PF<-ifelse(df$mean >= 60, "pass","fail")
df$grade<-ifelse(df$mean >= 90, "A", ifelse(df$mean >= 80, "B", ifelse(df$mean >=
70, "C", ifelse(df$mean >= 60, "D", "F"))))
df

write.xlsx(df, "K:/BOOK/RBasics/Excel및R활용경제분석/code/b3-ch1-3.xlsx", colNames
=T, asTable=F)#write.xlsx 명령어로 지정된 디렉터리에 지정된 이름의 엑셀파일로 저장.
```

b3-ch1-4.R

```
library(openxlsx)
sample1<-read.xlsx("http://kanggc.iptime.org/book/data/sample1-n.xlsx")
sample1_dat<- data.matrix(sample1)
year<-sample1_dat[,1]
gdp<-sample1_dat[,2]
consumption<-sample1_dat[,3]
lgdp<-log(gdp)
lconsumption<-log(consumption)
lgdp; lconsumption
names(sample1)
sample1
names(sample1)[3]<-"cons"
sample1
names(sample1)<-c("T","Y","C")
sample1
```

b3-ch1-5.R

```
library(openxlsx)
sample1<-read.xlsx("http://kanggc.iptime.org/book/data/sample1-n.xlsx")
sample1_dat<- data.matrix(sample1)
year<-sample1_dat[,1]
gdp<-sample1_dat[,2]
consumption<-sample1_dat[,3]
data1<-sample1_dat[1:10,]
data1
data2<-sample1_dat[11:17,]
data2
```

제2장

Excel 및 R : 중급사용

---

b3-ch2-1.R

```
library(dplyr)

name<-c("김기훈","박수동","원선희","위계영","최동팔","최종열","최종수","김기팔","이상수","강창수")
prin<-c(98,100,50,50,80,90,30,80,65,95)
micro<-c(82,92,45,100,95,60,30,25,70,90)
macro<-c(95,80,75,100,95,60,30,25,70,90)
df<-data.frame(name,prin,micro,macro)

df$sum<-df$prin+df$micro+df$macro
df$mean<-df$sum/3
df$PF<-ifelse(df$mean >= 60, "pass","fail")
df$grade<-ifelse(df$mean >= 90, "A", ifelse(df$mean >= 80, "B", ifelse(df$mean >= 70, "C", ifelse(df$mean >= 60, "D", "F"))))

df[order(df$mean,decreasing=T),]
df %>% arrange(desc(mean))
```

---

b3-ch2-2.R

```
library(openxlsx)
library(dplyr)

data<-read.xlsx("http://kanggc.iptime.org/book/data/dbase.xlsx")
data

encoding = "UTF-8"
```

```
data %>% filter(data$성별 == "남")
data %>% filter(data$성별 == "남" & data$본적 == "서울")
data %>% filter(data$소득 > 2000 & data$소득 < 4000)
```

b3-ch2-3.R

```
library(openxlsx)
library(dplyr)

df<-read.xlsx("http://kanggc.iptime.org/book/data/subtotal-e.xlsx")
df

class <- df %>%
  group_by(class) %>%
  summarise(mean_mid = mean(mid),
  mean_final = mean(final),
  mean_total = mean(total))
class
```

b3-ch2-4.R

```
library(openxlsx)
library(dplyr)

df<-read.xlsx("http://kanggc.iptime.org/book/data/subtotal-e.xlsx")
df

dept_name_1 <- df %>%
  group_by(dept, class) %>%
  summarise(mean_total = mean(total))
dept_name_1
```

b3-ch2-5.R

```
library(openxlsx)
library(dplyr)
library(ggplot2)

df<-read.xlsx("http://kanggc.iptime.org/book/data/subtotal-e.xlsx")
```

```
df

dept_name_1 <- df %>%
  group_by(dept, class) %>%
  summarise(mean_total = mean(total))
dept_name_1

ggplot(data=dept_name_1, aes(x=dept, y=mean_total, fill=class)) +
  geom_col(position="dodge2")
```

제3장

Excel 및 R : 고급사용

```
                              b3-ch3-1.R
a<-matrix(c(3,1,7,5,6,2,9,9,7,3,4,6,1,5,8,4),nrow=4,ncol=4,byrow=T)
a
b<-matrix(c(5,9,7,3,6,8,8,5,4,6,2,7),nrow=4,ncol=3,byrow=T)
b
amb<-a%*%b
amb
tbma<-t(b)%*%a
tbma
ainv<-solve(a)
ainv
iden<-a%*%ainv
iden

A<-matrix(c(2,3,0,3,0,-2,1,2,1),nrow=3,ncol=3,byrow=T)
A
H<-matrix(c(24,5,17),nrow=3,ncol=1)
H
Ainv<-solve(A)
Ainv
X=Ainv%*%H
X
```

```
                              b3-ch3-2.R
fv <- function(rate, nper, pmt, pv = 0.0, type = 0) {
  pvif <- (1+rate)^nper # Present value interest factor
  fvifa <- if(rate==0) nper else ((1+rate)^nper - 1) / rate
```

```
  return(-((pv * pvif) + pmt * (1.0 + rate * type) * fvifa))
}
fv(rate=0.12, nper=20, pmt=-20000, type=1)
fv(rate=0.01, nper=41, pmt=-100000, type=1)



pv <- function(rate, nper, pmt, fv = 0.0, type = 0) {
  pvif <- (1+rate)^nper # Present value interest factor
  fvifa <- if(rate==0) nper else ((1+rate)^nper - 1) / rate
  return((-fv - pmt * (1.0 + rate * type) * fvifa) / pvif)
}
pv(rate=0.07/12, nper=60, pmt=-35000, type=1)
pv(rate=0.18/12, nper=36, pmt=-130149)



pmt <- function(rate, nper, pv, fv=0, type=0) {
  rr <- 1/(1+rate)^nper
  res <- (-pv-fv*rr)*rate/(1-rr)
  return(res/(1+rate*type))
}
pmt(rate=0.1/12, nper=12, pv=10000000)



fv(rate=0.035/12, nper=c(12,18,24,35,60), pmt=-350000, type=1)
pmt(rate=0.1/12, nper=c(6,12,18,24,36), pv=10000000)
```

b3-ch3-3.R
| ```
a<-c(-3,-2,-1,1,2,3)
sum(a)
abs(a)
as<-a[4:6]
sqrt(as)
max(a)
min(a)
range(a)
exp(a)
log(as)
log10(as)
``` |
```

b3-ch3-4.R

```
x<-c(21,4,13,6,12,7,4,25,22)
y<-c(-2,4,-3,8,-7,8,-2,-6,5)
x;y
cov(x,y)
cor(x,y)
summary(x);summary(y)
cumsum(1:10);cumprod(1:10)
```

b3-ch3-5.R

```
#수익률 평균=40%,표준편차=10%인 정규분포에서 수익률이 60%보다 낮을 확률
pnorm(60,mean=40,sd=10)

#수익률 평균=40%,표준편차=10%인 정규분포에서 수익률이 60%보다 높은 확률(표준화)
1-pnorm(2,0,1)

#P(Z<1.645)
pnorm(1.645, 0,1)

#P(Z<K)=0.95일 때, K의 값은?
qnorm(0.95, 0,1)

#t-통계량이 -3.271, n=16일 때 p의 값은?
pt(-3.271, 15)

#n=16일때, 5% 유의수준에서 기각역(단측)
qt(p=0.05, df=15)

round(rnorm(n=20, mean=40, sd=10), digits=2)
```

b3-ch3-6.R

```
#평균=40,표준편차=10인 정규분포에서 42보다 작을 확률
pnorm(42,mean=40,sd=1.5)

#P(Z<K)=0.9087888일 때, K의 값은?
qnorm(0.9087888, 40,1.5)
```

```
#카이제곱 통계량이 18.307, df=10일 때 p의 값은?
pchisq(18.307, 10)

#P(chisq<K)=0.9499994일 때, K의 값은?
qchisq(0.9499994, 10)

#t-통계량이 2.086, df=20일 때 p의 값은?
pt(2.086, 20)

#P(t<K)=0.9750018일 때, K의 값은?
qt(0.9750018, 20)

#F-통계량이 6.16, df1=6, df2=4일 때 p의 값은?
pf(6.16, 6,4)

#P(F<K)=0.9499573일 때, K의 값은?
qf(0.9499573, 6, 4)
```

b3-ch3-7.R
|```
set.seed(12345)

n<-10000;
z<-rnorm(n,0,1)
par(mfrow=c(1,2))

hist(z, freq=F, col="grey", xlab="", xlim=c(-4, 4), breaks=100)
par(new=T)
plot(density(z), axes=F, main="", xlim=c(-4, 4), lwd=2, col="blue")
curve(dnorm(x,0,1),xlim=c(-4, 4), lwd=2)
```|

b3-ch3-8.R
|```
set.seed(12345)

n<-10000;

par(mfrow=c(1,2))
```|

```
z1<-rnorm(n,0,1)
z2<-rnorm(n,0,1)
z3<-rnorm(n,0,1)
z4<-rnorm(n,0,1)
z5<-rnorm(n,0,1)

chi5<-z1^2+z2^2+z3^2+z4^2+z5^2

hist(chi5, freq=F, col="grey", xlab="", xlim=c(0, 25), breaks=100)
par(new=T)
plot(density(chi5), axes=F, main="", xlim=c(0, 25), lwd=2, col="blue")
curve(dchisq(x, 5, ncp=0), col="black", xlim=c(0, 25), ylim=c(0, 0.15), xlab="chisq", ylab="f(chisq)")
```

b3-ch3-9.R

```
set.seed(12345)

n<-10000;

par(mfrow=c(1,2))

z<-rnorm(n,0,1)
z1<-rnorm(n,0,1)
z2<-rnorm(n,0,1)
z3<-rnorm(n,0,1)
z4<-rnorm(n,0,1)
z5<-rnorm(n,0,1)

chi5<-z1^2+z2^2+z3^2+z4^2+z5^2

sqchi5<-sqrt(chi5/5)

t5<-z/sqchi5

hist(t5, freq=F,xlab="", xlim=c(-11, 11),breaks=100)
par(new=T)
plot(density(t5), axes=F, main="", xlim=c(-11, 11), lwd=2, col="blue")
```

```r
curve(dt(x, 5, ncp=0), col="black", xlim=c(-11, 11), ylim=c(0, 0.39), xlab="t", ylab="f(t)")
```

b3-ch3-10.R

```r
set.seed(12345)

n<-10000;

par(mfrow=c(1,2))

z1<-rnorm(n,0,1)
z2<-rnorm(n,0,1)
z3<-rnorm(n,0,1)
z4<-rnorm(n,0,1)
z5<-rnorm(n,0,1)
z6<-rnorm(n,0,1)
z7<-rnorm(n,0,1)
z8<-rnorm(n,0,1)
z9<-rnorm(n,0,1)
z10<-rnorm(n,0,1)

chi15<-z1^2+z2^2+z3^2+z4^2+z5^2
chi25<-z6^2+z7^2+z8^2+z9^2+z10^2

f55<-(chi15/5)/(chi25/5)

hist(f55, freq=F,xlab="", xlim=c(0, 40),breaks=100)
par(new=T)
plot(density(f55), axes=F, main="", xlim=c(0, 40), lwd=2, col="blue")
curve(df(x, 5, 5), col="black", xlim=c(0, 40), ylim=c(0, 0.55), xlab="f", ylab="f(f)")
```

제4장

Excel 및 R : 기본분석

```
                            b3-ch4-1.R
library(openxlsx)

df<-read.xlsx("http://kanggc.iptime.org/book/data/finance-k.xlsx")
df_dat<-data.matrix(df)

year<-df_dat[,1]
su<-df_dat[,2]
bs<-df_dat[,3]
dg<-df_dat[,4]
ic<-df_dat[,5]
gj<-df_dat[,6]
dj<-df_dat[,7]
us<-df_dat[,8]
sj<-df_dat[,9]
gg<-df_dat[,10]
gw<-df_dat[,11]
cb<-df_dat[,12]
cn<-df_dat[,13]
jb<-df_dat[,14]
jn<-df_dat[,15]
gb<-df_dat[,16]
gn<-df_dat[,17]
jj<-df_dat[,18]

plot(year,su,type="l",ylab="",col="black", ylim=c(0,100))
lines(year,bs,col="green")
lines(year,dg,col="blue")
```

```
lines(year,ic,col="red")
lines(year,gj,col="brown")
lines(year,dj,col="gray")
lines(year,us,col="gold")
lines(year,sj,col="orange")
lines(year,gg,col="black")
lines(year,gw,col="green")
lines(year,cb,col="blue")
lines(year,cn,col="red")
lines(year,jb,col="brown")
lines(year,jn,col="gray")
lines(year,gb,col="gold")
lines(year,gn,col="orange")
lines(year,jj,col="black")

legend("bottomleft",legend=c("서울","부산","대구","인천","광주","대전","울산","세종","경기",
                    "강원","충북","충남","전북","전남","경북","경남","제주"),col=c(1,3),lty=1)
```

---

b3-ch4-2.R

```
library(openxlsx)

df<-read.xlsx("http://kanggc.iptime.org/book/data/double.xlsx")
df_dat<-data.matrix(df)
year<-df_dat[,1]
korea<-df_dat[,2]
jeju<-df_dat[,3]

par(mfrow=c(1,2))

par(mar = c(5, 4, 4, 4) + 0.3)  # Leave space for z axis
plot(year, korea,type="l",col="red") # first plot
par(new = TRUE)
plot(year, jeju, type = "l", axes = FALSE, col="black",bty = "n", xlab = "", ylab = "")
axis(side=4, at = pretty(range(jeju)))
mtext("jeju", side=4, line=3)
```

```
year_1<-year[2:17]
jeju.ts<-ts(jeju,start=2000,end=2016,frequency=1)
ljeju<-lag(jeju.ts,k=-1)
gjeju<-((jeju.ts-ljeju)/ljeju)*100
jeju_1<-jeju[2:17]

par(mar = c(5, 4, 4, 4) + 0.3)  # Leave space for z axis
plot(year_1, jeju_1,type="h",col="red",ylim=c(0,1.8e+07)) # first plot
par(new = TRUE)
plot(year_1, gjeju[2:17], type = "l", axes = FALSE, col="black",bty = "n", xlab = "",
ylab = "")
axis(side=4, at = pretty(range(gjeju)))
mtext("gjeju", side=4, line=3)
```

b3-ch4-3.R

```
library(openxlsx)

df<-read.xlsx("http://kanggc.iptime.org/book/data/position-e.xlsx")

id<-df$id
name<-df$name
comp<-df$comp
eff<-df$eff

mc=mean(comp)
me=mean(eff)

plot(comp,eff,type="n",cex=1.5, xlim=c(0,70),ylim=c(0,1))
points(comp,eff, pch=16,cex=1.5,col="blue")
with(df,text(eff~comp, labels=id, pos=1))
abline(v=mc, h=me, col="blue",lty=2)
legend("bottomleft",legend=name)
```

```
                          b3-ch4-4.R
library(openxlsx)

df<-read.xlsx("http://kanggc.iptime.org/book/data/finance-k.xlsx")
df_dat<-data.matrix(df)

year<-df_dat[,1]
jj<-df_dat[,18]
jj

bins<-c(22,26,30,34,38,42)
bins

class<-cut(jj,breaks=bins)
class

table(class)
transform(table(class))

hist(jj, breaks=bins, xlim=c(22,42))
```

```
                          b3-ch4-5.R
library(openxlsx)
library(fBasics)

df<-read.xlsx("http://kanggc.iptime.org/book/data/describe-e.xlsx")
df_dat<-data.matrix(df)

cpi<-df_dat[,2]
interest<-df_dat[,3]
gdp<-df_dat[,4]
deflator<-df_dat[,5]

df_new<-cbind(cpi, interest, gdp, deflator)
df_new
summary(df_new)
```

```
(var<-var(df_new))

(sd1<-sd(cpi))
(sd2<-sd(interest))
(sd3<-sd(gdp))
(sd4<-sd(deflator))

basicStats(df_new)
```

b3-ch4-6.R

```
library(openxlsx)

sample1<-read.xlsx("http://kanggc.iptime.org/book/data/gdp-a.xlsx")

y.ts<-ts(sample1$GDP, start=2000, end=2017, frequency=1)
y.ts

lagy<-lag(y.ts, k=-1)
lagy

gy<-(y.ts-lagy)/lagy*100
gy

ly.ts<-log(y.ts)
ly.ts

gly<-(ly.ts-lag(ly.ts, k=-1))*100
gly

agy<-mean(gy)
agy

gy.ts<-((y.ts[18]/y.ts[1])^(1/17)-1)*100
gy.ts

plot(gy, type="l", lwd=3, col="red", main="Exact Growth Rate vs. Approx. Growth Rate of GDP")
lines(gly, lwd=3, lty=6, col="green")
```

```
                              b3-ch4-7.R
library(openxlsx)

sample1<-read.xlsx("http://kanggc.iptime.org/book/data/gdp-q.xlsx")

y.ts<-ts(sample1$GDP, start=c(2013,1), frequency=4)
y.ts

lagy4<-lag(y.ts, k=-4)
lagy4

gy4<-(y.ts-lagy4)/lagy4*100
gy4

ly.ts<-log(y.ts)
ly.ts

gly4<-(ly.ts-lag(ly.ts, k=-4))*100
gly4

plot(gy4, type="l", lwd=3, col="red", main="Exact Growth Rate vs. Approx. Growth
Rate of GDP")
lines(gly4, lwd=3, lty=6, col="green")
```

```
                              b3-ch4-8.R
library(openxlsx)

sample1<-read.xlsx("http://kanggc.iptime.org/book/data/gdpexp-e.xlsx")

y<-ts(sample1$gdp, start=2011, end=2017, frequency=1)
c<-ts(sample1$cons, start=2011, end=2017, frequency=1)
i<-ts(sample1$inv, start=2011, end=2017, frequency=1)
g<-ts(sample1$gov, start=2011, end=2017, frequency=1)
x<-ts(sample1$ex, start=2011, end=2017, frequency=1)
m<-ts(sample1$im, start=2011, end=2017, frequency=1)
d<-ts(sample1$discrep, start=2011, end=2017, frequency=1)
```

```
z0<-as.matrix(cbind(y,c,i,g,x,m,d))
z0
z1<-matrix(data=NA, nrow=6, ncol=6, byrow=T)

for(i in 1:6) {
  for(j in 1:6) {
    z1[i,j]<-((z0[i+1,j+1]-z0[i,j+1])/(z0[i+1,1]-z0[i,1]))*100
      }
}
(z1<-round(z1, digits=4))

z2<-matrix(data=NA, nrow=6, ncol=6, byrow=T)

for(i in 1:6) {
  for(j in 1:6) {
    z2[i,j]<-(z0[i+1,1]-z0[i,1])/(z0[i,1])*z1[i,j]
  }
}
(z2<-round(z2, digits=4))
```

b3-ch4-9.R

```
library(openxlsx)

sample1<-read.xlsx("http://kanggc.iptime.org/book/data/cpi-e.xlsx")
weight<-read.xlsx("http://kanggc.iptime.org/book/data/cpi-weight-e.xlsx")

all<-ts(sample1$all, start=2015, end=2017, frequency=1)
fo<-ts(sample1$food, start=2015, end=2017, frequency=1)
al<-ts(sample1$alcohol, start=2015, end=2017, frequency=1)
cl<-ts(sample1$clothing, start=2015, end=2017, frequency=1)
ho<-ts(sample1$housing, start=2015, end=2017, frequency=1)
hou<-ts(sample1$household, start=2015, end=2017, frequency=1)
he<-ts(sample1$health, start=2015, end=2017, frequency=1)
tr<-ts(sample1$transport, start=2015, end=2017, frequency=1)
co<-ts(sample1$communication, start=2015, end=2017, frequency=1)
re<-ts(sample1$recreation, start=2015, end=2017, frequency=1)
ed<-ts(sample1$education, start=2015, end=2017, frequency=1)
res<-ts(sample1$restaurant, start=2015, end=2017, frequency=1)
```

```
ot<-ts(sample1$others, start=2015, end=2017, frequency=1)

w1<-weight[1,2]
w2<-weight[2,2]
w3<-weight[3,2]
w4<-weight[4,2]
w5<-weight[5,2]
w6<-weight[6,2]
w7<-weight[7,2]
w8<-weight[8,2]
w9<-weight[9,2]
w10<-weight[10,2]
w11<-weight[11,2]
w12<-weight[12,2]
w13<-weight[13,2]

z0<-as.matrix(cbind(all,fo,al,cl,ho,hou,he,tr,co,re,ed,res,ot))
z0
z1<-matrix(data=NA, nrow=2, ncol=12, byrow=T)
w<-as.matrix(cbind(w1,w2,w3,w4,w5,w6,w7,w8,w9,w10,w11,w12,w13))

for(i in 1:2) {
  for(j in 1:12) {
    z1[i,j]<-(((z0[i+1,j+1]-z0[i,j+1])*w[j+1])/((z0[i+1,1]-z0[i,1])*w1))*100
    }
}
(z1<-round(z1, digits=4))

z2<-matrix(data=NA, nrow=2, ncol=12, byrow=T)

for(i in 1:2) {
  for(j in 1:12) {
    z2[i,j]<-(z0[i+1,1]-z0[i,1])/(z0[i,1])*z1[i,j]
  }
}
(z2<-round(z2, digits=4))
```

```
                              b3-ch4-10.R
library(openxlsx)

df<-read.xlsx("http://kanggc.iptime.org/book/data/lq-e.xlsx")

industry<-df$industry
id<-df$id[2:20]
nfirm<-df$nfirm
nemp<-df$nemp
jfirm<-df$jfirm
jemp<-df$jemp

lqfirm<-rep(NA, 19)
lqemp<-rep(NA, 19)


for(i in 1:19) {
   lqfirm[i]<-(jfirm[i+1]/jfirm[1])/(nfirm[i+1]/nfirm[1])
}

for(i in 1:19) {
   lqemp[i]<-(jemp[i+1]/jemp[1])/(nemp[i+1]/nemp[1])
}

lqfirm
lqemp

plot(lqfirm,lqemp,type="n",cex=1.5, xlim=c(0,8),ylim=c(0,8))
points(lqfirm,lqemp, pch=16,cex=1.5,col="blue")
with(df,text(lqemp~lqfirm, pos=1))
abline(v=1, h=1, col="blue",lty=2)
legend("center",legend=industry[2:20])
```

```
                              b3-ch4-11.R
library(openxlsx)

data<-read.xlsx("http://kanggc.iptime.org/book/data/rsi-jj-e.xlsx")
```

```
id<-data$id
name<-data$name
k1986<-data$k1986
k1996<-data$k1996
k2006<-data$k2006
k2016<-data$k2016
jj1986<-data$jj1986
jj1996<-data$jj1996
jj2006<-data$jj2006
jj2016<-data$jj2016

B<-matrix(data=NA, nrow=16, ncol=4, byrow=T)
for(i in 1:16) {
  for(j in 1:4) {
    B[i,1]<-abs((jj1986[i+1]/jj1986[1])-(k1986[i+1]/k1986[1]))
    B[i,2]<-abs((jj1996[i+1]/jj1996[1])-(k1996[i+1]/k1996[1]))
    B[i,3]<-abs((jj2006[i+1]/jj2006[1])-(k2006[i+1]/k2006[1]))
    B[i,4]<-abs((jj2016[i+1]/jj2016[1])-(k2016[i+1]/k2016[1]))
  }
}
BB<-round(B,digits=3)
BB

RSI<-colSums(B)/2
RSI

A<-matrix(data=NA, nrow=16, ncol=8, byrow=T)
for(i in 1:16) {
 for(j in 1:4) {
    A[i,1]<-(k1986[i+1]/k1986[1])*100
    A[i,2]<-(k1996[i+1]/k1996[1])*100
    A[i,3]<-(k2006[i+1]/k2006[1])*100
    A[i,4]<-(k2016[i+1]/k2016[1])*100
    }
  }

for(i in 1:16) {
  for(j in 5:8) {
    A[i,5]<-(jj1986[i+1]/jj1986[1])*100
```

```
    A[i,6]<-(jj1996[i+1]/jj1996[1])*100
    A[i,7]<-(jj2006[i+1]/jj2006[1])*100
    A[i,8]<-(jj2016[i+1]/jj2016[1])*100
  }
}
AA<-round(A,digits=3)
AA

k1986<-A[,1]
k1986_1<-sort(k1986, decreasing=T)
k1986_2<-cumsum(k1986_1)
k1986_3<-c(0,k1986_2)
jj1986<-A[,5]
jj1986_1<-sort(jj1986, decreasing=T)
jj1986_2<-cumsum(jj1986_1)
jj1986_3<-c(0,jj1986_2)

k1996<-A[,2]
k1996_1<-sort(k1996, decreasing=T)
k1996_2<-cumsum(k1996_1)
k1996_3<-c(0,k1996_2)
jj1996<-A[,6]
jj1996_1<-sort(jj1996, decreasing=T)
jj1996_2<-cumsum(jj1996_1)
jj1996_3<-c(0,jj1996_2)

k2006<-A[,3]
k2006_1<-sort(k2006, decreasing=T)
k2006_2<-cumsum(k2006_1)
k2006_3<-c(0,k2006_2)
jj2006<-A[,7]
jj2006_1<-sort(jj2006, decreasing=T)
jj2006_2<-cumsum(jj2006_1)
jj2006_3<-c(0,jj2006_2)

k2016<-A[,4]
k2016_1<-sort(k2016, decreasing=T)
k2016_2<-cumsum(k2016_1)
k2016_3<-c(0,k2016_2)
```

```
jj2016<-A[,8]
jj2016_1<-sort(jj2016, decreasing=T)
jj2016_2<-cumsum(jj2016_1)
jj2016_3<-c(0,jj2016_2)

C<-cbind(k1986_1,jj1986_1,k1996_1,jj1996_1,k2006_1,jj2006_1,k2016_1,jj2016_1)
CC<-round(C,digits=3)
CC

D<-cbind(k1986_3,jj1986_3,k1996_3,jj1996_3,k2006_3,jj2006_3,k2016_3,jj2016_3)
DD<-round(D,digits=3)
DD

par(mfrow=c(1,2))

plot(id,k1986_3, type="l", xlab="", ylab="cumulative sum", col="black",main="지방전
문화곡선(1986년)")
lines(id,jj1986_3, col="blue",lty=2)
legend("bottomright", legend=c("전국","제주"), col=c("black","blue"), lty=c(1,2))

plot(id,k2016_3, type="l", xlab="",ylab="cumulative sum", col="black",main="지방전문
화곡선(2016년)")
lines(id,jj2016_3, col="blue",lty=2)
legend("bottomright", legend=c("전국","제주"), col=c("black","blue"), lty=c(1,2))
```

---

b3-ch4-12.R

```
library(openxlsx)

data1<-read.xlsx("http://kanggc.iptime.org/book/data/ss-fdi-e.xlsx")

k2012<-data1$k2012
k2017<-data1$k2017
jj2012<-data1$jj2012
jj2017<-data1$jj2017

A<-matrix(data=NA, nrow=10, ncol=7, byrow=T)

for(i in 1:10) {
```

```
   for(j in 1:4) {
     A[i,1]<-(k2017[i]-k2012[i])
     A[i,2]<-(A[i,1]/k2012[i])
     A[i,3]<-(jj2017[i]-jj2012[i])
     A[i,4]<-(A[i,3]/jj2012[i])
      }
   }
for(i in 1:9) {
 for(j in 5:7) {
     A[i+1,5]<-(jj2012[i+1])*A[1,2]
     A[i+1,6]<-jj2012[i+1]*(A[i+1,2]-A[1,2])
     A[i+1,7]<-jj2012[i+1]*(A[i+1,4]-A[i+1,2])
      }
   }

CS<-colSums(A[,5:7], na.rm=T)

A[1,5]<-CS[1]
A[1,6]<-CS[2]
A[1,7]<-CS[3]
AA<-round(A,digits=3)
AA
```

b3-ch4-13.R

```
library(openxlsx)

sample1<-read.xlsx("http://kanggc.iptime.org/book/data/rgda-e.xlsx")

k<-sample1$Korea
k2010<-sample1$K2010
k2017<-sample1$K2017
jj<-sample1$Jeju
jj2010<-sample1$J2010
jj2017<-sample1$J2017

A<-matrix(data=NA, nrow=17, ncol=9, byrow=T)
for(i in 1:17) {
 for(j in 1:7) {
```

```
        A[i,1]<-((jj2017[i]-jj2010[i])/jj2010[i])*100
        A[i,2]<-((k2017[i]-k2010[i])/k2010[i])*100
        A[i,3]<-((jj2010[i]/jj2010[1]))*100
        A[i,4]<-((k2010[i]/k2010[1]))*100
        A[i,5]<-((A[i,1]*A[i,3]))/100
        A[i,6]<-((A[i,2]*A[i,4]))/100
        A[i,7]<-(A[i,5]-A[i,6])
      }
  }
for(i in 1:16) {
    for(j in 8:9) {


A[i+1,8]<-((jj2010[i+1]/jj2010[1])-(k2010[i+1]/k2010[1]))*(k2017[i+1]-k2010[i+1])/k2
010[i+1]*100


A[i+1,9]<-(jj2010[i+1]/jj2010[1])*(((jj2017[i+1]-jj2010[i+1])/jj2010[i+1])-((k2017[i+1]
-k2010[i+1])/k2010[i+1]))*100
      }
   }
CS<-colSums(A[,8:9], na.rm=T)
CS
A[1,8]<-CS[1]
A[1,9]<-CS[2]
AA<-round(A,digits=3)
AA
```

제5장

Excel 및 R : 상관 및 회귀분석

---

b3-ch5-1.R

```
library(openxlsx)

df<-read.xlsx("http://kanggc.iptime.org/book/data/describe-e.xlsx")
df_dat<-data.matrix(df)

cpi<-df_dat[,2]
interest<-df_dat[,3]
gdp<-df_dat[,4]
deflator<-df_dat[,5]

df_new<-cbind(cpi, interest, gdp, deflator)
df_new

(var<-var(df_new))
df_var<-data.matrix(var)
(sd<-sqrt(diag(df_var)))

corr<-cor(df_new)
corr
```

---

b3-ch5-2.R

```
x<-c(2,3,4,5,6)
y<-c(4,4,6,6,10)
x;y

(n<-length(x))
```

```
(sumx<-sum(x))
(sumy<-sum(y))
(mx=mean(x))
(my=mean(y))
(xy<-x*y)
(sumxy<-sum(xy))
(sumxsq<-sum(x^2))
(sumysq<-sum(y^2))

beta1<-(sumxy-mx*sumy)/(sumxsq-mx*sumx)
beta0<-my-beta1*mx
beta0;beta1

(b1hat<-cov(x,y)/var(x))
(b0hat<-mean(y)-b1hat*mean(x))

X<-matrix(c(1,1,1,1,1,2,3,4,5,6), nrow=5, ncol=2)
Y<-matrix(c(4,4,6,6,10), nrow=5)
N<-length(Y)

X
(XPX<-t(X)%*%X)
(XPXINV<-solve(XPX))
(XPY<-t(X)%*%Y)
(beta<-XPXINV%*%XPY)

ols<-lm(y~x)
summary(ols)
```

b3-ch5-3.R

```
library(predict3d)

x<-c(2,3,4,5,6)
y<-c(4,4,6,6,10)
x;y

ols<-lm(y~x)
```

```
summary(ols)

ggPredict(ols, xpos=0.74, vjust=1.5, show.error=T)
```

```
                              b3-ch5-4.R
library(openxlsx)

df<-read.xlsx("http://kanggc.iptime.org/book/data/consumption-e.xlsx")

year<-df[,1]
gdp<-df[,2]
consumption<-df[,3]

y<-ts(gdp, start=c(2000), frequency=1)
c<-ts(consumption, start=c(2000), frequency=1)

n<-length(y)

ny<-y[2:n]
nc<-c[2:n]
lagc<-c[1:n-1]

lm_s<-lm(c~y)
ols_s<-summary(lm_s)
ols_s
y0<-1700000
(chat_s<-summary(lm_s)$coef[1]+summary(lm_s)$coef[2]*y0)

lm_m<-lm(nc~ny+lagc)
ols_m<-summary(lm_m)
ols_m
(chat_m<-summary(lm_m)$coef[1]+summary(lm_m)$coef[2]*y0+summary(lm_m)$coef[3]*c[17])
```

제6장

Excel 및 R : 거시경제모형

```
                        b3-ch6-1.R
library(openxlsx)

dat<-read.xlsx("http://kanggc.iptime.org/book/data/macro-simple-e.xlsx")

A<-as.matrix(dat)

H<-matrix(c(0,200,0,100,40,100), nrow=6)
H
X<-t(solve(A)%*%H)
XV<-as.vector(X)
names(XV)<-c("Y=","C=","Yd=","T=","I=","G=")
XV

IH<-matrix(c(0,200,0,100,80,100), nrow=6)
IX<-t(solve(A)%*%IH)
IXV<-as.vector(IX)
names(IXV)<-c("Y=","C=","Yd=","T=","I=","G=")
IXV

IM<-(IXV[1]-X[1,1])/(IXV[5]-H[5,1])
names(IM)<-c("dY/dI=")
IM

GH<-matrix(c(0,200,0,100,40,200), nrow=6)
GX<-t(solve(A)%*%GH)
GXV<-as.vector(GX)
names(GXV)<-c("Y=","C=","Yd=","T=","I=","G=")
```

```
GXV

GM<-(GXV[1]-X[1,1])/(GXV[6]-H[6,1])
names(GM)<-c("dY/dG=")
GM
```

b3-ch6-2.R

```
ibrary(openxlsx)

dat<-read.xlsx("http://kanggc.iptime.org/book/data/macro-islm-e.xlsx")

A<-as.matrix(dat)

H<-matrix(c(0,0,200,200,100,100,0,1000), nrow=8)
H
X<-t(solve(A)%*%H)
XV<-as.vector(X)
names(XV)<-c("Y=","C=","I=","G=","T=","r=","Md=","Ms=")
XV


GH<-matrix(c(0,0,200,200,150,100,0,1000), nrow=8)
GX<-t(solve(A)%*%GH)
GXV<-as.vector(GX)
names(GXV)<-c("Y=","C=","I=","G=","T=","r=","Md=","Ms=")
GXV

GM<-(GXV[1]-X[1,1])/(GXV[4]-H[5,1])
names(GM)<-c("dY/dG=")
GM

MH<-matrix(c(0,0,200,200,100,100,0,1200), nrow=8)
MX<-t(solve(A)%*%MH)
MXV<-as.vector(MX)
names(MXV)<-c("Y=","C=","I=","G=","T=","r=","Md=","Ms=")
MXV

MM<-(MXV[1]-X[1,1])/(MXV[8]-H[8,1])
names(MM)<-c("dY/dM=")
MM
```

b3-ch6-3.R

```
library(openxlsx)

dat<-read.xlsx("http://kanggc.iptime.org/book/data/macro-country-e.xlsx")

A<-as.matrix(dat)

H<-matrix(c(0,0,350,450,1200,600,450,280,0,0,0,0), nrow=12)
H
X<-t(solve(A)%*%H)
XV<-as.vector(X)
names(XV)<-c("Y1=","Y2=","C1=","C2=","I1=","I2=","G1=","G2=","M1=","M2=","X1=","X2=")
XV

IH<-matrix(c(0,0,350,450,1200,600,550,280,0,0,0,0), nrow=12)
IX<-t(solve(A)%*%IH)
IXV<-as.vector(IX)
names(IXV)<-c("Y1=","Y2=","C1=","C2=","I1=","I2=","G1=","G2=","M1=","M2=","X1=","X2=")
IXV

I1Y1M<-(IXV[1]-XV[1])/(IH[7]-H[7,1])
names(I1Y1M)<-c("dY1/dG1=")
I1Y1M

I1Y2M<-(IXV[2]-XV[2])/(IH[7]-H[7,1])
names(I1Y2M)<-c("dY2/dG1=")
I1Y2M
```

제7장

Excel 및 R : 산업연관분석

```
                           b3-ch7-1.R
A<-matrix(c(1842,25440,3167,8522,359803,114617,4023,85978,189892),    nrow=3,
ncol=3, byrow=T)
A
d<-matrix(c(7838,167051,424756), nrow=3)
d
X<-matrix(c(38287,649993,704649), nrow=3)
X

IC<-matrix(data=NA, nrow=3, ncol=3, byrow=T)
for(i in 1:3) {
   for(j in 1:3) {
      IC[i,j]<-(A[i,j]/X[j])
   }
}
IC

I3<-matrix(c(1,0,0,0,1,0,0,0,1), nrow=3)
I3

TM<-I3-IC
TM

PIC<-solve(TM)
PIC

dd<-1.5*d
Xd<-PIC%*%dd
```

```
Xd

de<-dd-d
de

ie<-Xd-X-de
ie

(rp<-rowSums(PIC))
(cp<-colSums(PIC))
(m<-mean(rp))

(senstivity<-rp/m)
(impact<-cp/m)
```

부록 2
주요통계표

⟨표 1⟩ 표준정규분포표
⟨표 2⟩ t-분포표
⟨표 3⟩ χ^2-분포표
⟨표 4⟩ F-분포표

⟨표 1⟩ 표준정규분포표

$$P(0 \leq Z \leq z) = \int_0^z \frac{1}{\sqrt{2\pi}} e^{-\frac{1}{2}x^2} dx$$

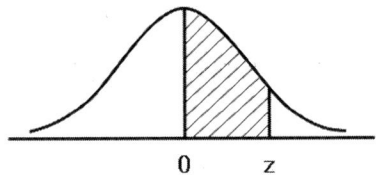

z	0.00	0.01	0.02	0.03	0.04	0.05	0.06	0.07	0.08	0.09
0.0	0.0000	0.0040	0.0080	0.0120	0.0160	0.0199	0.0239	0.0279	0.0319	0.0359
0.1	0.0398	0.0438	0.0478	0.0517	0.0557	0.0596	0.0636	0.0675	0.0714	0.0753
0.2	0.0793	0.0832	0.0871	0.0910	0.0948	0.0987	0.1026	0.1064	0.1103	0.1141
0.3	0.1179	0.1217	0.1255	0.1293	0.1331	0.1368	0.1406	0.1443	0.1480	0.1517
0.4	0.1554	0.1591	0.1628	0.1664	0.1700	0.1736	0.1772	0.1808	0.1844	0.1879
0.5	0.1915	0.1950	0.1985	0.2019	0.2054	0.2088	0.2123	0.2157	0.2190	0.2224
0.6	0.2257	0.2291	0.2324	0.2357	0.2389	0.2422	0.2454	0.2486	0.2518	0.2549
0.7	0.2580	0.2612	0.2642	0.2673	0.2704	0.2734	0.2764	0.2794	0.2823	0.2852
0.8	0.2881	0.2910	0.2939	0.2967	0.2995	0.3023	0.3051	0.3078	0.3106	0.3133
0.9	0.3159	0.3186	0.3212	0.3238	0.3264	0.3289	0.3315	0.3340	0.3365	0.3389
1.0	0.3413	0.3438	0.3461	0.3435	0.3508	0.3531	0.3554	0.3577	0.3599	0.3621
1.1	0.3643	0.3665	0.3686	0.3708	0.3729	0.3749	0.3770	0.3790	0.3810	0.3830
1.2	0.3849	0.3869	0.3888	0.3907	0.3925	0.3944	0.3962	0.3980	0.3997	0.4015
1.3	0.4032	0.4049	0.4066	0.4082	0.4099	0.4115	0.4131	0.4147	0.4162	0.4177
1.4	0.4192	0.4207	0.4222	0.4236	0.4251	0.4265	0.4279	0.4292	0.4306	0.4319
1.5	0.4332	0.4345	0.4357	0.4370	0.4382	0.4394	0.4406	0.4418	0.4429	0.4441
1.6	0.4452	0.4463	0.4474	0.4484	0.4495	0.4505	0.4515	0.4525	0.4535	0.4545
1.7	0.4554	0.4564	0.4573	0.4582	0.4591	0.4599	0.4608	0.4616	0.4625	0.4633
1.8	0.4641	0.4649	0.4656	0.4664	0.4671	0.4678	0.4686	0.4693	0.4699	0.4706
1.9	0.4713	0.4719	0.4726	0.4732	0.4738	0.4744	0.4750	0.4756	0.4761	0.4767
2.0	0.4772	0.4778	0.4783	0.4788	0.4793	0.4798	0.4803	0.4808	0.4812	0.4817
2.1	0.4821	0.4826	0.4830	0.4834	0.4838	0.4842	0.4846	0.4850	0.4854	0.4857
2.2	0.4861	0.4864	0.4868	0.4871	0.4875	0.4878	0.4881	0.4884	0.4887	0.4890
2.3	0.4893	0.4896	0.4898	0.4901	0.4904	0.4906	0.4909	0.4911	0.4913	0.4916
2.4	0.4918	0.4920	0.4922	0.4925	0.4927	0.4929	0.4931	0.4932	0.4934	0.4936
2.5	0.4938	0.4940	0.4941	0.4943	0.4945	0.4946	0.4948	0.4949	0.4951	0.4952
2.6	0.4953	0.4955	0.4956	0.4957	0.4959	0.4960	0.4961	0.4962	0.4963	0.4964
2.7	0.4965	0.4966	0.4967	0.4968	0.4969	0.4970	0.4971	0.4972	0.4973	0.4974
2.8	0.4974	0.4975	0.4976	0.4977	0.4977	0.4978	0.4979	0.4979	0.4980	0.4981
2.9	0.4981	0.4982	0.4982	0.4983	0.4984	0.4985	0.4985	0.4985	0.4986	0.4986
3.0	0.4986	0.4987	0.4987	0.4988	0.4988	0.4984	0.4989	0.4989	0.4990	0.4990

〈표 2〉 t-분포표

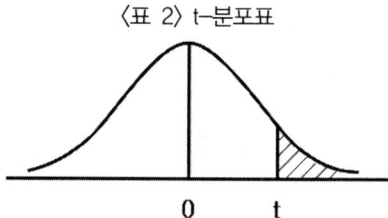

자유도 \ p	0.1	0.05	0.025	0.01	0.005
1	3.078	6.314	12.706	31.821	63.657
2	1.886	2.920	4.303	6.965	9.923
3	0.1638	2.353	3.182	4.541	5.841
4	1.533	2.132	2.776	3.747	4.604
5	1.476	2.015	2.571	3.365	4.032
6	1.440	1.943	2.447	3.143	3.707
7	1.415	1.895	2.365	2.998	3.499
8	1.397	1.860	2.306	2.896	3.355
9	1.383	1.833	2.262	2.821	3.250
10	1.372	1.812	2.228	2.764	3.169
11	1.363	1.796	2.201	2.718	3.103
12	1.356	1.782	2.179	2.681	3.055
13	1.350	1.771	2.160	2.650	3.012
14	1.345	1.761	2.145	2.624	2.977
15	1.341	1.753	2.131	2.602	2.947
16	1.337	1.746	2.120	2.583	2.921
17	1.333	1.740	2.110	2.567	2.898
18	1.330	1.734	2.101	2.552	2.878
19	1.328	1.729	2.093	2.539	2.816
20	1.325	1.725	2.086	2.528	2.845
21	1.323	1.721	2.080	2.518	2.831
22	1.321	1.717	2.074	2.508	2.819
23	1.319	1.714	2.069	2.500	2.807
24	1.318	1.711	2.064	2.492	2.797
25	1.316	1.708	2.060	2.485	2.787
26	1.315	1.706	2.056	2.479	2.779
27	1.314	1.703	2.052	2.473	2.771
28	1.313	1.701	2.048	2.467	2.763
29	1.311	1.699	2.045	2.462	2.756
30	1.310	1.697	2.042	2.457	2.750
40	1.303	1.684	2.021	2.423	2.704
60	1.296	1.671	2.000	2.390	2.660
120	1.289	1.658	1.980	2.358	2.617
∞	1.282	1.645	1.960	2.326	2.576

⟨표 3⟩ χ^2-분포표

$$P(X \geq \chi_\alpha^2) = \alpha$$

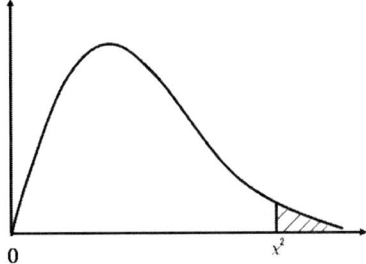

d.f	P=0.995	0.99	0.975	0.95	0.90	0.10	0.05	0.025	0.01	0.005
1	0.000039	0.000157	0.00098	0.00393	0.0158	2.706	3.841	5.023	6.635	7.879
2	0.010	0.0201	0.050	0.103	0.211	4.605	5.991	7.377	9.210	10.596
3	0.071	0.115	0.215	0.352	0.584	6.251	7.815	9.348	11.341	12.838
4	0.206	0.297	0.484	0.711	1.064	7.779	9.488	11.143	13.277	14.860
5	0.411	0.554	0.831	1.145	1.610	9.236	11.070	12.832	15.086	16.749
6	0.675	0.872	1.237	1.635	2.204	10.645	12.592	14.449	16.812	18.547
7	0.989	1.239	1.689	2.167	2.833	12.017	14.067	16.012	18.475	20.277
8	1.344	1.646	2.179	2.733	3.490	13.362	15.507	17.534	20.090	21.955
9	1.734	2.088	2.700	3.325	4.168	14.684	16.919	19.022	21.666	23.589
10	2.155	2.558	3.246	3.940	4.865	15.987	18.307	20.483	23.209	25.188
11	2.603	3.053	3.815	4.575	5.578	17.275	19.675	21.920	24.725	26.756
12	3.073	3.571	4.403	5.226	6.034	18.549	21.026	23.336	26.217	28.299
13	3.565	4.017	5.008	5.892	7.042	19.812	22.362	24.735	27.688	29.819
14	4.074	4.660	5.628	6.517	7.790	21.064	23.685	26.119	29.141	31.319
15	4.600	5.229	6.262	7.261	8.547	22.307	24.996	27.4888	30.578	32.801
16	5.142	5.812	6.907	7.962	9.312	23.542	26.296	28.845	32.000	34.267
17	5.697	6.408	7.564	8.672	10.085	24.769	27.587	30.191	33.409	35.718
18	6.264	7.015	8.230	9.390	10.865	25.989	28.869	31.526	34.805	37.156
19	6.843	7.633	8.906	10.117	11.651	27.204	30.144	32.852	36.191	38.582
20	7.433	8.260	9.590	10.851	12.443	28.412	31.410	34.169	37.566	39.996
21	8.033	8.897	10.282	11.591	13.240	29.615	32.671	35.478	38.932	41.401
22	8.642	9.542	10.982	12.338	14.041	30.813	33.924	36.780	40.289	42.795
23	9.260	10.196	11.688	13.091	14.848	32.007	35.172	38.075	41.638	44.183
24	9.886	10.856	12.401	13.848	15.659	33.196	36.415	39.364	42.980	45.558
25	10.519	11.524	13.119	14.611	16.473	34.382	37.652	40.646	44.314	46.927
26	11.160	12.198	13.843	15.379	17.292	36.563	38.885	41.923	45.642	48.289
27	11.807	12.879	14.573	16.151	18.114	36.741	40.113	43.194	46.963	49.644
28	12.461	13.565	15.307	16.928	18.939	37.916	41.337	44.460	48.278	50.993
29	13.121	14.256	16.047	17.708	19.768	39.087	42.557	45.722	49.588	52.3356
30	13.786	14.953	16.279	18.493	30.599	40.256	43.773	46.979	50.892	53.6720

⟨표 4⟩ F-분포표(5% 유의수준)

V₁ V₂	1	2	3	4	5	6	7	8	9	10	12	15	20	24	30	40	∞
1	161.45	199.50	215.71	224.58	230.16	233.99	236.77	238.88	240.54	241.88	243.91	245.95	248.01	249.05	250.09	251.14	254.31
2	18.51	19.00	19.16	19.25	19.30	19.33	19.35	19.37	19.38	19.40	19.41	19.43	19.45	19.45	19.46	19.47	19.50
3	10.13	9.55	9.28	9.12	9.01	8.94	8.89	8.85	8.81	8.76	8.74	8.70	8.66	8.64	8.62	8.59	8.53
4	7.71	6.94	6.59	6.39	6.26	6.16	6.09	6.04	6.00	5.96	5.91	5.86	5.80	5.77	5.75	5.72	5.63
5	6.61	5.79	5.41	5.19	5.05	4.95	4.48	4.82	4.77	4.74	4.68	4.62	4.56	4.53	4.50	4.46	4.37
6	5.99	4.74	7.35	4.12	3.94	3.87	3.79	3.73	3.68	3.64	3.57	3.51	3.44	3.41	3.38	3.34	3.23
7	5.59	4.74	4.35	4.12	3.97	3.87	3.79	3.73	3.68	3.64	3.57	3.51	3.44	3.41	3.38	3.34	3.23
8	5.32	4346	4.07	3.84	3.69	3.58	3.50	3.44	3.39	3.35	3.28	3.22	3.15	3.12	3.08	3.04	2.93
9	5.12	4.26	3.86	3.63	3.48	3.37	3.29	3.23	3.18	3.14	3.07	3.01	2.94	2.90	2.84	2.83	2.71
10	4.96	4.10	3.71	3.48	3.33	3.22	3.14	3.07	3.02	2.98	2.91	2.85	2.77	2.74	2.70	2.66	2.54
11	4.84	3.98	3.59	3.36	3.20	3.09	3.01	2.95	2.90	2.85	2.79	2.72	2.65	2.61	2.57	2.53	2.40
12	4.75	3.89	3.49	3.26	3.11	3.00	2.91	2.85	2.80	2.75	2.69	2.62	2.54	2.51	2.47	2.43	2.30
13	4.67	3.81	3.41	3.18	3.03	2.92	2.83	2.77	2.71	2.67	2.60	2.53	2.46	2.42	2.38	2.34	2.21
14	4.60	3.74	3.34	3.11	2.96	2.85	2.76	2.80	2.65	2.60	2.53	2.47	2.39	2.35	2.31	2.27	2.13
15	4.54	3.68	3.29	3.06	2.90	2.79	2.71	2.64	2.59	2.54	2.48	2.40	2.33	2.29	2.25	2.20	2.07
16	4.49	3.63	3.24	3.01	2.85	2.74	2.66	2.59	2.54	2.49	2.42	2.35	2.28	2.24	2.19	2.15	2.01
17	4.45	3.59	3.20	2.96	2.81	2.70	2.61	2.55	2.49	2.45	2.38	2.31	2.23	2.19	2.15	2.10	1.96
18	4.41	3.55	3.16	2.93	2.77	2.66	2.58	2.51	2.46	2.41	2.34	2.27	2.19	2.15	2.11	2.06	1.92
19	4.38	3.52	3.13	2.90	2.74	2.63	2.54	2.48	2.42	2.38	2.31	2.23	2.16	2.11	2.07	2.03	1.88
20	4.35	3.49	3.10	2.87	2.71	2.60	2.51	2.45	2.39	2.35	2.28	2.20	2.12	2.08	2.04	1.99	1.84
21	4.32	3.47	3.07	2.84	2.68	2.57	2.49	2.42	2.37	2.32	2.25	2.18	2.10	2.05	2.01	1.96	1.81
22	4.30	3.44	3.05	2.82	2.66	2.55	2.46	2.40	2.34	2.30	2.23	2.15	2.07	2.03	1.98	1.94	1.78
23	4.28	3.42	3.03	2.80	2.64	2.53	2.44	2.37	2.32	2.27	2.20	2.13	2.05	2.01	1.96	1.91	1.76
24	4.26	3.40	3.01	2.78	2.62	2.51	2.42	2.36	2.30	2.25	2.18	2.11	2.03	1.98	1.94	1.89	1.73
25	4.24	3.39	2.99	2.76	2.60	2.49	2.40	2.34	2.28	2.24	2.16	2.09	2.01	1.96	1.92	1.87	1.71
26	4.23	3.37	2.98	2.74	2.59	2.47	2.39	2.32	2.27	2.22	2.15	2.07	1.99	1.95	1.90	1.85	1.69
27	4.21	3.35	2.96	2.73	2.57	2.46	2.37	2.31	2.25	2.20	2.13	2.06	1.97	1.93	1.88	1.84	1.67
28	4.20	3.34	2.95	2.71	2.56	2.45	2.36	2.29	2.24	2.19	2.12	2.04	1.96	1.91	1.87	1.82	1.65
29	4.18	3.33	2.93	2.70	2.55	2.43	2.35	2.28	2.22	2.18	2.10	2.03	1.94	1.90	1.85	1.81	1.64
30	4.17	3.32	2.92	2.69	2.53	2.42	2.33	2.27	2.21	2.16	2.09	2.01	1.93	1.89	1.84	1.79	1.62
40	4.08	3.23	2.84	2.61	2.45	2.34	2.25	2.18	2.12	2.08	2.00	1.92	1.84	1.79	1.74	1.69	1.51
60	4.00	3.15	2.76	2.53	2.37	2.25	2.17	2.10	2.04	1.99	1.92	1.84	1.75	1.70	1.65	1.59	1.39
120	3.92	3.07	2.68	2.45	2.29	2.18	2.09	2.02	1.95	1.91	1.83	1.75	1.66	1.61	1.55	1.50	1.25
∞	3.84	3.00	2.60	2.37	2.21	2.10	2.01	1.94	1.88	1.83	1.75	1.67	1.57	1.52	1.46	1.39	1.00

V_1: 분자의 자유도 V_2: 분모의 자유도.

⟨표 4(계속)⟩ F-분포표(1% 유의수준)

V_2 \ V_1	1	2	3	4	5	6	7	8	9	10	12	15	20	24	30	40	∞
1	4052.18	4999.50	5403.35	5624.58	5763.65	5858.99	5928.36	5981.07	6022.47	6055.87	6106.31	6157.28	6208.73	6234.63	6260.65	6286.78	6365.86
2	98.50	99.00	99.17	99.25	99.30	99.33	99.36	99.37	99.39	99.40	99.42	99.43	99.45	99.46	99.47	99.47	99.50
3	34.12	30.82	29.46	82.71	28.24	27.91	27.67	27.49	27.35	27.23	27.05	26.87	26.69	26.60	26.50	26.41	26.13
4	21.20	18.00	16.69	15.98	15.52	15.21	14.98	14.80	14.66	14.55	14.37	14.20	14.02	13.93	13.84	13.75	13.46
5	16.26	13.27	12.06	11.39	10.97	10.67	10.46	10.29	10.16	10.05	9.89	9.72	9.55	9.47	9.38	9.29	9.02
6	13.75	10.92	9.78	9.15	8.75	8.47	8.26	8.10	7.98	7.87	7.72	7.56	7.40	7.31	7.23	7.14	6.88
7	12.25	9.55	8.45	7.85	7.46	7.19	6.99	6.84	6.72	6.62	6.47	6.31	6.16	6.07	5.99	5.91	5.65
8	11.26	8.65	7.59	7.01	6.63	6.37	6.18	6.03	5.91	5.81	5.67	5.52	5.36	5.28	5.20	5.12	4.86
9	10.56	8.02	6.99	6.42	6.06	5.80	5.61	5.47	5.35	5.26	5.11	4.96	4.81	4.73	4.65	4.57	4.31
10	10.04	7.56	6.55	5.99	5.64	5.39	5.20	5.06	4.94	4.85	4.71	4.56	4.41	4.33	4.25	4.17	3.91
11	9.65	7.21	6.22	5.67	5.32	5.07	4.89	4.74	4.63	4.54	4.40	4.25	4.10	4.02	3.94	3.86	3.60
12	9.33	6.93	5.95	5.41	5.06	4.82	4.64	4.50	4.39	4.30	4.16	4.01	3.86	3.78	3.70	3.62	3.36
13	9.07	6.70	5.74	5.21	4.86	4.62	4.44	4.30	4.19	4.10	3.96	3.82	3.66	3.59	3.51	3.43	3.17
14	8.86	6.51	5.56	5.04	4.70	4.46	4.28	4.14	4.03	3.94	3.80	3.66	3.51	3.43	3.35	3.27	3.00
15	8.68	6.36	5.42	4.89	4.56	4.32	4.14	4.00	3.89	3.80	3.67	3.52	3.37	3.29	3.21	3.13	2.87
16	8.53	6.23	5.29	4.77	4.44	4.20	4.03	3.89	3.78	3.69	3.55	3.41	3.26	3.18	3.10	3.02	2.75
17	8.40	6.11	5.19	4.67	4.34	4.10	3.93	3.79	3.68	3.59	3.46	3.31	3.16	3.08	3.00	2.92	2.65
18	8.29	6.01	5.09	4.58	4.25	4.01	3.84	3.71	360	3.51	3.37	3.23	3.08	3.00	2.92	2.84	2.57
19	8.18	5.93	5.01	4.50	4.17	3.94	3.77	3.63	3.52	3.43	3.30	3.15	3.00	2.92	2.84	2.76	2.49
20	8.10	5.85	4.94	4.43	4.10	3.87	3.70	3.56	3.46	3.37	3.23	3.09	2.94	2.86	2.78	2.69	2.42
21	8.02	5.78	4.87	4.37	4.04	3.81	3.64	3.51	3.40	3.31	3.17	3.03	2.88	2.80	2.72	2.64	2.36
22	7.95	5.72	4.82	4.31	3.99	3.76	3.59	3.45	3.35	3.26	3.12	2.98	2.83	2.75	2.67	2.58	2.31
23	7.88	5.66	4.76	4.26	3.94	3.71	3.54	3.41	3.30	3.21	3.07	2.93	2.78	2.70	2.62	2.54	2.26
24	7.82	5.61	4.72	4.22	3.90	3.67	3.50	3.36	3.26	3.17	3.03	2.89	2.74	2.66	2.58	2.49	2.21
25	7.77	5.57	4.68	4.18	3.86	3.63	3.46	3.32	3.22	3.13	2.99	2.85	2.70	2.62	2.54	2.45	2.17
26	7.72	5.53	4.64	4.14	3.82	3.59	3.42	3.29	3.18	3.09	2.96	2.81	2.66	2.58	2.50	2.42	2.13
27	7.68	5.49	4.60	4.11	3.78	3.56	3.39	3.26	3.15	3.06	2.93	2.78	2.63	2.55	2.47	2.38	2.10
28	7.64	5.45	4.57	4.07	3.75	3.53	3.36	3.23	3.12	3.03	2.90	2.75	2.60	2.52	2.44	2.35	2.06
29	7.60	5.42	4.54	4.04	3.73	3.50	3.33	3.20	3.09	3.00	2.87	2.73	2.57	2.49	2.41	2.33	2.03
30	7.56	5.39	4.51	4.02	3.70	3.47	3.30	3.17	3.07	2.98	2.84	2.70	2.55	2.47	2.39	2.30	2.01
40	7.31	5.18	4.31	3.83	3.51	3.29	3.12	2.99	2.89	2.80	2.66	2.52	2.37	2.29	2.20	2.11	1.80
60	7.08	4.98	4.13	3.65	3.34	3.12	2.95	2.82	2.72	2.63	2.50	2.35	2.20	2.12	2.03	1.94	1.60
120	6.85	4.79	3.95	3.48	3.17	2.96	2.79	2.66	2.56	2.47	2.34	2.19	2.03	1.95	1.86	1.76	1.38
∞	6.63	4.61	3.78	3.32	3.02	2.80	2.64	2.51	2.41	2.32	2.18	2.04	1.88	1.79	1.70	1.59	1.00

V_1: 분자의 자유도 V_2: 분모의 자유도.

강기춘(姜起春)

고려대학교(경제학사)
미국 Iowa State University(경제학박사)
하나은행 근무
동양경제연구소 책임연구원
미국 University of Washington 교환교수
미국 Iowa State University 교환교수
한국은행 객원연구원
감사원 감사연구원 사회·행정평가연구팀장
제주연구원 원장
(현재) 제주대학교 경제학과 교수

▸ 저서

계량경제학: 이론과 실습(2010)
알기 쉬운 경제학 입문(2015)
R 기초 및 통계분석(2019)
R 응용 및 계량경제분석(2019)

▸ 역서

자본주의의 이상(아인 랜드 저) 외 다수

▸ 논문

An empirical analysis of joint decisions on labour supply and welfare participation 외 다수

Excel 및 R 활용 경제데이터분석

2020년 1월 31일 초판 1쇄 펴냄

지은이 강기춘
펴낸이 송석언
펴낸곳 제주대학교출판부

등록 1984년 7월 9일 제주시 제9호
주소 (690-756) 제주특별자치도 제주시 제주대학로 102
전화 064-754-2275
팩스 064-702-0549
http://press.jejunu.ac.kr

제작 도서출판 보고사
주소 경기도 파주시 회동길 337-15 보고사 2층
전화 031-955-9797(대표)
　　　02-922-5120~1(편집), 02-922-2246(영업)

ISBN 978-89-5971-137-6 03320
ⓒ 강기춘, 2020

정가 18,000원
사전 동의 없는 무단 전재 및 복제를 금합니다.
잘못 만들어진 책은 바꾸어 드립니다.